抗日战争档案汇编

抗战时期江西人口伤亡及财产损失档案汇编

3

江西省档案馆 编

中華書局

本册目录

二、专题

（五）水利

（七）工商业

二、专题

（五）水利

江西水利局关于报送该局抗战财产损失表单致省建设厅的呈（一九三九年十月二十三日）

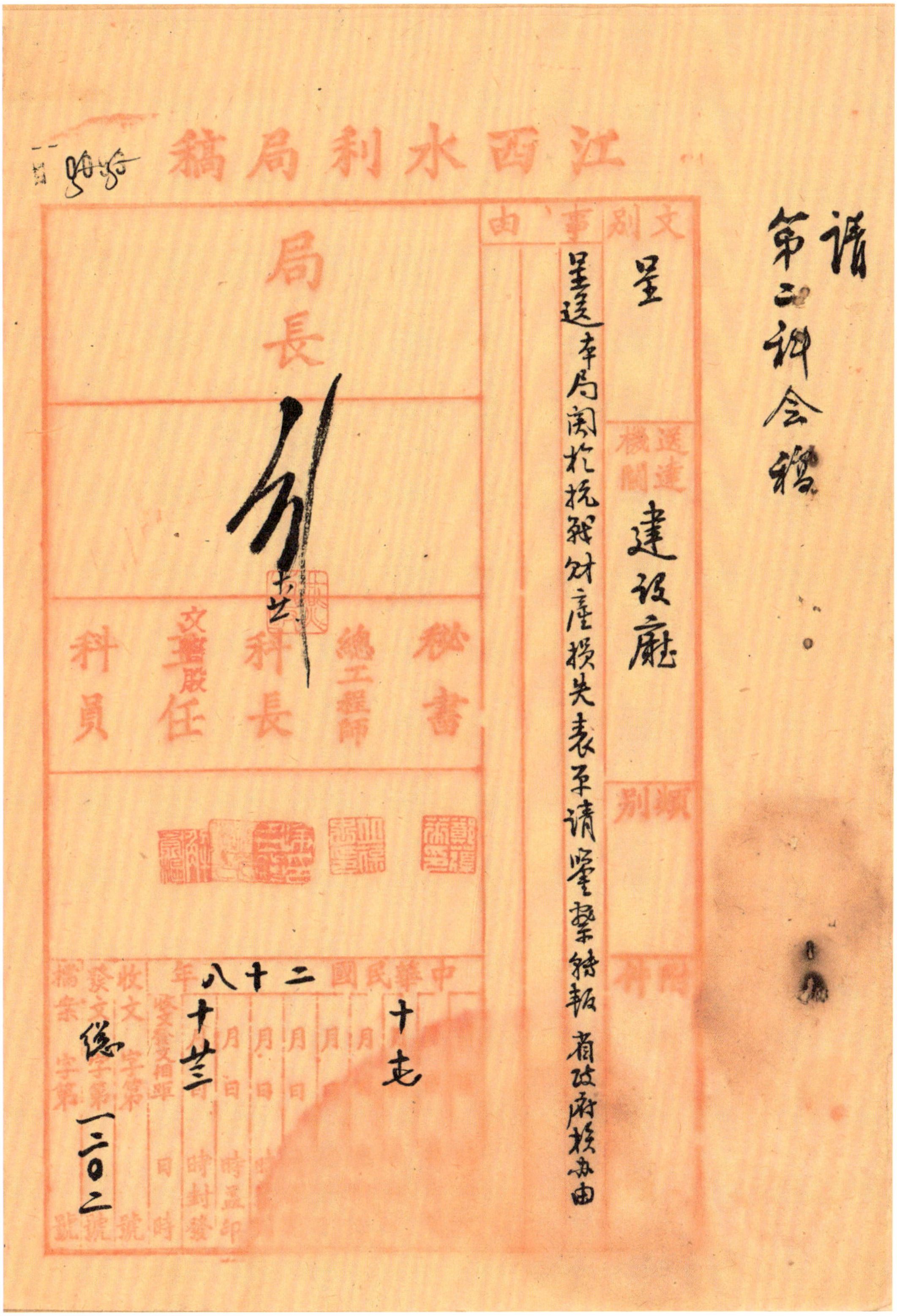

江西水利局稿

请第二科会稿

文别	呈
送达机关	建设厅
事由	呈送本局关于抗战财产损失表单请鉴核转报省政府核示由
顺别	
附件	

局长

秘书　总工程师　科长　文书股主任　科员

中华民国二十八年十月廿三日

收文字第　号
发文字第　号
档案总字第一二〇二号

案奉

鈞廳建特秘字第二八六三號訓令節開：「奉電轉發抗戰損失查報表式二十九種，及查報須知一份，電飭即遵照辦理」等因，查此案前奉

省政府令同前由，即經詳細清查，並經查明，因本局並無何項財產損失，曾已據具報有案。遵奉前因，茲遵照表式填具本局直接財產損失彙報表，及財產損失報告單，各二份，理合備文呈請

鈞廳俯賜彙核！轉報

省政府彙案核辦，實爲公便。

謹呈

5-60095

江西省政府建設廳廳長楊

計呈送財產直接損失彙報表二份

財產損失報告單二份

江西水利局局長蔡

0096

中華民國廿八年十月十四

繕寫

監印 [illegible]

校對 [illegible]

江西水利局財產直接損失彙報表

事件日軍進攻南昌失陷

日期二十八年三月廿七日

地點南昌市

填送日期 28年10月5日

分類	價值
共計	23.850.01
建築物	19.684.00
器具	424.00
現款	—
圖書	—
儀器	3.742.01
文卷	—

附財產損失報告單 7張

局長燕方畋

附（二）江西水利局财产损失报告单（一九三九年十月五日）

98

建築類共一頁

江西水利局財產損失報告單

事件 日軍進攻南昌失陷

日期 廿八年三月廿七日

地點 南昌市

填送日期 28年10月5日

損失項目	單位	數量	價值（國幣元）
本局辦公房屋	幢	1	8,901.00
本局總工程師及測候所	幢	1	4,695.00
防空地下壕	座	1	984.00
防空地下壕	座	1	5,104.00
合計			19,684.00

局長燕方畋

器具類共三頁
第一頁

江西水利局財產損失報告單

事件 日寇進攻南昌失陷
日期 二十八年三月廿七日
地點 南昌市

填送日期 28 年 10 月 5 日

損失項目	單位	數量	價值(國幣元)
五斗桌	張	14	84.00
九斗桌	〃	5	60.00
交椅	把	18	36.00
藤椅	〃	4	12.00
大木箱	只	6	15.00
儀器櫥	頂	1	20.00
四扇木櫥	〃	3	15.00
三斗桌	張	2	8.00
繪圖桌	〃	3	18.00
杌子	只	14	14.00
臉水桶	隻	7	49.00

局長 燕方畋

照具數共三頁
第二頁

江西水利局財產損失報告單

事件 日軍進攻南昌失陷
日期 廿八年三月廿七日
地點 南昌市

填送日期 28年10月5日

損失項目	單位	數量	價值(國幣元)
大圓桌	張	1	8.00
小圓桌	〃	1	7.00
四方桌	〃	3	12.00
十八斗櫥	頂	1	12.00
洗面盆	只	1	4.00
水桶	只	4	2.00
杉木樓梯	只	1	5.00
籐睡椅	把	2	5.00
鋪板	付	8	20.00
木茶几	只	4	6.00
籐茶几	只	2	4.00

局長 燕方畋

101

總頁數共三頁

第三頁

江西水利局財產損失報告單

事件 日軍進攻南昌失陷

日期 二十八年三月廿七日

地點 南昌市

填送日期 28年10月5日

損失項目	單位	數量	價值(國幣元)
篠床	張	2	6.00
碗橱	顶	1	2.00
案板	块	1	1.00
碗架	只	1	1.00
大斗桌	張	1	3.00
合計			424.00

局長燕方畋

0104

102

儀器類第壹頁
共三頁

江西水利局財產損失報告單

事件 日軍進攻南昌失陷
日期 二十八年三月二十七日
地點 南昌市
填送日期 28年10月5日

損失項目	單位	數量	價值（國幣元）
水準儀	具	2	765.00
小平板儀	具	3	67.20
六分儀	副	1	400.00
標尺	根	8	160.00
皮捲尺	盤	34	217.60
繪圖儀	副	6	165.50
丁字尺	根	2	24.46
三角板	副	15	25.22
曲線板	塊	2	3.88
三稜尺	根	7	12.60
米突長尺	根	1	2.95

局長燕方畋

103

儀器類第貳頁
共三頁

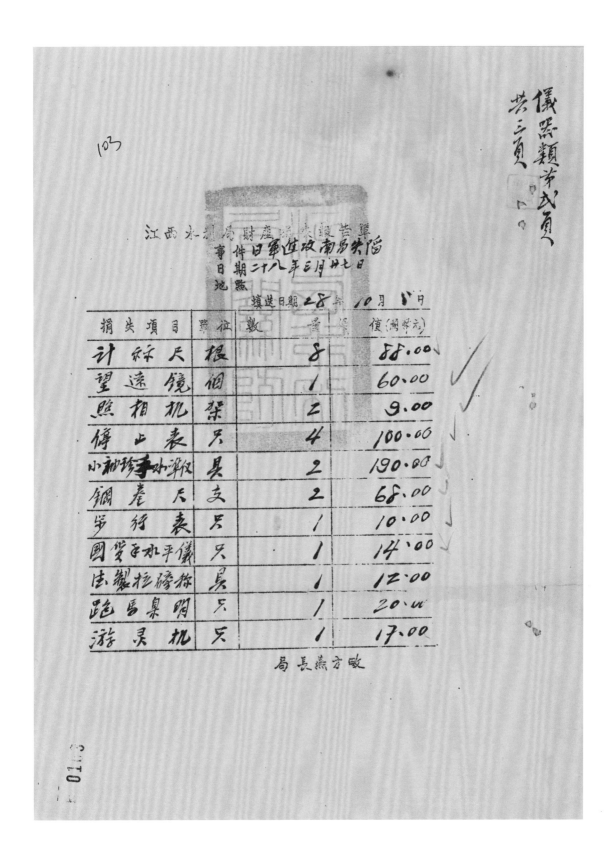

江西水利局財產損失報告單

事件 日軍進攻南昌失陷
日期 二十八年三月廿七日
地點

填送日期 28年 10月 8日

損失項目	單位	數量	價值（國幣元）
計算尺	根	8	88.00
望遠鏡	個	1	60.00
照相机	架	2	9.00
停止表	只	4	100.00
小袖珍手水準仪	具	2	190.00
鋼卷尺	支	2	68.00
步行表	只	1	10.00
國貨手水平儀	只	1	14.00
法製拉磅称	具	1	12.00
跑馬燈明	只	1	20.00
游 机	只	1	17.00

局長燕方畋

104

仪器类第三页
共三页

江西水利局财产损失报告单

事件 日军进攻南昌失陷
日期 二十八年三月廿七日
地点 南昌市

填送日期 28年10月5日

损失项目	单位	数量	价值(国币元)
自记雨量仪	只	1	420.00
福丁气压表	只	1	120.00
干湿球温度表	只	1	95.00
手提温度表	只	1	85.00
风向风力仪	只	1	120.00
大小气压表	只	15	390.00
寒暑表	只	20	30.00
高度气压表	只	1	50.00
合计			3742.01

局长燕方畋

0110

江西水利局关于遵令补送抗战公私损失报告表致省政府的呈（一九四一年八月七日）

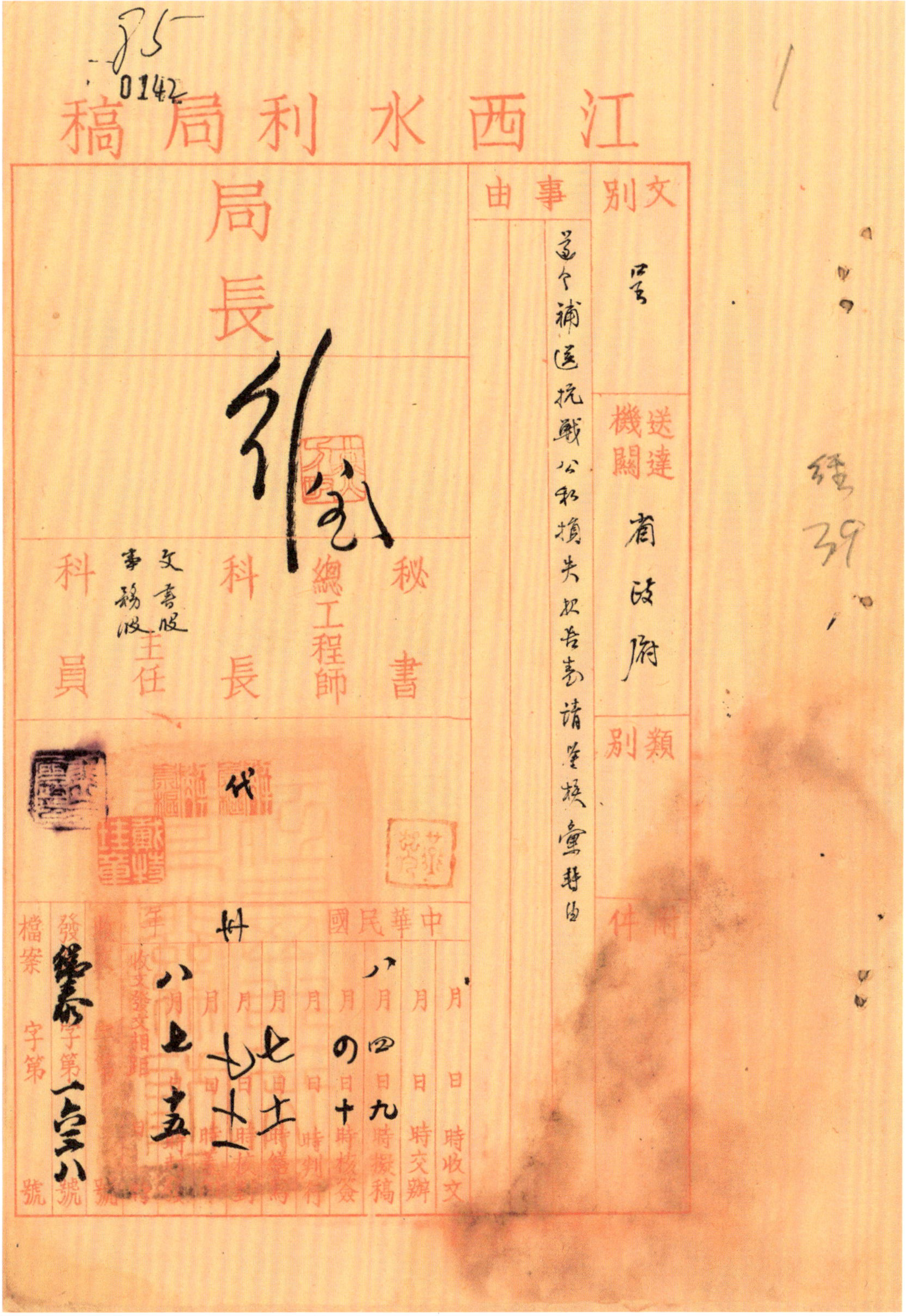
江西水利局稿

文別：呈

送達機關：省政府

事由：遵令補送抗戰公私損失報告表請鑒核彙轉由

類別

附件

局長

秘書

總工程師

科長

主任 文書股 事務股

科員

中華民國卅年

八月四日九時擬稿

八月〇日十時核發

七日十一時繕寫

七日十一時校對

八月七日十五時封發

發文 經常字第一六二八號

案奉
钧府本年七月廿四日秦秘十六字第〇七一八八號指令以據本局呈復抗戰公私損失先後呈報建設廳核轉一案未據核轉飭即逕由本局逕行追查補報以憑核轉等因；奉此，自應遵办。謹將本局廿九年間財產直接間接損失彙報表貳份、財產損失報告單數張、財產間接損失報告表，及財產直接損失彙報表各二份，理合隨文備文呈請
鈞府俯賜鑒核彙轉！實為公便。
謹呈
江西省政府主席曹
計呈送本局廿九年間財產直接間接損失報告單表各二份
江西水利局局長○○

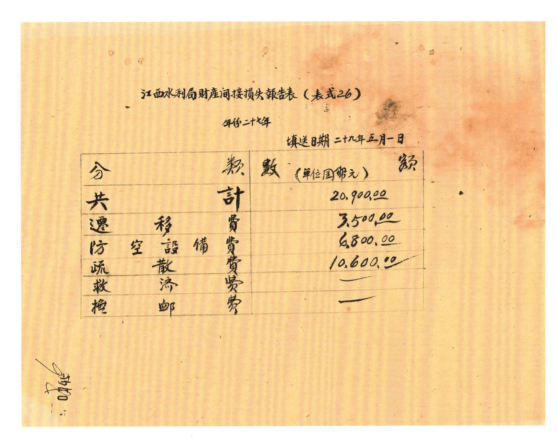

附：江西水利局财产间接损失报告表（一九四〇年五月一日）

江西水利局財產间接損失報告表（表式26）

年份二十七年

填送日期 二十九年五月一日

分類	數額（單位国幣元）
共計	20,900.00
遷移費	3,500.00
防空設備費	6,800.00
疏散費	10,600.00
救濟費	—
撫卹費	—

江西水利局关于报送该局第七行政区工程办事处于南城沦陷时公物损失情形致省政府的呈（一九四二年十月二十八日）

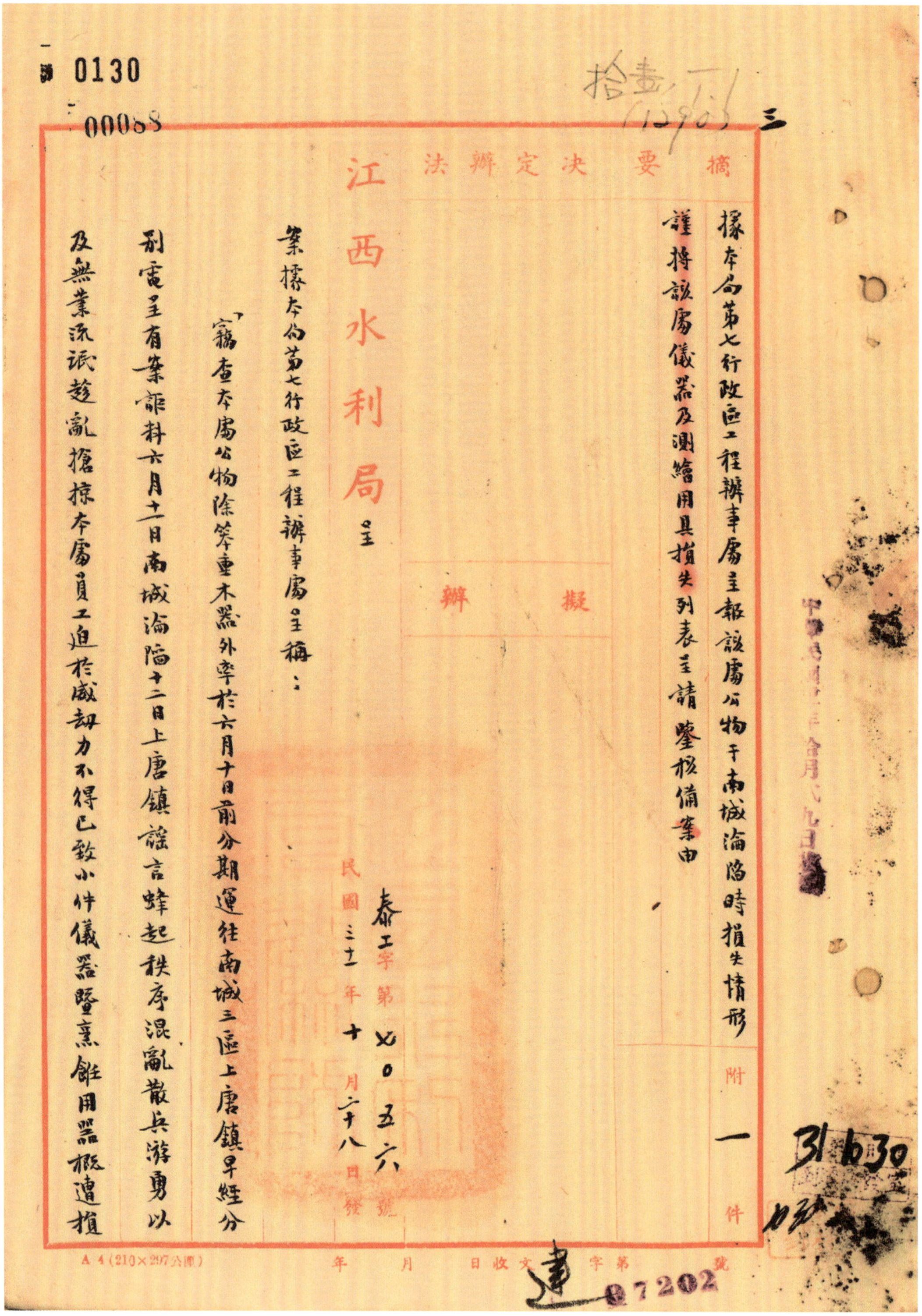
0130

00058

三

摘要：據本局第七行政區工程辦事處呈報該處公物于南城淪陷時損失情形，謹將該處儀器及測繪用具損失列表呈請鑒核備案由

附　一件

決定辦法

擬辦

江西水利局呈

泰工字第W〇五六號

民國三十一年十月二十八日發

案據本局第七行政區工程辦事處呈稱：

「竊查本處公物除笨重木器外，率於六月十日前分期運往南城三區上唐鎮，早經分別電呈有案。詎料六月十一日南城淪陷，十二日上唐鎮謠言蜂起，秩序混亂，散兵游勇以及無業流氓趁亂搶掠，本處員工迫於威勢力不得已，致小件儀器暨烹飪用器概遭損

A 4（210×297公厘）

年　月　日收文　字第　號

07202

失又我軍於七月九日克復南城前敵人到處縱火本處處址全部焚燬所有存處物件遂亦告損失所有本處公物受損情形理合列具一表備文呈報鑒核俯賜准予核銷

等情。附呈本處公物損失一覽表一份。據此。查所呈各節。均屬實情。除損失之普通公用物品擬俟編造預算時于財產增損表內列報外。理合先將儀器及測繪用具損失開列一覽表備文呈請

鈞府俯賜鑒核備案。

謹呈

江西省政府主席曹

附呈本局第七行政區工程辦事處儀器及測繪用具損失一覽表一份

江西水利局局長蕭方畋

副局長丘葆忠

附：江西水利局第七行政区工程办事处仪器及测绘用具损失一览表

江西水利局第七行政區工程辦事處儀器及測繪用具損失一覽表

品名	件數	損失地點	損失緣由	備註
羅盤儀	一只	上唐鎮	被劫	木箱裝
手水準	二個	〃	〃	〃
無液氣壓計	一只	〃	〃	〃
皮尺	二盤	〃	〃	〃
計算尺	一支	〃	〃	〃
小平板		〃	〃	〃 除三足架及平板外均損失

江西水利局关于报送该局自七七事变后财产损失总额致省建设厅的代电（一九四三年五月三十一日）

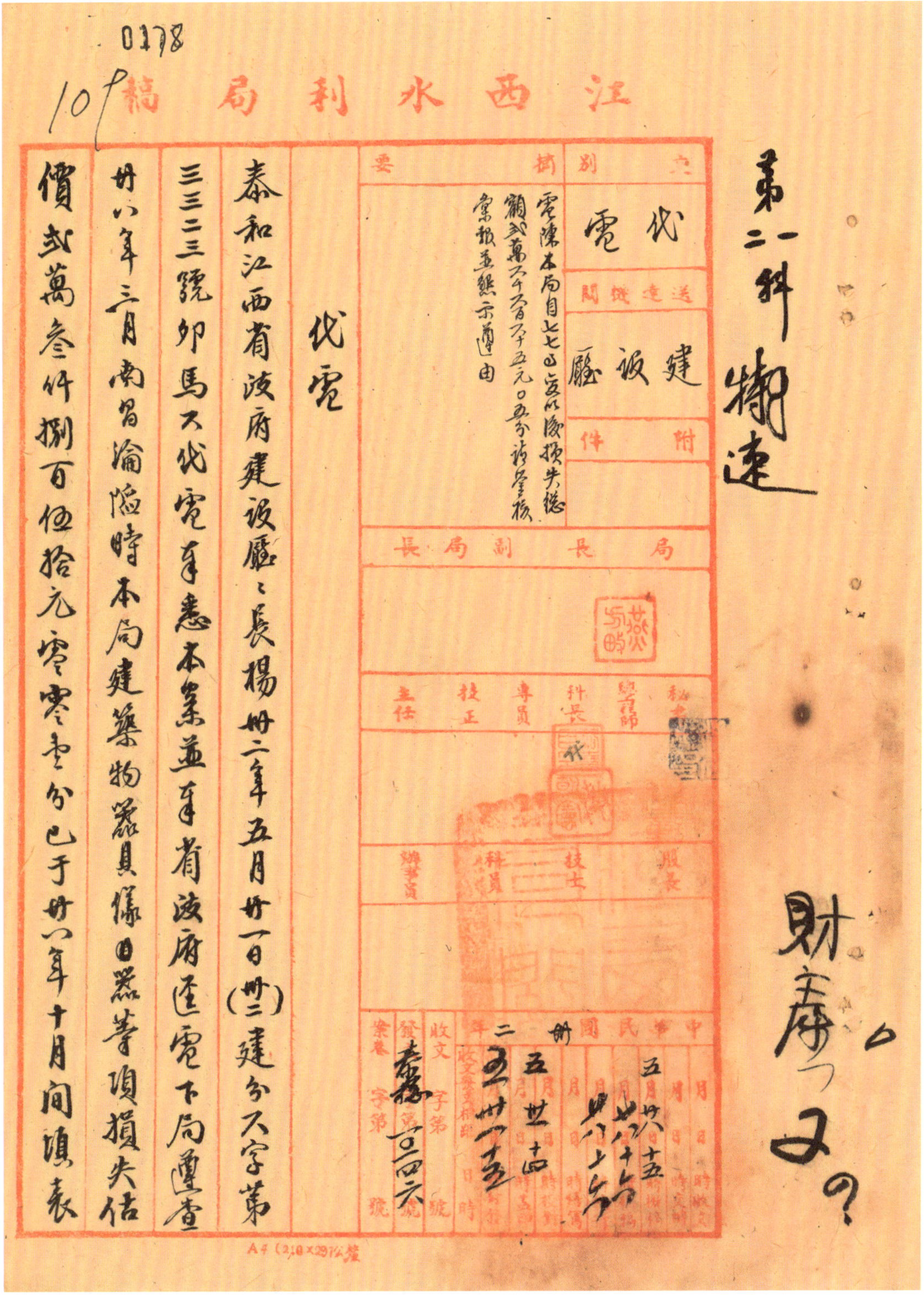
江西水利局稿

事別：代電
送達機關：建設廳
摘要：電陳本局自七七以來財產損失總額貳萬叁仟捌百伍拾元〇角〇分請查核彙報並繳示遵由

第二科
辦速

代電

泰和江西省政府建設廳長楊　卅二年五月卅一日（卅二）建分〇字第三三二三號卯馬〇代電奉悉本案並奉省政府逕電下局遵查廿八年三月南昌淪陷時本局建築物器具儀器等項損失估價貳萬叁仟捌百伍拾元零角零分已于卅一年十月間填表

中華民國卅二年五月

0179

呈報鈞廳核辦卅三年七月敵寇竄擾贛東本局奉令遷移途所搬運時損失公物估價玖百捌十玖元伍角又上饒南城淪陷本局所屬第六第七兩部波區工程水文處損失公物儀器估價壹仟捌百貳拾伍元伍角四分共計損失總額貳萬陸千陸百陸拾伍元零伍分理合電請鈞廳鑒核彙報並懇示遵江西水利局局長萬○副局長丘○○世叩

0180

共四页 第一页

江西水利局自七七事变至卅一年底止财产损失统计总表

损失项目	单位	数量	价值（国币元）	附注
本局办公房屋	幢	一	八九〇一〇〇	价值一项均系按照购置时原价编列，合併陈明
本局总工务室及测候所房屋	幢	一	四六九五〇〇	
防空地下壕	座	二	六〇八〇〇	
五斗桌	张	四	八四〇〇	
九斗桌	张	五	六〇〇〇	
木椅	把	六	三六〇〇	
藤椅	把	四	一二〇〇	
大木箱	只	六	一五〇〇	

0181

仪器橱顶	一	六〇〇
四层木橱顶	三	一二〇〇
三斗桌张	二	八〇〇
绘图桌张	三	六〇〇
机子只	四	四〇〇
盛水桶只	七	四八〇〇
大圆桌张	一	八〇〇
小圆桌张	一	七〇〇
四方桌张	三	一二〇〇
十八斗橱顶	一	一二〇〇

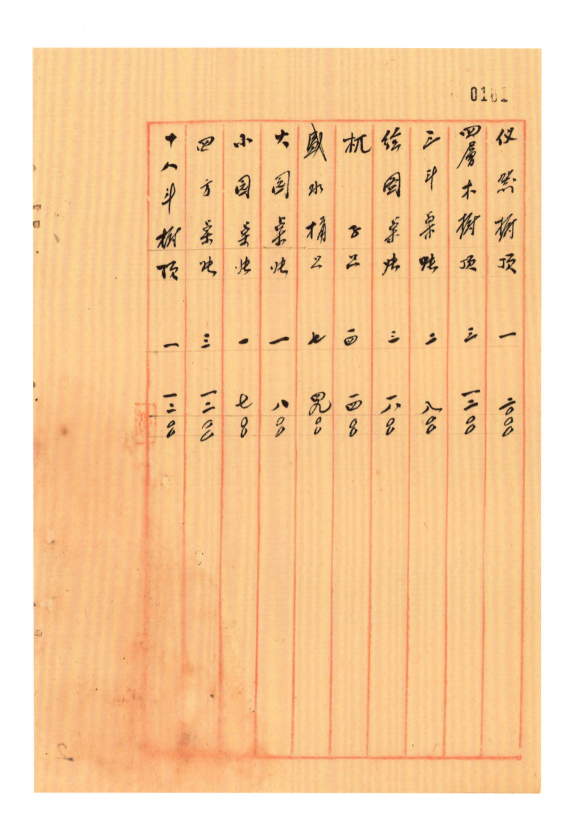

0121

共四頁 第二頁

洋圓盆	只	一	四〇
水桶	只	四	二〇
杉木棒櫈	只	一	三〇
藤睡椅	把	二	五〇
鋪板	副	八	六〇
木茶几	只	四	六〇
藤茶几	只	二	四〇
藤床	張	二	六〇
碗橱	頂	一	二〇
案板	塊	一	一〇

2

0183

碗	架只	一	一〇〇
工斗	墨出	一	三〇〇
水準	儀具	二	七五〇〇
小平板	儀具	三	六七〇〇
大分	儀副	一	四〇〇〇
標	尺根	八	一六〇〇〇
皮捲	尺盤	三四	二六七〇〇
絵図	儀副	六	一六五〇〇
丁字	尺根	二	四〇〇
三角	板副	一五	二五二〇

共四頁 第三頁

0184

曲線板	塊	二	三九〇
三稜尺	根	五	一三〇〇
米突表尺	根	一	二〇〇
計算尺	根	八	八〇〇
望遠鏡	個	一	六〇〇
照相機	架	二	九〇〇
停止表	只	四	一〇〇〇
小號水準儀	具	二	五〇〇
鋼卷尺	支	二	六八〇
步行表	只	一	一〇〇

3

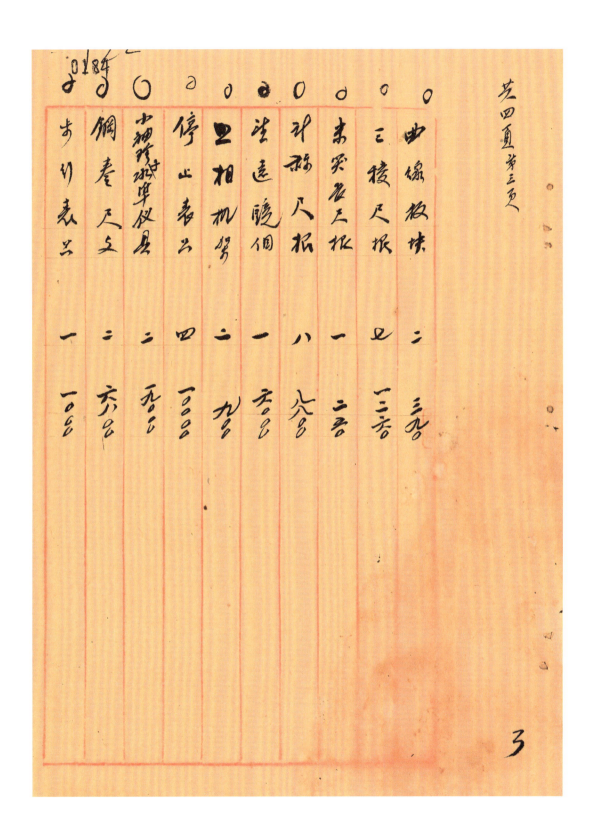

0　001850

圆盘手水平仪	只	一	四〇〇
德製经纬仪	具	一	一二〇〇
[illegible]	只	一	六〇〇
[illegible]	只	一	五〇〇
自记雨量仪	只	一	四〇〇〇
福丁氏气压表	只	一	一二〇〇〇
乾湿球湿度表	只	一	九五〇〇
手提湿度表	只	一	八五〇〇
风向风力仪	只	一	一二〇〇〇
大小气压表	只	五	二九〇〇〇

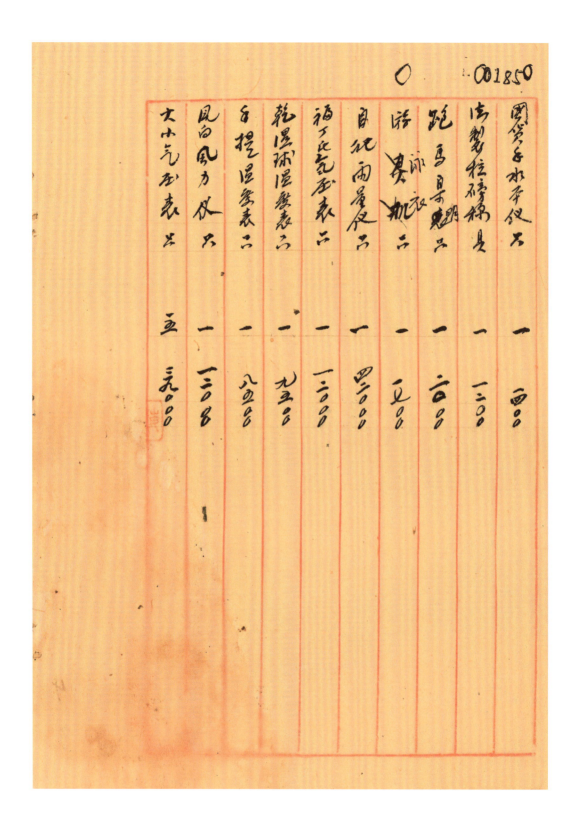

0186 123

共四页 第四页

寒暑表	只	六	三〇〇〇
高度气压表	只	一	五〇〇
三斗桌	张	四	二四〇〇
九斗桌	张	一	一二〇〇
会议桌	张	二	一六〇〇
木方椅	把	一六	四八〇〇
木箱	只	一〇	四〇〇〇
铺板	付	一〇	三〇〇〇
堆栈板车	只	一	一六〇〇
水缸	只	二	一三〇〇

以上系二十八年三月日寇进攻南昌失陷时直接损失

4

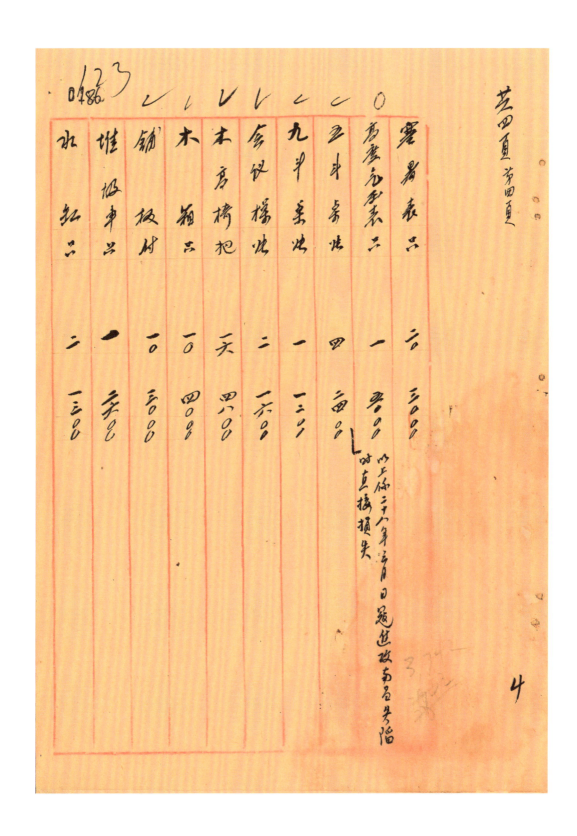

明漆册斗桌	张	五	五〇〇〇
明漆木高椅	把	二十	一一二〇〇
明漆长方机	只	四	八〇〇
明漆面盆架	只	三	一六〇〇
明漆四方桌	张	二	二四〇〇
睡床	只	二十	四〇〇〇〇
皮箱	只	十	六〇〇〇
三接	只	六	一〇〇〇〇
总计			二四八九五〇

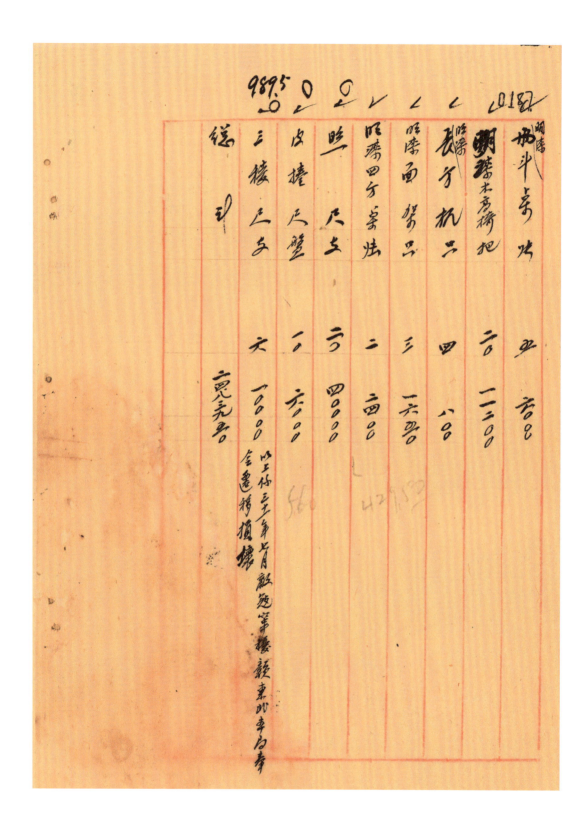

以上系三十一年七月敌窜犯赣东北本乡
全遭损坏

江西水利局第六行政區工程辦事處儀器損失一覽表

名稱	數量	價值	名稱	數量	價值
水準儀	8号 乙具	二九〇.〇〇	水標尺 3M.	乙枝	四〇.〇〇
小平板儀	6号 乙副	二八〇.〇〇	水準尺 5M.	乙枝	四五.〇〇
手水準	三个	二四〇.〇〇	水準尺 3M.	貳枝	九〇.二〇
皮尺	三副	一九〇.〇〇	測深桿 3M.	貳根	三.〇〇
曲尺	貳根	四〇.〇〇	花桿	八根	六〇.〇〇
三稜尺	貳枝	五〇.〇〇	米尺 30cm.	乙枝	一.五〇
三角板	叁塊	二〇.〇〇	米尺 50cm.	貳枝	三.〇〇
直線筆	乙枝	一六.二〇	明角三角板	乙副	二.一〇

0189

丁字尺	贰枝	一八五二〇	皮尺	贰捲	一二八〇
花桿	乙枝	一五〇〇〇	水準儀（三脚架）6号	乙具	二九〇七〇（五）
来達尺	乙根	一二五	油皮袋	贰个	二〇〇
水尺	八根	五〇〇	小油皮	三張	一五〇〇
中号圆規	乙	二五〇	圆板	贰塊	三〇〇
中号圆規墨頭	乙	二〇〇	篾尺	乙枝	一〇〇
中号兩脚規	乙	二〇〇			
斧頭	乙把	一〇〇			
布袋	贰个	一五〇〇			
水標尺 2M.	乙枝	三〇〇			

合计 九一四、三九

91439

江西水利局第七行政區工程處儀器及測繪用器損失一覽表

品名	件數	價值
羅盤儀	乙只	二〇〇
手水準	貳个	二六〇〇
無液氣壓計	乙只	三〇四
皮尺	貳盤	一二·八〇
計算尺	乙枝	一三·九五
小平板	乙副	二八〇〇
合計		一三八·一五

附（四）江西水利局第七行政区工程办事处南城沦陷时公物损失一览表

江西水利局第七行政区工程办事处南城沦陷时公物损失一览表

品名	件数	價值	品名	件数	價值
大竹板	四張	四0.00	算盤	乙把	二0.00
木折桌	三張	三0.00	硯池	久副	一八.00
竹圈椅	弍把	一0.00	水桶	乙担	二0.00
木盆	弍个	二0.00	瓷茶壺	弍把	一0.00
竹躺椅	弍把	三0.00	菜碗	五只	一0.00
竹菜櫥	乙頂	一五.00	飯碗	五只	[illegible]
大書桌	弍張	六0.00	茶盅	久个	三.00
小書桌	弍張	四0.00	調羹	三把	二.00

雙屜書桌	乙張	二0.00	菜刀	乙把	五.00
画图桌	貳張	一0.00	鍋鏟	乙把	五.00
水缸	乙只	二0.00	鐵勺	乙把	五.00
画图板	乙块	四0.00	鐵鍋	乙口	五.00
洗澡盆	乙个	二0.00	燉罐	乙口	五.00
吊水桶	乙个	五.00	鍋盖	貳个	一0.00
火盆	貳个	二0.00			
氣象觀測場	全部	—			
瓷痰盂	貳个	四0.00			
木箱	乙口	四0.00	合計		〤八0.00

江西水利局关于奉令查报抗战财产损失致省建设厅的呈（一九四四年六月十四日）

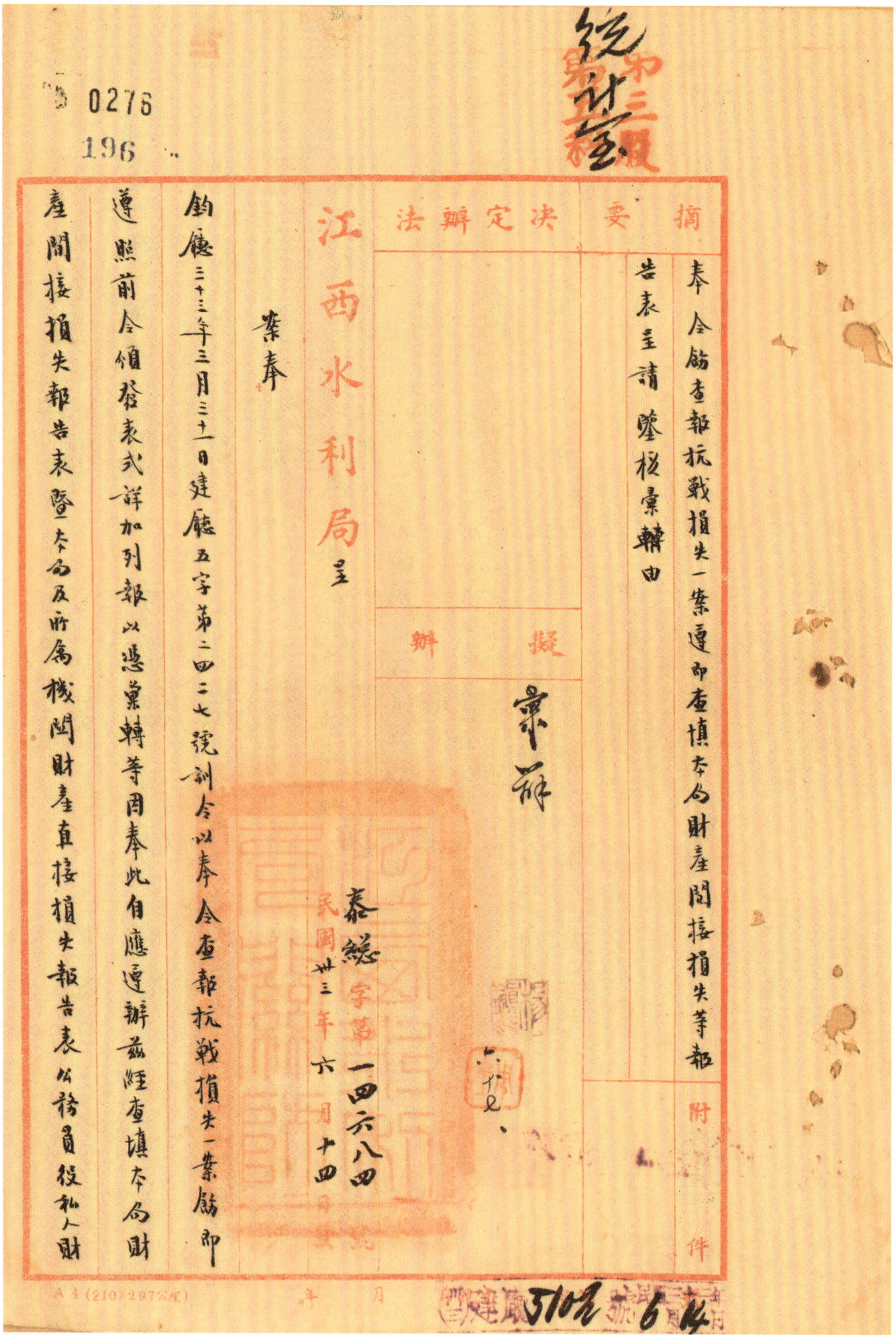

摘要：奉令飭查報抗戰損失一案遵即查填本局財產間接損失等報告表呈請鑒核彙轉由

江西水利局呈 泰總字第一四六八四 民國卅三年六月十四日

案奉

鈞廳三十三年三月三十一日建廳五字第二四二七號訓令以奉令查報抗戰損失一案飭即遵照前令頒發表式詳加列報以憑彙轉等因奉此自應遵辦茲經查填本局財產間接損失報告表暨本局及所屬機關財產直接損失報告表公務員役私人財

0277

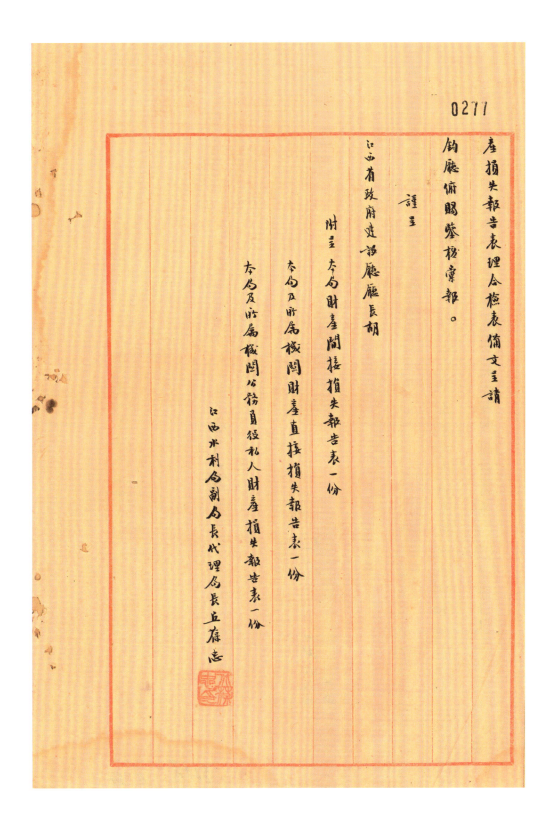

產損失報告表理合檢表備文呈請

鈞廳俯賜鑒核彙報。

謹呈

江西省政府建設廳廳長胡

附呈 本局財產間接損失報告表一份

本局及所屬機關財產直接損失報告表一份

本局及所屬機關公務員役私人財產損失報告表一份

江西水利局副局長代理局長丘存志

附（一）江西水利局财产间接损失报告表（一九四四年五月八日）

0280

199

江西水利局财产间接损失报告表

资料时期：27年7月1日至31年12月31日

填送日期：33年5月8日

损失分类	金额（单位：国币元）
共计	83,794.37
迁移费	20,444.37
防空设备费	6,800.00
疏散费	56,550.00
救济费	
抚卹费	

附（二）江西水利局及所属机关财产直接损失报告表（一九四四年五月八日）

江西水利局及所屬機關財產直接損失報告表

資料時期：28年3月27日至31年12月31日

填送日期33年5月8日

損失分類	價值（單位：國幣元）
共計	26,665.05
建築物	19,684.00
器具	1633.50
現款	/
圖書	/
儀器	5,347.54
文卷	/
醫藥用品	/
其他	

報告機關：江西水利局

附（三）江西水利局及所属机关公务员役私人财产损失报告表（一九四四年五月八日）

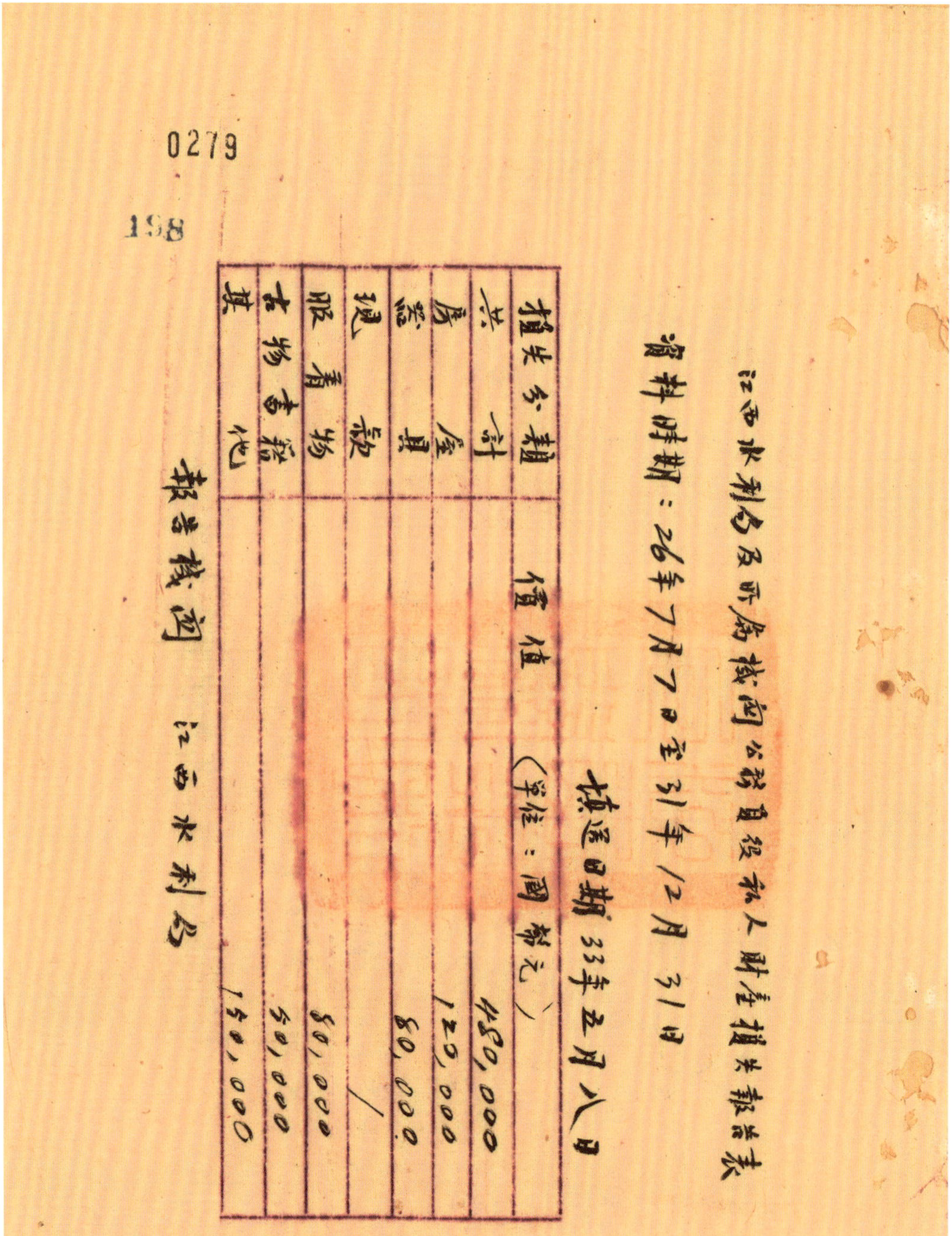

0279

198

江西水利局及所属机关公务员役私人财产损失报告表

資料時期：26年7月7日至31年12月31日

填送日期33年五月八日

損失分類	價值（單位：國幣元）
共計	480,000
房屋	120,000
器具	80,000
現款	/
服着物	80,000
古物書籍	50,000
其他	150,000

報告機關　江西水利局

江西省政府关于第二行政区工程办事处因萍乡沦陷迁移损失应补报证明文件致江西水利局的指令（一九四四年十月六日）

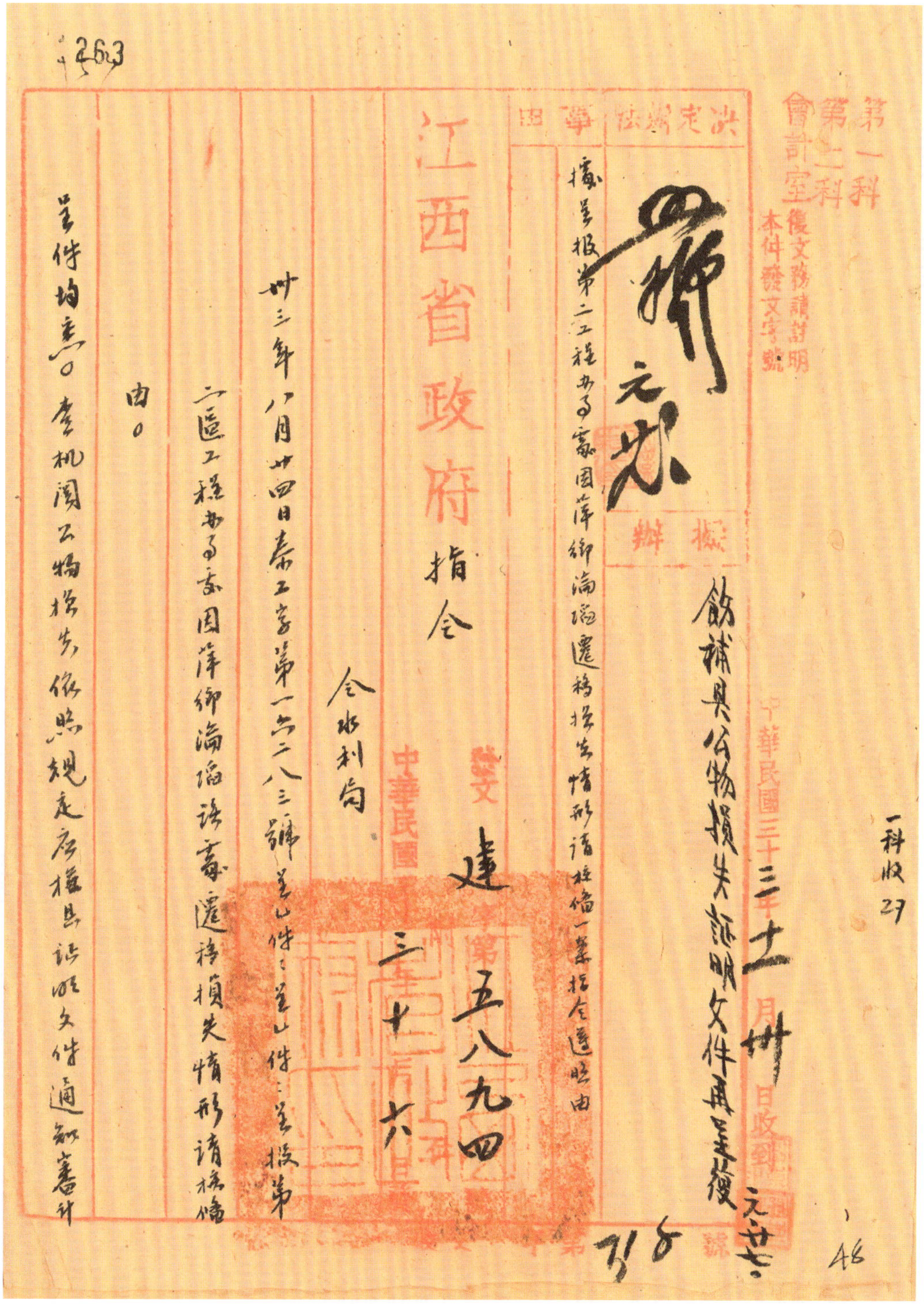
江西省政府指令 建五八九四

令水利局

卅三年八月廿四日秦工字第一六二八三號呈一件：呈報第二區工程處因萍鄉淪陷遷移損失情形請核備由。

呈件均悉。查機關公物損失，依照規定應據具証明文件……

三十三年十月六日

264

机關審核，仰即遵照補具該項証明文件呈府，以憑轉函審計處核辦！

此令。附件發還。

主席 曹浩森

財政廳廳長 文群

建設廳廳長 胡嘉詔

校對李成[illegible]

附：江西水利局第二行政区工程办事处公物损失清册

154
1265

附卷

江西水利局第二行政區工程辦事處公物損失清冊

品名	數量	估計價值	備攷
舊皮尺	一捲	一,五〇〇元	
上等辦公桌	四張	六,〇〇〇	
次等辦公桌	兩張	一,五〇〇	
三尺徑大號鐵鍋	一口	一,〇〇〇	
中號鐵鍋	一口	八〇〇	
熱水鐵湯罐	兩口	一,〇〇〇	
飯盆	兩口	四〇〇	
水缸	兩口	六〇〇	

266

本國地圖	乙張	二〇〇
世界地圖	乙張	三〇〇
黨國旗	各一面	一五〇〇
辦事處招牌	乙塊	三〇〇
籐椅	两張	一二〇〇
量雨器 蒸發器 量水杯	各一件	六〇〇〇
丁字尺	乙個	三〇〇
直綫尺	乙根	三〇〇
算盤	四具	四〇〇
筆筒	六個	三〇〇

155
267

硯池	六個	二四〇
痰盂	六口	三〇〇
水桶	乙担	四〇〇
絹縧	四丈	一〇〇
圓形生凳	六個	三〇〇
鍋蓋	兩個	二〇〇
鍋鏟	兩把	一〇〇
炉鏟	乙把	一〇〇
炉鈎	一個	一〇〇
洋漆	兩個半聽	五〇〇

茶杯 十个 三〇〇

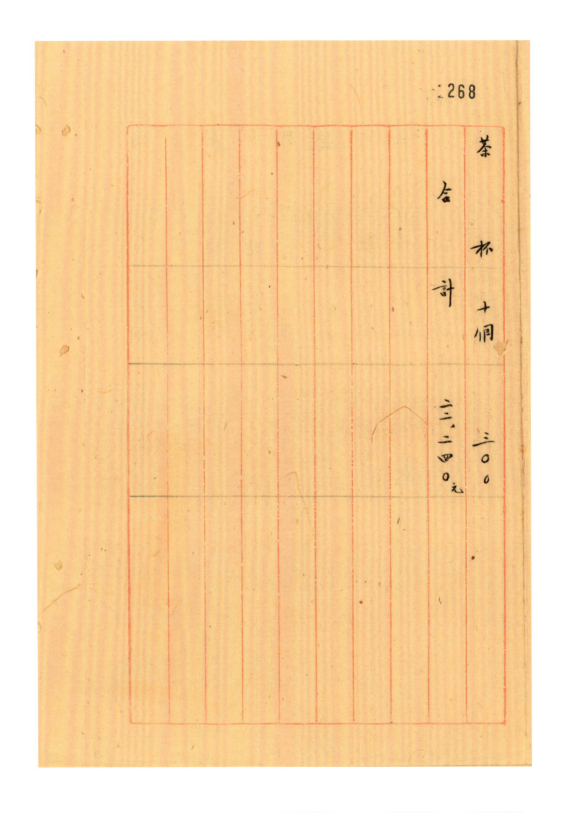

合計 三，二四〇元

江西水利局关于奉令查报自七七事变起至一九四五年八月止抗战损失致省建设厅的呈（一九四五年十月二十日）

江西水利局稿

文别：呈

摘要：呈为奉令饬将抗战损失自二十六年七月七日起至卅四年八月止遵照前发表式详加列报，并因遵经列表送请鉴核备案转由

送达机关：建设厅

附件

第一科 会计室 办稿 速

呈

案奉

钧厅宁建字第零三四零二号训令：以调查抗战损失一案，久经阅所发资料，截止时期不一。应遵前发表式，自二十六年七月七日起，至三十四年八

局长　副局长

秘书　总工程师　科长　视察　技正　主任

股长　技士　科员　办事员

三十四年十月十七日
十月十九日
十月二十日

总会字第1413号

60

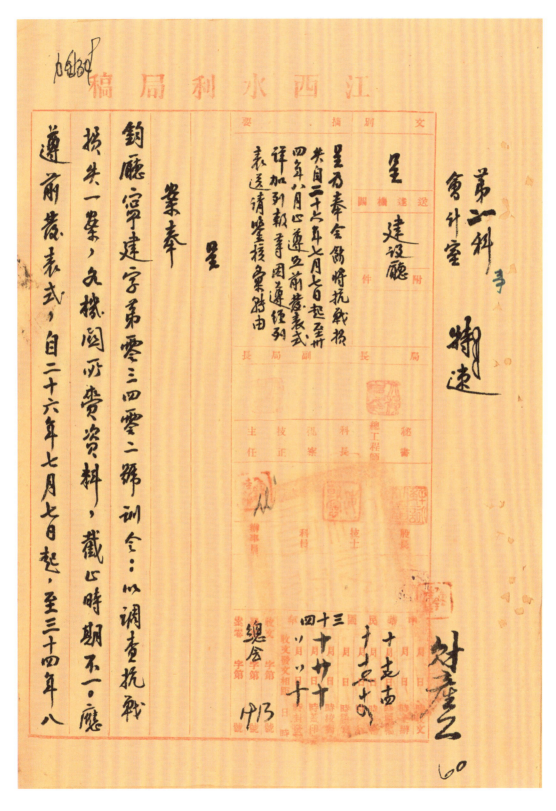

月止，详加列报，以便汇呈等因；自应遵办。兹经依照规定时期，将本局财产直接暨间接损失，以及本局公务员役私人财产损失，分别查明列表，理合检表，具文呈请

钧座俯赐鉴核汇转。//

谨呈

江西省政府建设厅厅长胡

附呈 本局财产直接间接损失报告表二份

本局公务员役私人财产损失报告表二份

江西水利局副局长代理局长丘○○

26 7 7 34 8 31

34 10 1

211,318.37
30,883.76
4,016.10
~~428.82~~
~~5,376.36~~
~~3,622.69~~
~~2,245.15~~

168,767.00

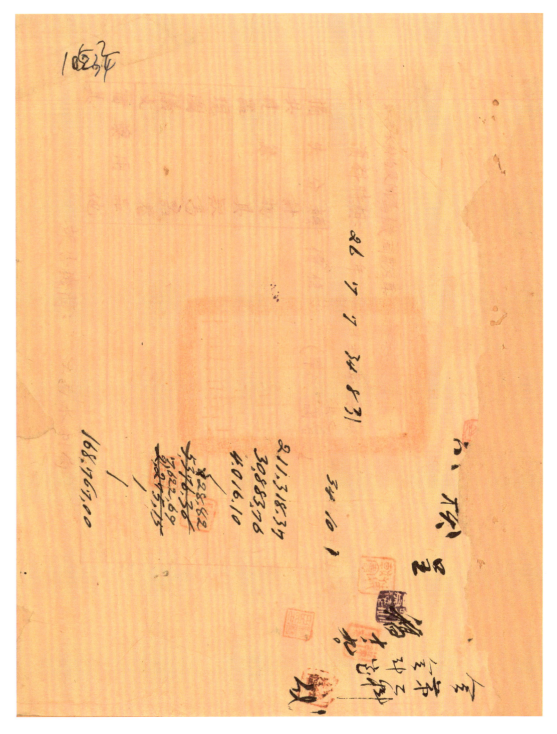

附（二）江西水利局财产间接损失报告表（一九四五年十月一日）

江西水利局财产间接损失报告表

填送日期 34年10月1日

26年7月7日至34年8月31日

分类	数额
共计	1648,6774.97
迁移费	1935,5774.97
防空设备费	6,810.00
疏散费	206,300.00
救济费	/
抚恤费	/

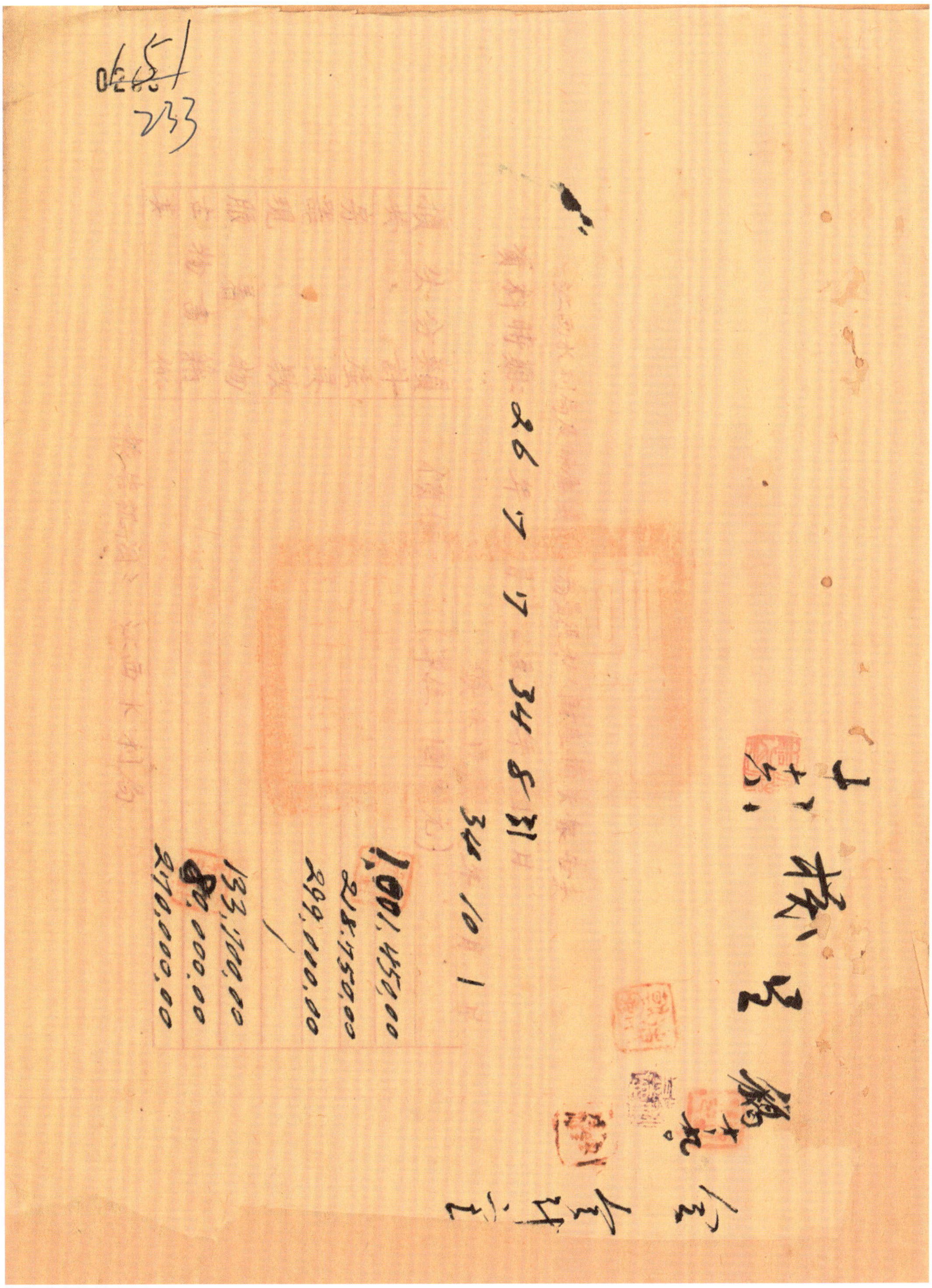

余干县政府关于填送该县水利工程抗战损失报告单致江西水利局的代电（一九四六年三月九日）

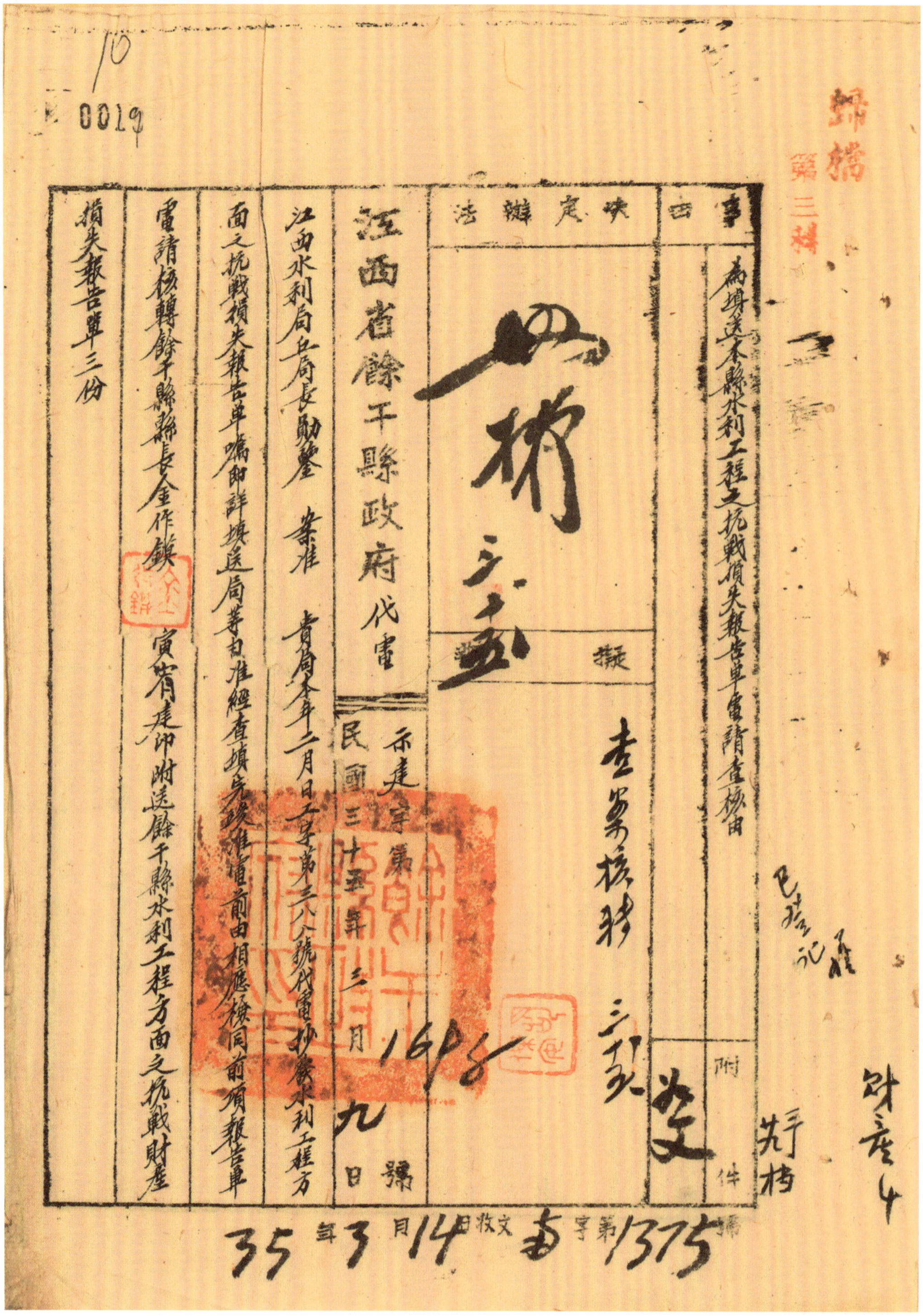
10
0019

事由：為填送本縣水利工程之抗戰損失報告單電請查核由

決定辦法：如擬 三、十五

擬：查案核轉 三、十五

附件

江西省餘干縣政府代電

餘建字第一六一八號 民國三十五年三月九日發

江西水利局局長勛鑒：案准貴局本年二月日工字第三八八號代電抄發水利工程方面之抗戰損失報告單，囑即詳填送局等由，准經查填完竣，准前由，相應檢同前項報告單電請核轉。餘干縣縣長金作鎮。寅青建印。附送餘干縣水利工程方面之抗戰財產損失報告單三份

35年3月14日收文 字第1375

附：余干县水利工程方面之抗战财产损失报告单（一九四六年三月）

餘干縣水利工程方面之抗戰財產損失報告單　　填送日期　卅五年三月　日

損失年月日	事件	地點	損失項目	建築或購置年月	單位	數量	價值（國幣元）	
							建築或購置時價值	損失時價值
三十一年六月二十日	日軍佔領後之損毁	新民鄉	二十八都圩堤損毁决口兩處	舊有	一垣	農田二万畝被淹没損失稻谷六万石	——	一千八百万元
三十一年六月廿五日	〃	五都鄉	五都埂圩堤損毁决口	〃	〃	淹没農田三万畝損失稻谷九万石	——	二千七百万元
三十一年六月廿日	〃	古埠鄉	九都埂圩堤損毁决口五處	〃	〃	淹没農田二万五千畝損失稻谷七万五千石	——	貳仟二百五十万元
三十一年六月廿日	〃	[illegible]鄉	郭埠埂損毁决口一處	〃	〃	淹没農田五千畝損失稻谷一万五千石	——	四百五十万元
〃	〃	〃	大灘埂損毁圩堤决口一處	〃	〃	淹没農田六千畝損失稻谷一万二千石	——	三百六十万元
三十一年六月廿日	〃	中山鄉	卅二都埂損毁圩堤决口一處	〃	〃	淹没農田三万畝損失稻谷六万石	——	一千八百万元
三十一年六月二十日	〃	二都鄉	二都埂損毁决口三處	〃	〃	淹没農田四万畝損失稻谷九万石	——	貳千七百万元
三十一年六月十九日	〃	[illegible]港鄉	[illegible]埂損毁圩堤决口一處	〃	〃	淹没農田二万畝損失稻谷六万石	——	一千八百万元
三十一年六月廿一日	〃	湖濱鄉	魚池埂損毁圩堤决口三處	〃	〃	淹没農田一万畝損失稻谷三万石	——	九百万元
三十一年六月廿日	〃	民德鄉	蔡坊埂損毁圩堤决口一處	〃	〃	淹没農田六百畝損失稻谷一千八百石	——	五十四万元
〃	〃	〃	象山埂損毁圩堤决口一處	〃	〃	淹没農田四百畝損失稻谷八百石	——	二十四万元
〃	〃	〃	蘇公埂損毁圩堤决口二處	〃	〃	淹没農田三百畝損失稻谷六百石	——	十八万元
三十一年六月十七日	〃	三塘鄉	三塘埂損毁圩堤决口一處	〃	〃	淹没農田三千畝損失稻谷六千石	——	一百八十万元
〃	〃	〃	南濱埂損毁圩堤决口一處	〃	〃	淹没農田二千畝損失稻谷五千石	——	一百五十万元
〃	〃	〃	[illegible]埂損毁圩堤决口一處	〃	〃	淹没農田一千畝損失稻谷三千石	——	九十万元
三十一年六月廿一日	〃	[illegible]鄉	大灘埂損毁圩堤决口二處	〃	〃	淹没農田一万二千畝損失稻谷三万石	——	九百万元
合計						①農田[illegible]00,000畝 ②谷539,600石	——	一万六仟一百七十六万元

填報機關　餘干縣政府　　　縣長　金作鎮

（六）电讯

德安县政府关于因敌进扰损失公私物品等情请予救济致江西省政府的呈（一九四〇年八月六日）

0443

301

事由：為據報因敵進擾損失公私物品等情轉請 鑒核酌予救濟由。

德安縣政府呈 政字第 811 號

中華民國二十九年八月 六 日

案據派駐本府江西省電訊大隊第六十五分隊隊長周鄂帆本年八月六日報告稱：「竊帆等自隨鈞座抵德甫三日即遭寇犯，因匆遽奔避，公私物品有所損失，間以蔡山壠遇敵一役，所攜電池及衣服行李等損失不少。慨帆等處此敵後，物資高貴，生活艱窘情勢之下，實難勝負，特謹將損失物品另表列呈外，理合備文懇請鈞座俯察下情，轉呈層峯鑒核，以維下層工作，公便德便」等情；附損失物品表一份。據此，查該隊長所稱各節，俱屬實情、

中華民國廿九年九月七日

4160

4160

0444

除指復外，理合抄呈原表一份，懇請

鈞座鑒核，並乞准予彌補損失，以資歸墊，而免虧累，實爲公便。

謹呈

江西省政府主席熊

附抄呈損失物品表一份

德安縣縣長黄觀文

0446

303

附：江西省电讯大队游击区电队受敌袭击损失情况汇报表（一九四〇年七月一日）

江西省电讯大队游击区电队受敌袭击损失情况汇报表

二十九年七月一日

队别	驻地	受袭日期	受袭情形	撤退日期	撤退地址	撤退情形	损失概况	拟请补偿损失概数	处理情形
第三十八分队	湖口[illegible]镇	二十九年五月二十日	敌由进犯大[illegible]镇，同时敌机猛烈轰炸，我方无法抵抗，人员纷纷逃避，敌随后追击甚烈。	二十九年五月二十三日	浮梁	报务员及技术员司书报差各一人向浮梁逃避。	电池天线及残件暨队员兵私有物件概行损失。	四〇〇.〇〇	暂在浮梁整理，并候补充接济。
第六十六分队	瑞昌	二十九年四月二十八日	敌三千余人分四路向我攻南山下余家祠等处包围，攻击并四面搜索。	二十九年四月二十九日	湖北苦坑	队长及报务员分携机件于二十九日下午一时逃至余家山，三十日复向苦坑撤退。	机件损坏，零件及行李等项均遗失一空。	四〇〇.〇〇	由大队发还公务应用之件，并饬该分队长带去到队即可工作。
第二十七分队	彭泽黄港	二十九年五月二十一日	敌机轰炸县府驻地，并以飞机扫射，敌兵入城放肆搜索。	二十九年五月二十三日	由秦家铺退至浮梁	危急时机，员公私物品司书冒险抢携机件，队兵[illegible]中弹殒命，其他员兵生死不明。	天线电池等项及公私物品完全损失。	四〇〇.〇〇	暂在浮梁整理，并候补充接济。
第六十五分队	德安	二十九年四月二十四日	敌兵四百包围攻击甚烈。	二十九年四月二十四日	由磨下场家至小山	当日携带机件至刘家坂，二十六日至金家山，二十八日至李家坪，[illegible]日至高塘坳，[illegible]日至孔家寿，五天[illegible]日至磨上场家，四日及聂若[illegible]桂家情况转恶，又逃小山等[illegible]中	器材零件及行李等项均已损失	四〇〇.〇〇	暂由中队整理，勉强恢复工作。
第九中队	岷山	二十九年四月二十六日	敌兵于早晨进攻	二十九年五月二日	沙店	天线配份器材及员工行李全数失落。	仝上	八〇〇.〇〇	暂借天线维持工作，专署东电盘另急候补充。
第六十四分队	九江	二十九年四月二十六日	敌军四面包围，攻击甚烈。	二十九年四月二十七日	由磨上场家至小山第蓬中	天线与器材及员工行李完全损失。	仝上	四〇〇.〇〇	整理后勉强恢复工作。
第六十七分队	永修	二十九年五月十八日	受敌袭击停止工作。	二十九年五月十一日	张家湾	电池及配份器材损失殆尽。	仝上	四〇〇.〇〇	向保安处电队借用电池数打维持工作。

江西省无线电讯总队关于上报巡回队遇敌经过及公私损失表请予救济致省建设厅的签呈（一九四二年八月四日）

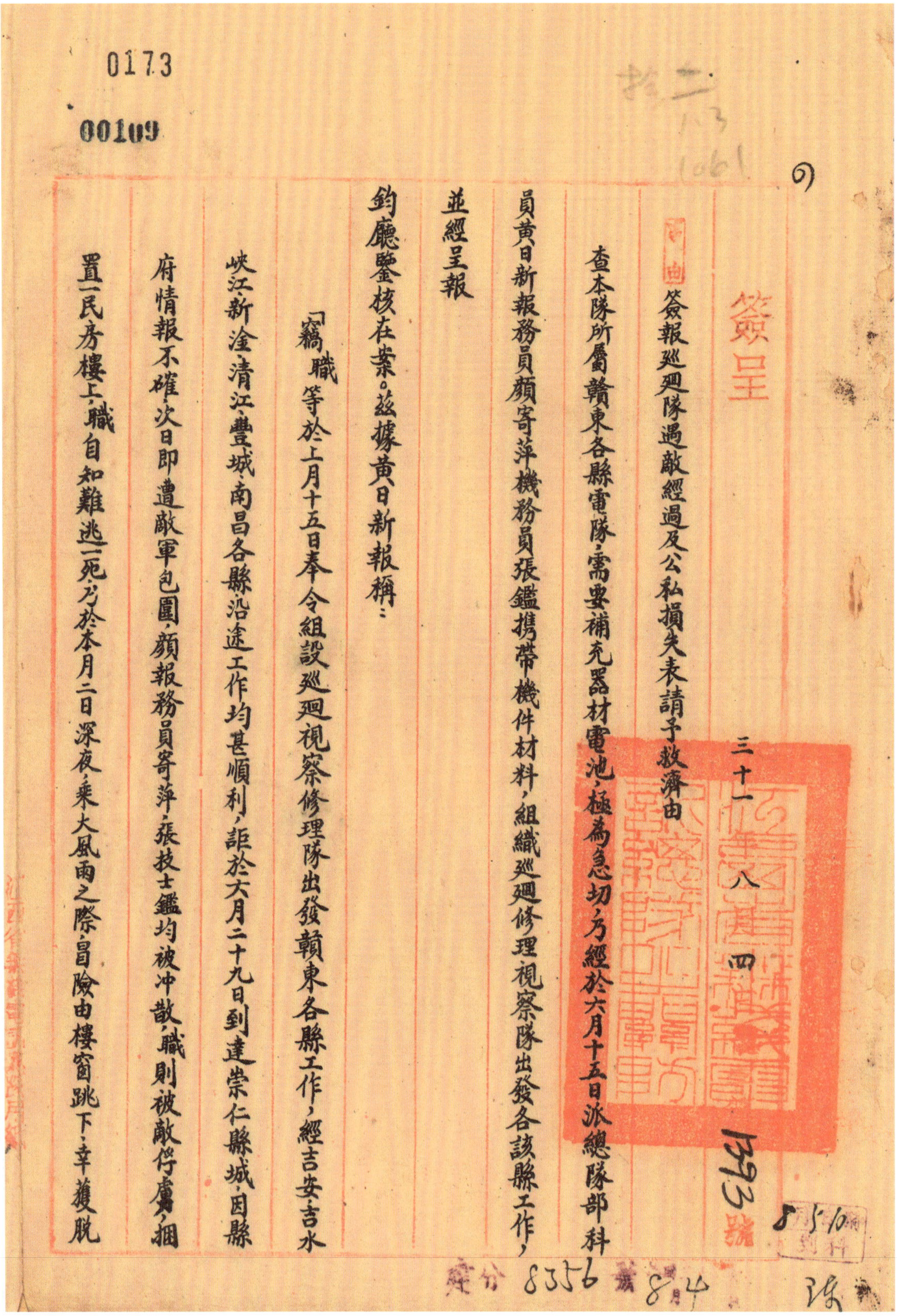
0173
00109

簽呈

三十一 八 四

1393號

事由 簽報巡廻隊遇敵經過及公私損失表請予救濟由

查本隊所屬贛東各縣電隊，需要補充器材電池，極爲急切，乃經於六月十五日派總隊部科員黄日新報務員顔寄萍機務員張鑑携帶機件材料，組織巡廻修理視察隊出發各該縣工作，並經呈報

鈞廳鑒核在案。茲據黄日新報稱：

「竊職等於上月十五日奉令組設巡廻視察修理隊出發贛東各縣工作，經吉安吉水峽江新淦清江豐城南昌各縣沿途工作均甚順利，詎於六月二十九日到達崇仁縣城，因縣府情報不確，次日即遭敵軍包圍，顔報務員寄萍，張技士鑑均被冲散，職則被敵俘虜，捆置一民房樓上，職自知難逃一死，乃於本月二日深夜，乘大風雨之際，冒險由樓窗跳下，幸獲脱

逃、惟機件電池及私人行李等件悉遭毀滅、除被俘詳情、已另行呈報外、理合將損失公私物品、列表呈核、敬乞鈞長俯念下情、准予轉請救濟、以維生活」

復據報務員顏寄萍報稱：

「竊職等自上月十五日奉令隨同黃主任日新出發贛東各縣巡廻視察及慰問補充在外各同仁器材、除在新淦修復耳機、豐城收報機一部外、所經各隊、而各同仁聞省府對其愛護關切、莫不深感興奮快樂、並囑職等轉隊向總座及各長官在泰同仁致敬、今後當不避艱險、加倍努力、以報國恩等語。職等於荷湖南昌隊慰視後、即向崇仁方向推進、於二十九日中午達距崇仁十二里地之董崗、職原擬在董崗架設、因聞交部搶救隊云、縣長尚在城內工作、縣城尚屬安靜、黃主任當率即職攜帶機件進城架設、報告當地情況、一面修復崇仁電機、使其恢復通訊、以達職責。於二十九日下午五時許達崇仁、進城之後、與縣府接洽一切妥當

0175

00110

即將機件架設於縣府附近距街上約二里工作，斯時黄主任上街進餐　職在機通報至中途突聞
槍聲拍拍，敵機冒雨轟炸　職即發出救急呼號一面撤下電機道線擬揹負電機逃出，適時
一操四川口音着青紡便衣之人（此人早七時許一仝在茶店吃茶者）自稱係第四軍士兵云你們主任
被日本皇軍捉去了、一面即向身上取出手槍向　職吽不許動　職乘其一足方入門坎時將安置電機
方桌推翻予以阻止　職待彼退後一步時即將電機抓入手中由側門逃出，因該地門係由伊發數槍
亦未擊中繼逃至後面係一水塘，當又有敵便衣隊二人阻　職去路　職即將電機等件，棄入水塘該二
敵即將　職捉住以手槍頭子向　職頭背等部痛擊，當云（壞蛋壞蛋槍斃你等語）旋即搜　職身
上存款約四百元，悉數拿去，此時先用槍擊　職之敵已趕到以槍夫扣　職背約數十下，二敵將　職衣
領抓住云帶去團部等語道經一河旁伊等即俵分所得之錢　職思為俘亦無生理更恥遺敵人侮
辱乃乘其不備，於擒　職者下部一脚，返身投入河中時因連日大雨水急甚流　職入水即為水打離

五六尺之遠，故敵槍擊數發，均未擊中，職乃得泅水逃出，輾轉逃至樟樹，適樟樹情況亦極緊
張，敵機更猛烈轟炸，並聞附近機槍咯咯之聲，職與張君乃首途至距十五里地之王梁，則見
樟樹火光四起。行經新淦，因二十師檢查職等護照，乃專署行署之毛邊紙，僅官防，無私章之
證書，乃被其扣留約十餘小時，幾度交涉，使獲釋放，當繼續返泰，職因濕熱過重，到吉即病
倒，旅店兼之旅資告罄，經張君向專署劉科長借五十元，付清伙食店費，以得返泰。上列各
情，理具實，詳呈並懇俯念職異鄉，迫迫一身之外無物，兼以患病沉重，恩施格外，予以救濟，實感
沾德便，無暨矣
各等情〻坿呈公私損失表四紙，據此，查該員等此次不畏艱險，出發前方各縣工作，其勇敢精
神，誠堪嘉慰，惟因身無武器，猝遇敵軍，無法抵禦，致被敵俘，情實堪憫，除所報損失
小電一七〇〇節係由

鈞廳撥發之四千節內撥給請予核銷外，其餘機件電料損失共計價值七千八百六十元，請即撥款購置補充，以免虧累，至該員等私人損失，擬請准予每人發給救濟費八百元，款在鈞廳發給之救濟費一萬元內開支，以示體恤，而勵來茲，如何之處，理合簽請

核示祇遵！

謹上

廳長楊

附呈損失表四紙

江西省無線電訊總隊總隊長張仲智

抄府積令案仁路府書發每行核办

並指復 八.六

公物損失表

品名	數量	價值		備攷
5m收發報機	全部	五二四〇元	〇〇	附天線一付A電四只B電四只
倫份真空管	一套	六四〇	〇〇	計八只
倫份變壓器	二只	一八〇	〇〇	
小節電池	一七〇〇節	五一〇〇	〇〇	
A電池	二十八只	一四〇〇	〇〇	
現款	四百元			
合計		一二九六〇	〇〇	

附（二）私人行李损失表

0179

00113

私人行李損失表

品名	數量	價值		備攷
毛維也納中山裝	一套	六〇	〇〇	
草綠軍裝	二套	四〇〇	〇〇	每套約二百元
襯衫	三件	一八〇	〇〇	每件約六十元
手錶	一只	一三〇	〇〇	巡迴電隊通報用
皮鞋	一雙	八〇	〇〇	
小棉被	一条	二〇	〇〇	
毛毯	一条	二〇	〇〇	
線襪	三雙	三〇	〇〇	每双約十元

洗面用具	一套	三〇	〇〇	計牙刷牙膏面巾等件
鋼筆	一支	五〇	〇〇	
總計		一八九〇	〇〇	此項物品倘以現價購置此數尚難購到

顏寄萍

私人行李損失表

品名	數量	價值		備攷
灰色標準布製服	一套	八〇	〇〇	
電光呢中山装	一套	三五〇	〇〇	
標準布襯衫	二件	一二〇	〇〇	每件六十元
毛毯	一条	三〇〇	〇〇	
單被	一床	二〇〇	〇〇	
短褲	二条	六〇	〇〇	
鋼筆	一支	八〇	〇〇	
線襪	二双	二〇	〇〇	每双十元

0182

便衣	一套	一五〇〇	
洗面用具	一套	三〇〇	計面巾牙刷牙膏等件
大文皮包	一只	八〇〇	
總計		一五〇〇	

黄八日新

江西省……局紙

私人行李損失表

品名	數量	價值		備攷
棉被	一条	三〇〇	〇〇	
毛線毯	一条	三〇〇	〇〇	
草綠製服	一套	二〇〇	〇〇	
中山呢灰色服裝	一套	三五〇	〇〇	
力士鞋	一双	三〇	〇〇	
襯衫	二件	一〇〇	〇〇	
派力司短褲	一条	五〇	〇〇	
襪子	二双	二〇	〇〇	

0184

便鞋	一双	一五	·〇
洗面用具	一套	三〇	〇〇
總計		一三五	〇〇

張鑑

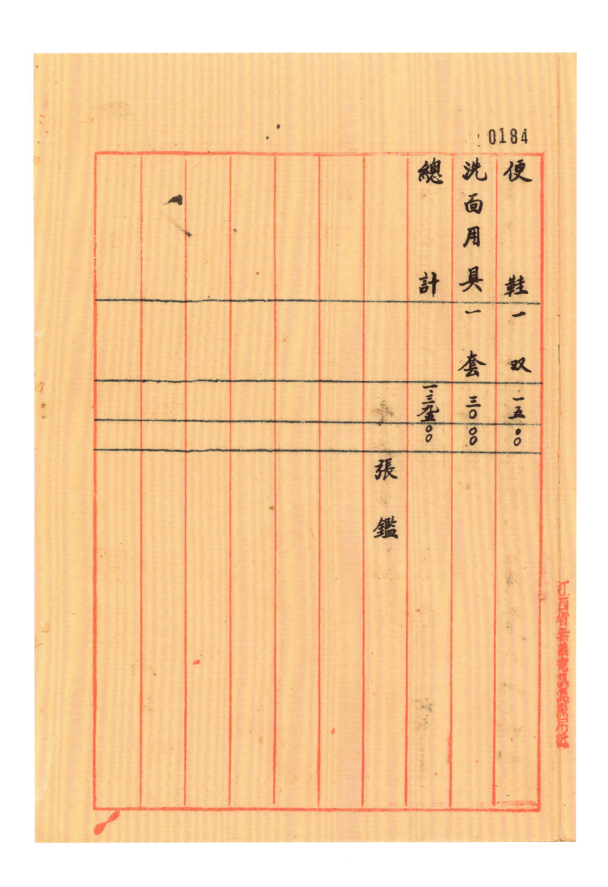

江西省無線電訊總隊用紙

江西省电话局关于查填龙南交换所被炸公私损失致省建设厅的呈（一九四四年四月十三日）

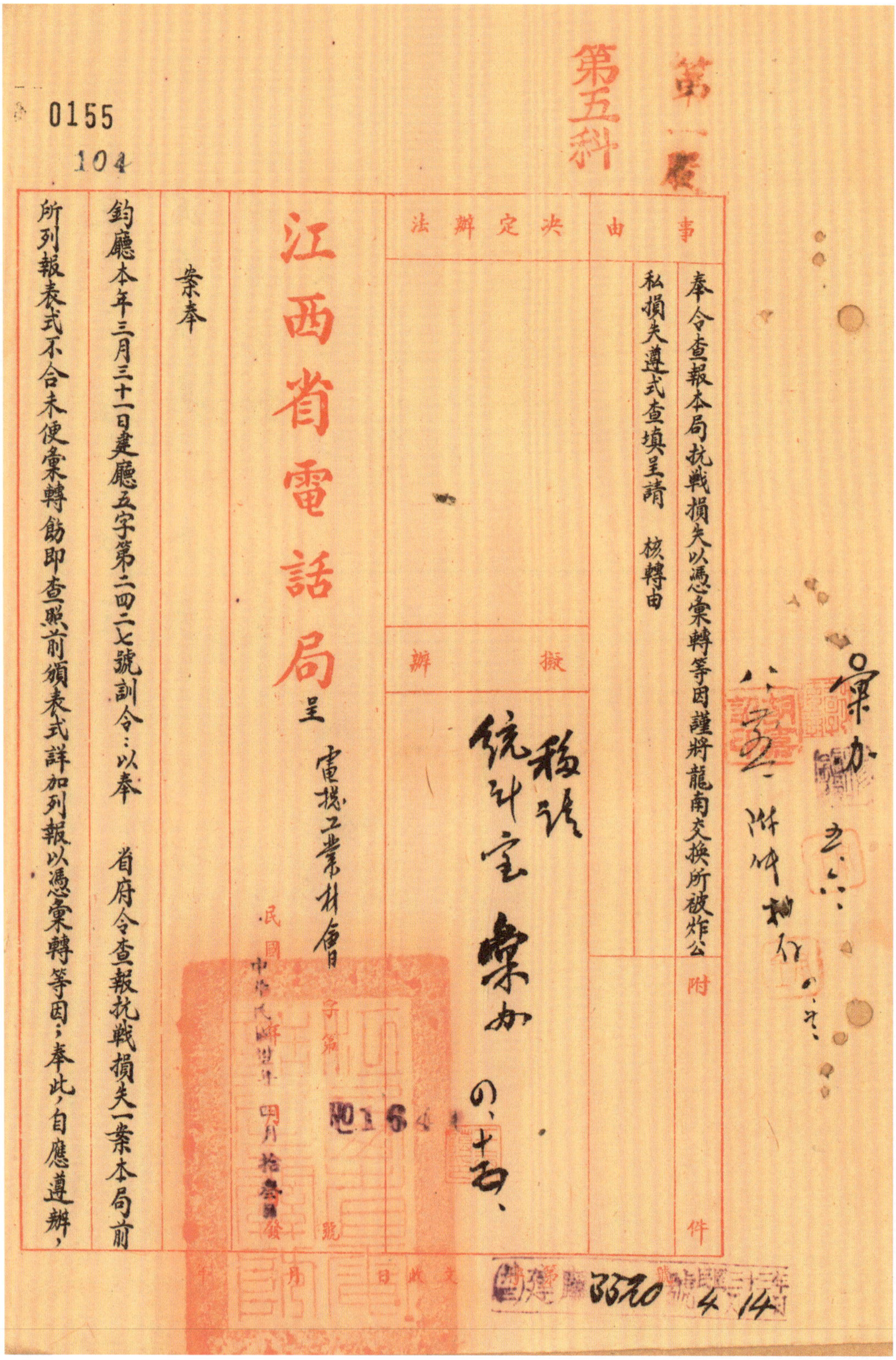
第五科 第一股

0155

104

事由：奉令查報本局抗戰損失以憑彙轉等因謹將龍南交換所被炸公私損失遵式查填呈請 核轉由

決定辦法

擬辦

附件

江西省電話局 呈

電機工業林會

中華民國卅三年四月拾叁日發 字第 01641 號

案奉

鈞廳本年三月三十一日建廳五字第二四二七號訓令：以奉

省府令查報抗戰損失一案本局前所列報表式不合未便彙轉飭即查照前頒表式詳加列報以憑彙轉等因；奉此，自應遵辦，

稱請統計室彙办 四、十五

3320 4 14

0156

謹將本局駐龍南交換所被炸公私損失，根據該所呈報被炸損失清册，遵式查填財産直接損失報告表及公務員役私人財産損失報告表各二份，備文送請

鑒核存轉！

謹呈

江西省政府建設廳廳長胡

附財産直接損失報告表及公務員役私人財産損失報告表各二份

江西省電話局局長張仲智

（五·〇〇〇——三二·二·）

校對尹賢守

附（一）江西省电话局龙南交换所财产损失报告表（一九四三年十月）

江西省電話局龍南交換所財產損失報告表

事件：敵機炸燬

日期：十月一日

地點：龍南中山路41號

填送日期：民國三十二年十月 日

損失項目	單位	數量	價值（國幣元）	備註
機件				
試綫機	五千元	一隻	約五千元	
總機聽話筒	五百元	一隻	約五百元	
避雷器	每隻一百元	五隻	約五百元	
總機塞子	每對約一百元	一對	約一百元	
合計			約六千一百元	
材料				
8號鉄綫	每市斤四十元	約一百市斤	約四千元	挖回已燒壞六十五市斤
12號鉄綫	每市斤約五十元	約二百廿市斤	約一萬一千元	挖回已燒壞一百六十斤
14號紫銅綫	每市斤約六十元	約一百市斤	約六千元	挖回已燒壞六十七斤
16號鉄綫	每市斤約六十元	約二百伍十市斤	約一萬五千元	挖回已燒壞一百九十九斤
18號鉄綫	每市斤約一百元	約二市斤	約二百元	
19號紫銅綫	每市斤約一百廿元	約一市斤	約一百廿元	
皮複綫	每尺約三元	約八百呎	約二千四百元	
電池	每只約一百元	六隻	約六百元	

填送者

製表者

磁头	每只约三元	约一百二十只	约三百六十元	
磁夹板	每副约二元	约六十副	约一百廿元	
焊锡水	每瓶约四百元	约半瓶	约二百元	
焊锡膏	每瓶约六百元	今瓶	约二百元	
其他材料			约一千元	
合计			约四万一千一百元	
工具				
拉线钳	每副约五百元	一副	约五百元	
鬼爪	每只约二百元	一只	约二百元	烧坏已拉回
木叉	每把约一百元	一把	约一百元	全上
打洞刀	每把约一百元	一把	约一百元	全上
打洞勺	每把约一百元	一把	约一百元	全上
扁橇	每把约八百元	一把	约八百元	全上
三脚板	每副约三百元	一副	约三百元	
榔头	每把五十元	一把	约五十元	
尖头钳	每把约二百元	一把	约二百元	
风炉	每只约一百五十元	一只	约一百五十元	烧坏已拉回
烙铁	每把约五十元	一把	约五十元	全上
砍刀		一把	约一百五十元	
三角锉刀		一把	约一百元	
起子		一把	约五十元	

0177
116
0178

手鑽	每把约卅元	三把	约九十元	
其他工具			约一千元	
合计			约三千九百四十元	
線路				
電杆	每根六十元	九根	约五百四十元	
電綫	每斤约五十元	约五百斤共五对	约貳萬五千元	收回铁线一百七十六斤
皮綫	每尺三元	约四百尺	约一千二百元	
花綫	每尺三元	约四十餘尺	约一百廿元	
其他線路材料			约一千元	
合計			约貳萬七千八百七十元	
器具				
五斗办公桌	每张三百元	三張	约九百元	
普通办公桌	每张壹百五十元	二張	约三百元	
四方桌	每张约百五十元	一張	约一百五十元	
公文厨	约贰百元	一隻	约二百元	
茶几	每张五十元	三隻	约一百五十元	
靠背椅	每张一百元	三張	约三百元	
長櫈	每张廿五元	四張	约一百元	
床板并櫈	每副一百元	七副	约七百元	
時鐘		一只	约二百元	
竹椅	每张约廿元	四張	约八十元	

痰盂		一隻	約五拾元	
其他器具			約一千元	
合計			約四千一百卅元	
房屋				
屏楓	每扇三百元	三扇	約九百元	
大板樓梯并欄杆		一座	約三百元	
電話隔音间		一间	約三百元	
合計			約一仟五百元	
家具				
鍋頭		一口	約二百元	
碗筷碟			約三百元	
其他家具			約五百元	
合計			約一千元	
文具				
打印台		一隻	約一百元	
印色及硯池	每副約五拾元	三副	約一百伍拾元	
高樂牌複寫纸		一盒	約三百元	
營業表册			約五百元	
卷宗并公文		二十只		全部燒燬
其他文具			約五百元	
合計			約一千百五拾元	

二

印章			
所章		一颗	
条章		一隻	
其他木章		三四隻	
合计			
現款			
食米		二石半	约三千五百元
法幣			约六百元
樟油	每斤卅元	约十五市斤	约四百五十元
茶油	每斤四十元	约五市斤	约二百元
食鹽	每斤十二元	约二十市斤	约二百四十元
合计			约四千四百九十元

江西省電話局龍南交换所財産損失報告表

事件：敵機轟炸燬

日期：十月一日

地點：龍南中山路41號

填送日期：民國三十二年十月 日

損失項目	單位	數量	價值（國幣元）	備註
機件		試線机一隻及其他机件	約六千一百元	
材料		電线七百餘市斤並其他材料多種	約四萬一千二百元	撿回被火燒壞四百九十一斤
工具		拉线鉗及其他工具多種	約三千九百四十餘元	
線路		電線五百餘市斤電杆九根及其他	約二萬七千八百七十元	收回燒壞一百七十八斤
器具		辦公棹公文廚及其他器具	約四千一百三十元	
房屋		房間三廂大板樓梯及隔音间一座	約一千五百元	
家具		鍋头及其他家具	約一千元	
文具		豊嵩表册及其他公文	約一千一百五十元	
印章		所印一顆及其他各印		
現　·　款		食米二石半以及其他柴炭油棹油	約四千四百九十元	
員工損失		共八人	約十四萬七千七百四十元	
總計			約二十四萬〇二十元	

填送者

0181

115

0182

附（二）江西省电话局龙南交换所公务员役私人财产损失报告表（一九四四年四月十一日）

公務員役私人財產損失報告表

（機關名稱）江西省電話局龍南交換所

資料時期：民國三十二年十月一日至三十二年十二月三十一日

填送日期 民國三十三年四月十一日

損失分類	價值（單位 國幣元）
共計	147,740元
房屋	無
器具	10,630元
現款	無
服着物	128,600元
古物書籍	2,250元
其他	6260元

報告者高級話務員魏延壽

江西省无线电讯总队关于奉令补填公务员役私人财产损失并汇入报告表致省建设厅的签呈（一九四四年五月三日）

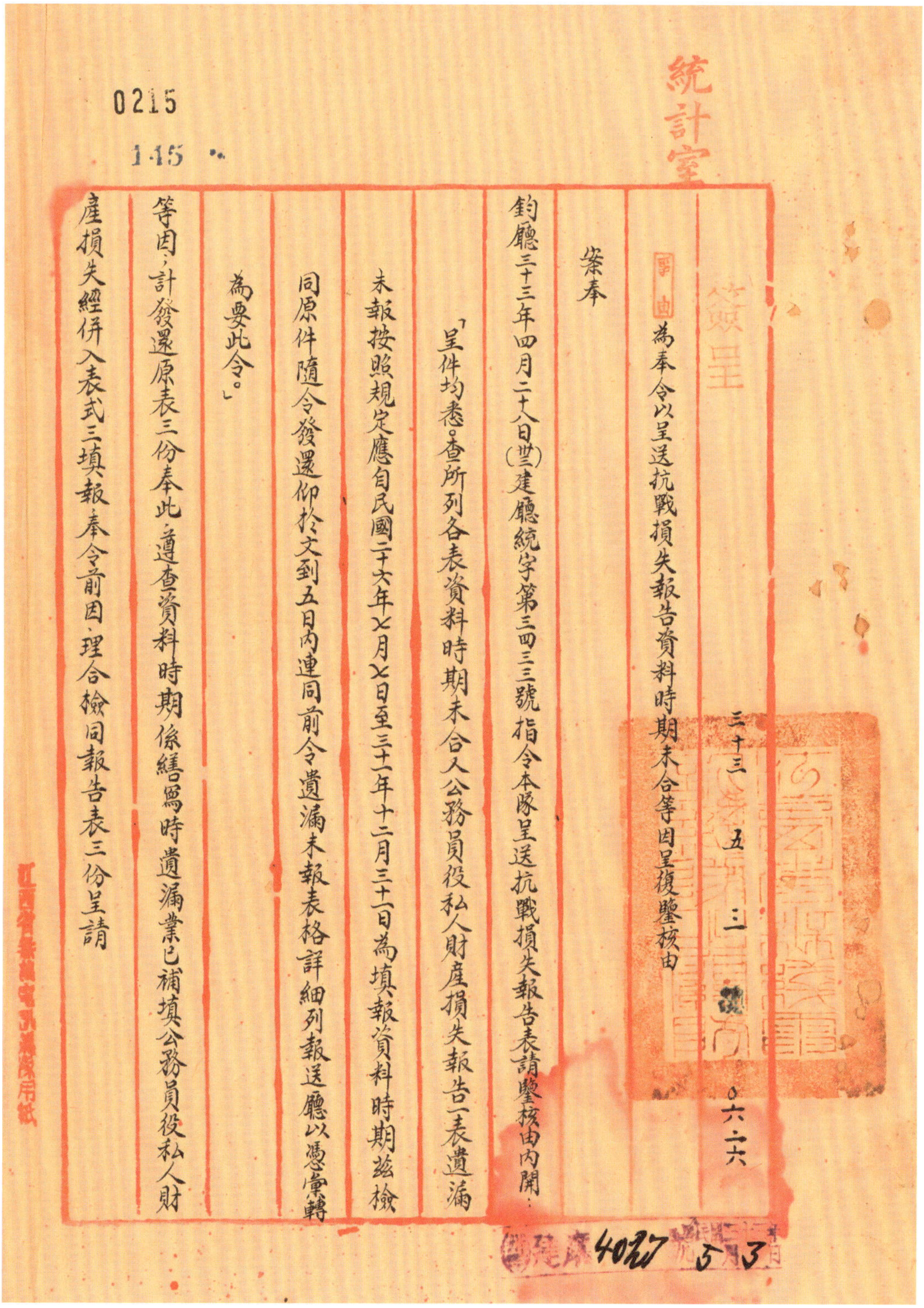

0215

145

統計室

簽呈

事由：為奉令以呈送抗戰損失報告資料時期未合等因呈復鑒核由

三十三　五　三

〇六·二六

案奉

鈞廳三十三年四月二十八日（卅三）建廳統字第三四三三號指令本隊呈送抗戰損失報告表請鑒核由內開：

「呈件均悉。查所列各表資料時期未合，又公務員役私人財產損失報告一表遺漏未報，按照規定應自民國二十六年七月七日至三十一年十二月三十一日為填報資料時期，茲檢同原件隨令發還，仰於文到五日內連同前令遺漏未報表格詳細列報送廳，以憑彙轉為要。此令。」

等因，計發還原表三份，奉此，遵查資料時期係繕寫時遺漏，業已補填，公務員役私人財產損失經併入表式三填報，奉令前因，理合檢同報告表三份，呈請

江西省無線電訊總隊用紙

建廳 4027 5 3

鑒核！

謹呈

廳長胡

附抗戰損失報告表三份

江西省無線電訊總隊總隊長張仲智

附（一）公务员役私人财产损失报告表（一九四四年四月五日）

0217

146

（表式3）

公務員役私人財產損失報告表

（機關名稱）江西省無線電訊總隊及所屬各機關

資料時期：二十六年七月七日至三十一年十二月三十一日

填送日期 三十三年四月五日

損失分類	金額（單位：國幣元）
共計	5,328,500元
房屋	500,000元
器具	750,000元
現款	610,000元
服着物	3,460,000元
古物書籍	8,500元
其他	

報告者：江西省無線電訊總隊

附（二）财产直接损失报告表（一九四四年四月五日）

0218

147

财產直接損失報告表　　（表式 1）

（機關名稱）江西省無線電訊總隊

資料時期：二十六年七月七日至三十一年十二月三十一日

填送日期 三十三年四月五日

損失分類	價值　（單位：國幣元）
共計	885,300元
建築物	280,000元
器具	90,000元
現款	無
圖書	3,500元
儀器	4,800元
文卷	七十一宗
醫藥用品	7,000元
其他	500,000元　電訊器材

報告機關：江西省無線電訊總隊

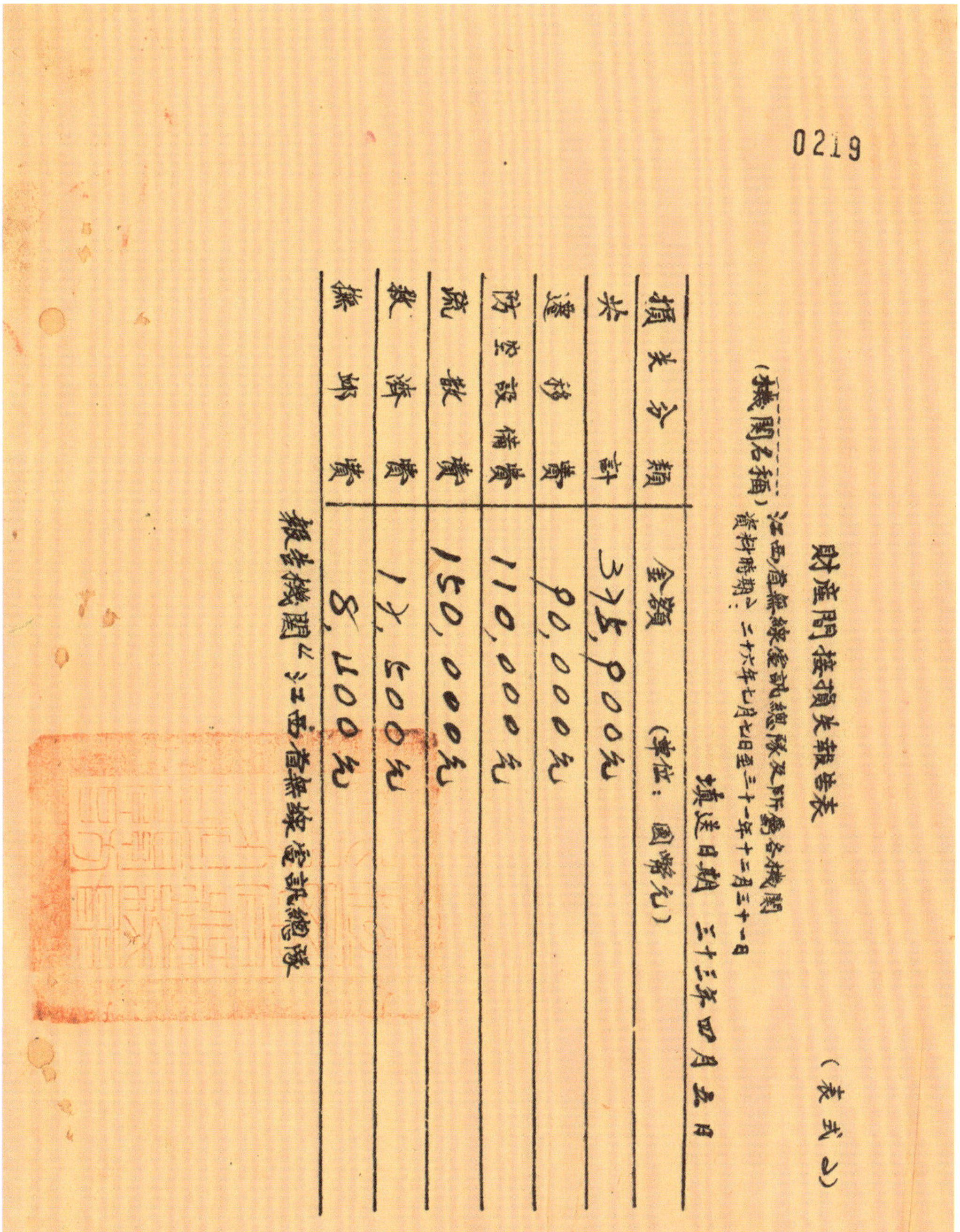

0219

財產間接損失報告表　（表式乙）

（機關名稱）江西省無線電訊總隊及所屬各機關

資料時期：二十六年七月七日至三十一年十二月三十一日

填送日期　三十三年四月五日

損失分類	金額　（單位：國幣元）
共計	375,900元
遷移費	90,000元
防空設備費	110,000元
疏散費	150,000元
救濟費	17,500元
撫卹費	8,400元

報告機關：江西省無線電訊總隊

江西省电话局关于查填该局抗战公私财产损失致省建设厅的呈（一九四四年五月四日）

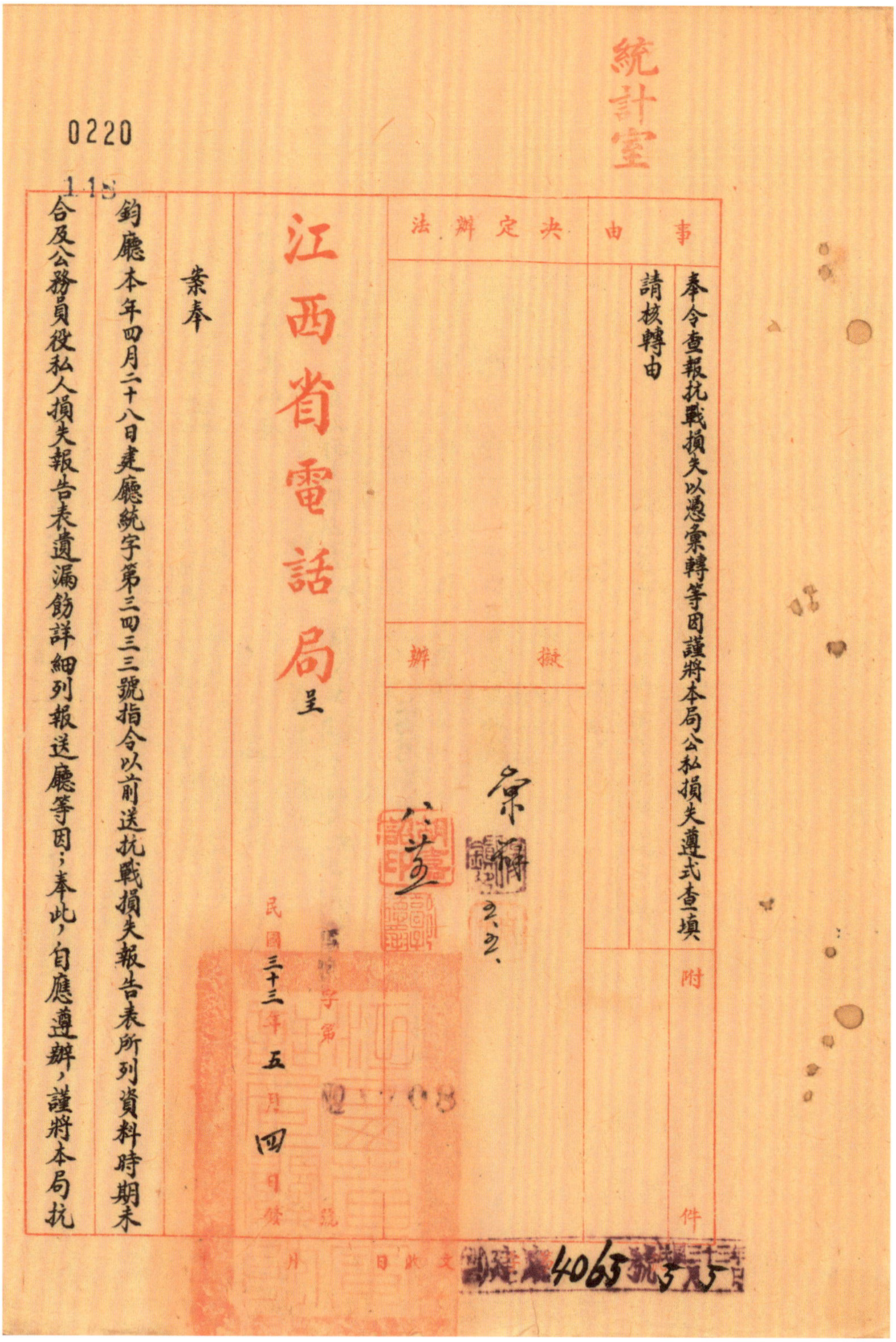

統計室

0220

118

事由：奉令查報抗戰損失以憑彙轉等因謹將本局公私損失遵式查填請核轉由

決定辦法

擬辦

附件

江西省電話局呈

民國三十三年五月四日

字第　號

案奉

鈞廳本年四月二十八日建廳統字第三四三三號指令以前送抗戰損失報告表所列資料時期未合及公務員役私人損失報告表遺漏飭詳細列報送廳等因；奉此，自應遵辦，謹將本局抗

0221

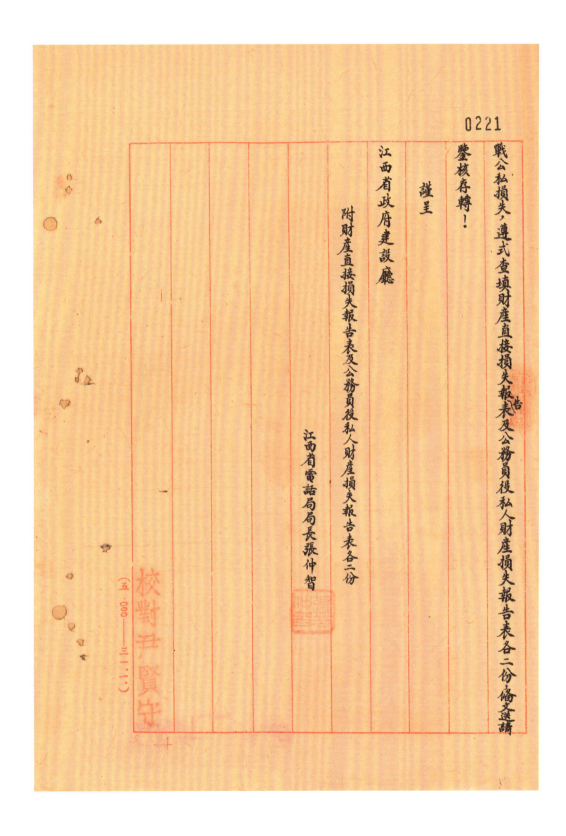

戰公私損失，遵式查填財產直接損失報告表及公務員役私人財產損失報告表各二份，備文送請

鑒核存轉！

謹呈

江西省政府建設廳

附財產直接損失報告表及公務員役私人財產損失報告表各二份

江西省電話局局長張仲智

校對尹賢守

（五．000——三十一）

附（一）财产直接损失报告表（一九四四年五月三日）

0222 149

財產直接損失報告表

（機關名稱）江西省電話局

資料時期民國二十六年七月七日至三十一年十二月三十一日

填送日期民國三十三年五月三日

損失分類	價值	（單位 國幣元）
共計	92,280元	
建築物	27,870元	線路桿木銅鉄線料
器具	58,770元	材料工具傢具
現款	4,490元	
圖書	無	
儀器	1,150元	
文卷	無	
醫藥用品	無	
其他	無	

報告機關江西省電話局

0224151

公務員役私人財產損失表

（機關名稱）江西省電話局

資料時期民國二十六年七月七日至三十一年十二月三十一日

填送日期民國三十三年五月三日

損失分類	價值（單位 國幣元）
共計	647,740元
房屋	500,000元
器具	10,630元
現款	無
服裝物	128,600元
古物書籍	2,250元
其他	6,260元

報告者江西省電話局

江西省电话局财产损失报告表单（一九四五年十一月十日）

財產間接損失報告表（表式17）

（機關學校名稱）江西省電話局

損失發生之年份：民國 34 年

填送日期三十四年十一月十日

分類	數額（單位：國幣元）
共計	＄1,975,804.38
遷移費	＄180,000.00
防空設備費	＄68,000.00
疏散費	＄1,727,804.38
救濟費（1）	無
撫卹費（1）	〃

報告者（2）江西省電話局局長張仲智

說明：1.爲本機關支出者。

2.應由報告機關長官署名並加蓋機關印信縣級機關學校並加由調查專員簽蓋。

61

0035

省營事業[illegible]產直接損失彙报表

電訊部份

事件：[illegible]

日期：民國三十[illegible]年二月

地點：江西[illegible]寧都永新蓮花[illegible]泰和江口、南康[illegible]信豐、龍南定南

填送日期[illegible]年十一月十一日

分類	價值（元）
共計	42,164,180、
房屋	1,000,000、
器具	1,294,410、
材料	6,069,770、
路線設備	33,800,000、
現款	無
其他	

附財產損失报告單41張

江西省電話局局長張仲智

0037

42

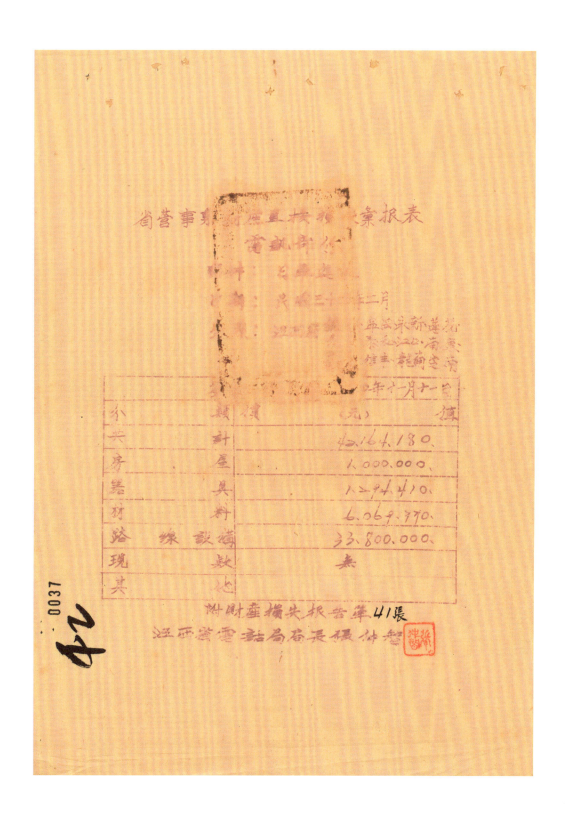

财产损失报告单

事件：日军进攻

日期：民国卅四年一月　日

地点：赣西赣南

填送日期：民国卅四年十一月十日

损失项目	单位	数量	单价	价值国币（元）
电话线路				
吉安至永新	公里	20	100,000	2,000,000
永新至宁冈	〃	20	100,000	2,000,000
永新至莲花	〃	24	100,000	2,400,000
吉安至泰和	〃	23	100,000	2,300,000
赣县至南康	〃	30	100,000	3,000,000
南康至信丰	〃	44	100,000	4,400,000
信丰至安远	〃	40	100,000	4,000,000
南康至大庾	〃	53	100,000	5,300,000
赣县至上犹	〃	24	100,000	2,400,000
赣县至兴国	〃	40	100,000	4,000,000
合计				33,800,000

93

0038

財產損失報告單

事件：日軍進攻

日期：民國卅四年二月　日

地點：江西贛縣

填送日期：民國卅四年11月10日

2

損失項目	單位	數量	單價	價值國幣（元）
傢具用品				
九斗辦公桌	張	15	3000	45000
五〃〃〃〃	〃	10	2500	25000
三〃〃〃〃	〃	26	2000	52000
二〃〃〃〃	〃	22	1800	39600
大菜桌	〃	1	3500	3500
茶杯〃	〃	1	1000	1,000
藤背椅	把	35	500	17500
西式藤背椅	〃	4	600	2,400
沙發椅	〃	2	10,000	20,000
玻璃面茶几	張	1	1,000	1,000
轉椅	把	1	5000	5,000
洋茶几	張	3	800	2400
圓櫈子	只	10	800	8,000
各色氈	頂	16	2,000	32,000
七斗櫥	〃	5	4000	20000
小圓桌	張	2	1500	3,000
保險箱	只	2	50000	100,000
衣架	〃	3	500	1,500

44

0039

3

损失项目	单位	数量	单价	价值国币(元)
衣架	只	1	100	100
洗面台	〃	6	300	1500
双层床	张	16	2000	32000
火盆	只	3	500	1,500
澡脸盆	〃	11	500	5500
茶杯架	〃	2	500	1,000
竹睡床	张	2	1,000	2000
铺板连櫈	副	41	1200	49,200
方竹〃	只	22	200	4,400
局旗	面	2	2000	4,000
剪刀	把	4	200	800
水桶	担	7	800	5,600
局牌	面	4	300	1200
竹篷	片	5	500	2500
节约团牌	块	1	300	300
八德横匾	〃	2	1000	2,000
玻璃柜	〃	3	2,000	6000
台布	〃	3	3000	9000
铝壶	把	2	400	800
提篮	只	1	400	400
铝提壶	把	2	800	1600
花瓶	只	2	200	400
电灯罩	〃	7	300	2100
麻袋	〃	8	200	1600

45

0040

4

損失項目	單位	數量	單價	價值國幣(元)
鋼板	块	3	400	1200
公文皮包	只	8	1000	8,000
鋼邊尺	支	13	200	2600
打印台	只	12	100	1200
打洞機	只	1	300	300
裁紙刀	把	4	200	800
石硯	付	10	100	1000
水盂	只	12	100	1200
叫人鈴	〃	13	300	3900
玻璃記事牌	块	2	200	400
玻璃板	〃	1	1000	1000
地圖	張	2	500	1000
印泥	合	22	300	6600
號碼印	只	2	300	600
儀器	付	1	5000	5000
墨盒	只	2	500	1000
算盤	把	13	300	3900
油印机	付	1	2000	2000
訂書機	只	1	1000	1000
馬灯	〃	1	1000	1000
各色箱	〃	7	900	6300
熱水瓶	〃	4	3000	1200
時鐘	〃	4	2000	8000
市秤	把	4	500	2000

96

5

41

0042

損失項目	單位	數量	單價	價值國幣(元)
痰盂	只	7	300	2100
洋鉄公文箱	只	1	300	300
茶盂	〃	23	100	2300
篮球	〃	1	1000	1000
排球	〃	1	1000	1000
手電筒	〃	2	500	1000
打氣筒	〃	1	500	500
大黑板	块	2	1000	2000
票杆	支	2	400	800
党國旗	面	4	3000	12000
台球卓	只	2	3000	6000
佈告框	只	1	1000	1000
方飯桌	張	4	1000	4000
圓卓面	〃	2	1000	2000
板櫈	条	16	200	3200
籐椅	把	2	300	600
〃几	〃	1	300	300
講卓	張	13	800	10400
機件桌	只	5	1000	5000
大角崗亭	〃	1	3000	3000
竹床	張	1	1000	1000
木箱架	只	1	400	400
長櫈	条	7	200	1400
小鉄床	張	1	3000	3000

6

損失項目	單位	數量	單價	價值國幣（元）
夏布叉〃	只	1	3000	3000
抽斗洋鎖	把	91	400	36400
行軍鍋	〃	8	2000	163000
飯鍋	〃	9	1000	9000
菜鍋	〃	10	700	7000
菜刀	把	2	400	800
水缸	口	10	1000	10000
瓷飯碗	只	26	20	520
鍋鏟	把	5	200	1000
鍋蓋	只	12	100	1200
油壺	把	3	100	300
吸油器	只	2	1000	2000
鉄杓	把	1	200	200
鉄大鉗	〃	2	200	200
洗澡间	棟	1	10000	10000
氣車间	〃	1	10000	10000
白皮箱	只	1	8000	8000
三角木架	〃	1	4000	4000
書箱架	〃	3	5000	5000
長标牌	〃	3	2000	6000
沙山	〃	2	3000	6000
樣槍架	〃	2	8000	16000
〃牌	〃	6	2000	120.00
領袖碑相	〃	1	150.00	150.00

98

0043

（五）

7

損失項目	單位	數量	單價	價值國幣
茶几	只	1	60	60
会议桌	张	1	100	100
玻璃公文厨	顶	1	2000	2000
籐书架	只	1	50	50
〃椅	把	3	50	150
洗面架	只	2	60	120
粉板架	〃	2	60	120
纱门	块	6	30	180
床架	只	2	50	100
大小木箱	〃	14	50	700
唱片橱	〃	1	100	100
图书〃	〃	1	100	100
樟〃〃	〃	2	200	200
纱窗门	〃	9	30	270
柜台板	块	1	60	60
木盆	只	1	50	50
茶壶桶	〃	3	20	60
纱门	块	1	50	50
长面架	只	3	70	210
水桶	〃	1	60	60
茶壶桶	〃	2	30	60
籐〃〃	〃	1	40	40
樟木箱	〃	3	50	150
背椅	张	1	60	60
籐〃	〃	1	60	60
烧水桶	只	1	100	100
火木〃	〃	1	50	50
锁匙箱台	〃	1	60	60
木橱	〃	2	100	200
大捲图机	〃	1	1960	1960

99

0044

損失項目	單位	數量	單價	價值國幣
籐椅	把	1	60	60
木〃	〃	2	80	160
木書箱	只	4	60	240
凡布箱	〃	3	20	60
茶壺桶	〃	1	30	30
鋼琴椅	〃	1	100	100
棕綳子	張	1	60	60
四尼卡箱	只	1	60	60
衣架	付	2	100	200
洋鐵印台	只	1	30	30
鋁鍋	〃	1	60	60
綳子	張	3	100	300
案板	塊	2	70	140
粉板架	只	2	80	160
布景架	〃	2	80	160
長洗面架	〃	2	70	140
八尺長木櫈	条	2	70	140
四〃〃〃〃	〃	2	50	100
凡布箱	〃	2	30	60
白皮箱	〃	1	60	60
標牌	塊	5	10	50
樟木箱	只	3	50	150
木〃	〃	3	60	180
相架	〃	8	100	800
合計				1,040,520
總計				40,405,440

9

損失項目	單位	數量	單價	價值國幣(元)
机件材料工具				
七公尺半木桿	支	56	800	44,800
九公尺木桿	〃	5	1000	5000
十公尺木桿	〃	4	1300	5000
2號磁質隔電子	只	65	100	6500
511號茶托磁質隔電子	只	100	180	18000
2吋磁碍	〃	7	30	210
天線台料	〃	155	150	23250
4號灣脚隔電子	〃	11	200	2200
3號直脚隔電子	〃	7	200	1400
2號直脚隔電子	〃	139	200	27800
3號灣〃〃〃〃	〃	1879	200	375800
7吋鉄直脚	〃	40	350	14000
5吋〃〃〃	〃	60	300	18000
7吋〃灣〃	〃	774	400	309600
2號交义直脚隔電子	〃	49	300	14700
3號交义灣脚	〃	13	650	8450
3號交义灣脚隔電子	〃	516	250	129000
2號〃〃〃〃〃〃	〃	908	300	272400
4線木扁担	支	4	600	2400
4線三角木扁担	〃	8	6000	48000
6線〃〃〃〃〃	〃	2	7000	14000
8〃〃〃〃〃〃	〃	1	8400	8400
18吋扁鉄撑脚	〃	202	1000	202000

15

0046

損失項目	單位	數量	單價	價值國幣(元)
26吋扁鉄撑脚	只	176	1300	228800
3 〃 〃 〃 〃 〃	〃	98	1500	147000
20 〃 〃 〃 〃 〃	〃	52	2000	104000
尖頭扁鉄	〃	26	350	9100
十字墙頭鉄	〃	8	350	2800
8線木扁担	〃	44	400	17600
開頭牆頭鉄	〃	20	350	7000
鉄環	支	150	400	60000
鉄螺絲沟	只	130	100	13400
2吋芽心螺絲	〃	188	200	37600
14吋 〃 〃 〃 〃	〃	18	400	7200
15 〃 〃 〃 〃 〃	〃	14	500	7000
13 〃 〃 〃 〃 〃	〃	2	400	800
鉄卡釘磅	磅	462	400	184800
19吋脚踏釘	只	9	100	900
11吋 〃 〃 〃	〃	96	60	5760
[illegible]線銅夾頭	〃	6	20	120
蓄電器	〃	12	1000	12000
話筒煤片	張	2	500	1000
雙極開力開関	只	1	500	500
鍍鋅地扦	支	7	350	2450
壁機木板	块	95	200	19000
電并木箱	只	53	300	15900
干電電池	〃	4	400	1600

11

损失项目	单位	数量	单价	价值国币(元)
2" 木螺丝	只	1626	20	32520
螺丝觀咪	〃	2874	30	86220
3½ 洋钉	磅	1164	500	582000
2" 洋钉	〃	1	600	600
½ 磷夹板	付	580	20	11600
直六吋磷管	支	152	200	30400
湾〃〃〃〃	〃	198	200	39600
棉花	两	1	10	10
白铁皮	张	35	500	2000
洋干漆	磅	0.5	1000	5000
桐油	斤	3	200	600
火棉酒	升	1	1000	1000
乌煤	包	66	50	3300
水泥	桶	77	2000	154000
松木	块	5	500	250
细麻绳	尺	64	200	12800
锌锡条	磅	425	300	127500
〃〃丝	〃	14	300	4200
〃〃水	〃	405	1000	405000
柏油	桶	66	1000	66000
标旗	面	116	100	11600
三牖板木板	付	73	80	5840
白米绳	磅	1811	500	905500
大麻绳	尺	105	300	31500

53

0048

12

損失項目	單位	數量	單價	價值國幣元
鉄鈎手	付	1	100	100
打洞器木柄	支	34	300	10200
電珠	只	4	60	240
1M銅皮捲尺	〃	1	3000	3000
船旗	面	1	500	500
電水	并	2	300	600
水壺	〃	17	300	5100
凡士水	〃	1	300	300
大柏油桶	只	8	1000	8000
手搖鑽床	〃	1	8000	8000
3吋老虎鉗	〃	1	800	800
4吋〃〃〃	〃	1	850	850
電座表	〃	1	3000	3000
測驗器	〃	1	3000	3000
小柏油桶	〃	10	500	5000
50尺皮捲尺	〃	1	2000	2000
100尺〃〃〃	〃	1	4000	4000
标杆	支	2	1000	2000
打洞刀	把	56	500	28000
鋼扦	〃	36	500	18000
煤鍬	〃	21	400	8400
丁字斧	〃	[illegible]	300	300
本X	〃	23	300	300
扁椿	〃	19	2000	38000

13

損失項目	單位	數量	單價	價值國幣（元）
水勺	只	19	150	2850
拉線鉗	〃	2	500	1000
風炉	〃	21	200	4200
大平頭烙頭	把	1	200	200
放線車	架	2	2000	4000
帆布袋	〃	82	300	24600
皮帶	条	30	2000	60000
皮袋	只	24	2000	48000
三脚板	付	95	500	47500
5吋起子	把	1	400	400
4〃〃〃	〃	3	400	1200
3/8長板手鑽	〃	1	1000	1000
5/8〃〃〃〃	〃	1	1000	1000
3/32鋼鑽頭	支	4	1000	4000
1/4〃〃〃	支	41	1000	41000
3/16〃〃〃	〃	4	1000	4000
1/8〃〃〃	〃	5	1000	5000
5/32〃〃〃	〃	4	1000	4000
3/32〃〃〃	〃	15	1000	15000
1/16〃〃〃	〃	16	1000	16000
3/32〃〃〃	〃	4	1000	4000
6吋夹頭鉗	把	1	800	800
平十二吋鋼鋸刀	〃	2	800	1600
12吋活動板頭	〃	2	1000	2000

損失項目	單位	數量	單價	價值國幣(元)
10吋活動扳頭	把	2	1000	2000
砍木刀	〃	11	300	3300
拔釘式榔頭	〃	2	300	600
砍斧	〃	11	300	3300
房木刨	〃	2	500	1000
冷鋼鑿	支	1	500	500
木鋸	把	15	1000	15000
鋼鋸条	条	18	500	9000
木〃〃	〃	3	500	1500
工具箱	只	2	1000	2000
刮刀	把	18	300	5400
錡刀	〃	8	300	2400
電筒	只	2	800	1600
洋鉄大酒釘	〃	2	300	600
玻離〃〃灯	〃	2	400	800
15公分木卡	把	1	200	200
14〃〃〃〃	〃	1	200	200
13〃〃半〃〃	〃	3	200	600
13〃〃〃〃	把	3	200	600
12〃〃半木卡	〃	2	200	400
12〃分〃〃	〃	4	200	800
11〃〃半〃〃	〃	1	200	200
11〃〃〃〃	〃	5	200	1000
10〃〃〃〃	〃	3	200	600

93

0051

15

損失項目	單位	數量	單價	價值(國幣元)
7公分半木卡	把	4	200	800
火烙印	只	7	1000	7000
尖嘴鉗	〃	1	1500	1500
汽油桶	〃	4	3000	12000
脚踏車	辆	6	28000	168,000
合計				2,564,920.

江西省電話局

67

財産損失報告單

事件：日軍進攻

日期：民國三十四年一月　日

地點：江西省蓮花縣

填送日期：民國三十四年11月10日　16

損失項目	單位	數量	單價	價值國幣(元)
機件材料工具				
中電避雷器	只	2	1,500	3,000
合計		2		3,000
傢具用品				
九斗桌	張	1	4,000	4,000
二斗桌	〃	1	2500	2500
方桌	〃	1	1500	1500
方櫈	〃	2	200	400
長条櫈	〃	3	200	600
洗臉架	只	1	150	150
三鼎分木廚	座	1	1,000	1,000
裁紙刀	把	1	800	800
洋鎖	〃	1	200	200
洋灯	只	1	300	300
油壺	把	1	100	100
鉄灯盞	只	1	200	200
鉄鍋	口	2	800	1600
菜刀	把	1	200	200
鍋剷	〃	1	150	150

87

0053

17

損失項目	單位	數量	單價	價值國幣(元)
洋鐵壺	只	1	400	400
水缸	只	1	1,000	1,000
茶壺杯	套	1	500	500
飯菜椀	只	8	100	800
付匕	〃	2	20	40
水缸蓋	〃	1	100	100
鍋蓋	〃	2	100	200
木盆	〃	1	200	200
油壺	〃	1	100	100
鹽鉢	〃	1	100	100
菜鉢	〃	1	100	100
書夾	〃	1	100	100
捲笔刀	〃	1	30	30
石硯	付	2	100	100
印泥	合	1	300	300
米達尺	把	1	200	200
橡皮塊	塊	1	150	150
小鐵刀	把	1	200	200
合計				18,380
總計				21,380
	江西省電話局蓮花電話交換所			

59

0054

財產損失報告單

事件：日軍進攻

日期：民國三十四年一月　日

地點：江西省永新縣

填送日期：民國三十四年11月10日　18

損失項目	單位	數量	單價	價值國幣(元)
機件材料工具				
八號鉄綫	市斤	6	800	4,800
天綫白料	只	1	150	150
二號灣脚磁夹	〃	9	200	1,800
三號灣脚磁夹	〃	23	200	4,600
打洞刀	〃	1	500	500
打洞杓	〃	1	500	500
本义	〃	1	300	300
斋樁	把	1	2,000	2,000
洛铁	〃	1	1,000	1,000
大寸起子	〃	1	800	800
火酒瓶	只	1	100	100
火酒灯	〃	1	200	200
帆布袋	〃	2	1500	3,000
合計				19,750
傢具用品				
辦公桌	張	1	2,500	2,500
靠背椅	〃	6	500	3,000
方櫈	只	4	200	800

14

損失項目	單位	數量	單價	價值國幣
茶櫈	只	6	200	1200
方櫈	〃	1	1500	1500
鋪板	付	4	1200	4800
水桶	只	4	500	2000
水盆	〃	1	200	200
鼎鍋	〃	1	800	800
小鍋	〃	1	600	600
水壺	〃	1	400	400
飯菜奴	〃	10	100	1,000
鍋剷	〃	1	200	200
菜刀	〃	1	400	400
付勺	〃	4	20	80
脚架	〃	2	100	200
茶壺	〃	1	400	400
茶几	〃	2	600	1,200
油灯	〃	1	300	300
油壺	〃	1	100	100
灯盏	〃	1	300	300
筷子	双	10	10	100
茶炉子	只	1	400	400
石硯	付	1	150	150
印泥	合	1	300	300
算盤	只	1	2,000	2,000
双鈴鬧鐘	〃	1	4,000	4,000
合計				27,930
總計				47680
江西省電話局永新電話交换所				

51

0056

財產損失報告單

事件：日軍進攻

日期：民國三十四年6月 日

地點：江西省吉安縣

填送日期：民國三十四年11月10日

20

損失項目	單位	數量	單價	價值國幣(元)
傢具用品				
菜廚	個	1	800	800
算盤	把	1	1,000	1,000
櫈子	個	4	200	800
方櫈	張	1	200	200
板櫈	条	4	200	800
四方折桌	張	1	1,000	1,000
鋪板	付	4	1300	5200
藤心躺椅	張	2	1,000	2,000
辦公桌	〃	2	3,000	6,000
路牌	块	1	200	200
街牌	〃	1	500	500
時鐘	座	1	4,000	4,000
議案桌	張	1	3,000	3,000
靠背椅	〃	2	500	1,000
洗面架	個	2	250	500
洗澡盆	〃	1	500	500
水桶	只	2	400	800
吊桶	〃	2	200	400

62

21

損失項目	單位	數量	單價	價值國幣
大茶壺	把	1	500	500
茶杯	個	3	50	150
小茶壺	把	2	200	400
蓋茶缸	個	2	100	200
冲水壺	把	1	400	400
植物油燈	盞	2	200	400
方凳	把	1	150	150
痰盂	個	3	100	300
打印台	〃	1	100	100
米達尺	支	1	100	100
頭份鍋	個	1	300	300
打鉄鍋	個	1	400	400
沙子	〃	1	500	300
鉢子	〃	1	100	100
大水缸	〃	1	500	500
菜碗	隻	4	100	400
飯碗	〃	4	50	200
湯匙	把	2	20	40
菜刀	〃	1	200	200
柴刀	〃	1	250	250
錫罐	〃	1	200	200
火鉗	〃	1	200	200
鍋盖	個	1	100	100
砧板	塊	1	100	100
小木盆	個	1	150	150
硯池	〃	1	100	100
裁刀	把	1	50	50
合計				34990
總計				34990

江西省電話局吉安交换所

63

0058

財産損失報告單

事件：日軍進攻

日期：民國三十四年6月 日

地點：江西省泰和縣

填送日期：民國34年11月10日

22

損失項目	單位	數量	單價	價值國幣（元）
傢具用品				
抽屜桌	張	1	3000	3,000
兩斗辦公桌	〃	2	3000	6,000
籐背椅	〃	2	500	1,000
印泥盒	只	1	300	300
硯池	付	1	100	100
報架	只	1	150	150
竹字紙簍	〃	2	50	100
沙發椅	套	2	500	1,000
小圓桌	張	1	500	500
骨牌櫈	只	8	250	2,000
磁茶壺	把	1	300	300
磁茶盤	只	1	300	300
小茶杯	〃	10	50	500
衣架	〃	1	250	250
舖板	付	6	1300	7800
鉄飯罐	只	1	100	100
鉄菜罐	〃	1	100	100
鉄鍋鏟	把	1	200	200

0059

23

損失項目	單位	數量	單價	價值國幣
鉄湯瓢	把	1	200	200
菜刀	〃	1	200	200
柴刀	〃	1	300	300
菜碗	只	4	100	400
飯碗	〃	10	50	500
湯匙	〃	10	20	200
大水桶	〃	1	400	400
挑水桶	〃	2	400	800
水瓢	把	1	20	20
扁担	根	1	50	50
麻繩	〃	1	50	50
泥油壺	把	1	40	40
泥鹽罐	〃	1	40	40
泥炉	只	1	150	150
鉄灯盞	〃	4	250	1.000
洋鉄打印台	〃	1	100	100
膠木面918小座鐘	〃	1	4.000	4.000
竹筷子	双	9	10	90
篾飯箕	個	1	30	30
篾菜籃	〃	1	30	30
合計				32300
總計				32300

江西省電話局泰和交換所

69

0090

財產損失報告單

事件：日軍進攻

日期：民國三十四年一月　日

地點：贛縣江口

填送日期：民國三十四年11月10日

24

損失項目	單位	數量	單價	價值國幣(元)
機件材料工具				
中電避電器	只	5	500	7500
拉線鉗	把	1	500	500
鬼爪	只	1	700	700
打洞刀	〃	1	500	500
合計				9,200
總計				9200
江西省電話局江口交換所				

99

0061

財產損失報告單

事件：日軍進攻

日期：民國卅四年二月　日

地點：江西省南康縣

填送日期：民國卅四年11月10日

25

損失項目	單位	數量	單價	價值國幣(元)
機件材料工具				
打洞刀	只	1	500	500
打洞杓	〃	1	500	500
標杵	〃	1	1,000	1,000
箭橇	把	1	2,000	2,000
柴刀	〃	1	500	500
鬼爪	只	4	700	2,800
拉綫鉗	把	1	500	500
撥腳	〃	1	300	300
手鑽	〃	2	1,000	2,000
皮帶	条	2	2,000	4000
三腳板	付	1	500	500
皮袋	只	1	2,000	2000
帆布袋	〃	1	1500	1500
木叉	把	1	300	300
風炉	只	1	200	200
烙鐵	〃	1	400	400
三腳交叉浮腳鐵	〃	12	650	7,800
合計				26,800

損失項目	單位	數量	單價	價值國幣
傢具用品				
辦公桌	張	2	2500	5000
縫機桌	〃	1	2,000	2,000
方桌	〃	1	1500	1500
竹椅	把	6	400	2400
板櫈	条	4	500	2,000
木桶	只	1	500	500
招牌	〃	1	800	800
公文廚	〃	1	2,000	2,000
舖板	付	6	1500	9,000
小板櫈	条	12	200	2400
水桶	只	1	400	400
大鍋	口	1	1,000	1,000
小鍋	〃	1	800	800
砧板	塊	1	300	300
飯斗	只	1	200	200
火鉗	把	1	300	300
柴刀	〃	1	300	300
鈆罩	只	1	400	400
木飯勺	把	1	50	50
菜缽	只	2	100	200
鍋鏟	把	1	200	200
菜刀	〃	1	300	300
茶壺	〃	1	400	400
小茶杯	只	1	100	100
筷子	双	10	10	100
菜碗	只	10	50	500
飯碗	〃	20	50	1,000
付勺	〃	10	20	200
植物油灯	盞	4	200	800

98

27

損失項目	單位	數量	單價	價值國幣
石砚	付	2	100	200
英尺	把	1	100	100
地图	付	1	300	300
儀式	付	1	400	400
党國旗	〃	1	1,000	1,000
灯盏	只	1	300	300
水斗	〃	1	200	200
毛帚	把	1	200	200
鍋盖	只	1	150	150
木叉	把	1	50	50
雨傘	〃	1	800	800
菜盤	只	1	100	100
印泥	合	1	300	300
合計				39,230
總計				66,050
	江西省電話局南康電話交換所			

69

0064

28

財產損失報告單

事件：日軍進攻

日期：民國三十四年二月　日

地點：江西省大庾縣

填送日期：民國三十四年11月10日

損失項目	單位	數量	單價	價值國幣（元）
機件材料工具				
中庸避雷器	只	5	1500	7500
七公尺半木杆	枝	11	800	8,800
1二公尺半木杆	〃	5	1,600	8,000
1二號鐵綫	市斤	54	800	43,600
四號銅綫	〃	16	1000	17,600
二號灣脚磁夾	只	15	200	3,000
三號灣脚磁夾	〃	5	200	1,000
三號交叉灣脚磁夾	付	5	650	3250
地氣杆	枝	1	350	350
鬼爪	只	2	700	1400
扳螺鉗	把	1	500	500
綫鑿	只	2	300	600
八吋膠木鉗	把	1	1,000	1,000
榔頭	〃	1	800	800
風炉	只	1	200	200
烙鐵	把	1	400	400
扁錘	枝	1	2000	2,000
打洞刀	把	1	500	500

10

0065

28

損失項目	單位	數量	單價	價值國幣
打洞灯	把	1	500	500
塞繩	呎	12	500	6000
皮帶	条	1	2,000	2,000
轉綫機	部	1	30000	30000
手鑽	把	1	1,000	1,000
合計				140,000
傢具用器				
小台鐘	1只	1	4000	4,000
茶壺	1把	1	300	300
飯瓢	1把		50	500
鋤頭	1個		400	400
耳鍋	1個		500	500
水缸	1口		800	800
鍋鏟	1把		200	200
水桶	1担		500	500
竹椅	4張		400	1,600
床板櫈	3付		1500	4500
茶"辦公棹	1張		3,500	3,500
茶油燈	1盞		200	200
打印台	1個		100	100
硯台	2個		100	200
電燈	3盞		500	1500
菜刀	1把		200	200
水板	1块		150	150
所牌	1块		300	300
合記				19450
總計				159,450

江西省電話局大廈交換所

71

財産損失報告單

事件：日軍進攻

日期：民國卅四年6月 日

地點：江西省信豐縣

填送日期：民國卅四年11月10日　　30

損失項目	單位	數量	單價	價值國幣(元)
機件材料工具				
三號湾脚磁头	只	90	200	18000
二號湾脚磁头	〃	37	200	2400
三號交叉湾脚磁头	〃	3	650	1950
二號交叉湾脚磁头	〃	4	300	1200
插機	支	1	2000	2000
風炉	只	2	200	400
打洞刀	把	1	500	500
打洞勺	把	1	500	500
工具袋	只	2	1500	3000
木叉	把	1	300	300
尖頭鉗	只	2	1200	2400
皮袋	〃	2	2000	4000
三脚板	付	1	500	500
手鑽	把	1	1000	1000
皮帶	条	1	2000	2000
穿心螺丝	只	25	200	200
天綫白料	〃	2	150	300
電爪	〃	4	200	2600

72

31

損失項目	單位	數量	單價	價值國幣
拉線鉗	只	2	500	1,000
後剪	〃	2	300	600
烙鐵	把	1	400	400
帆布袋	只	1	1500	1500
銼刀	把	1	400	400
削木刀	〃	1	500	500
榔头	〃	1	500	500
合計				54,050
傢具用品				
招牌	1块		300	300
總機桌	1張		1500	1500
寫办公桌	〃		3500	3500
珠[illegible][illegible]	1只		1,000	1,000
玻璃	1块		400	400
偉人像	1付		500	500
章木戳(横式的)	1顆		200	200
交換所条印	〃		200	200
交換所圓戳	1只		200	200
號字印花章	〃		200	200
收車力费木戳	〃		200	200
鐵印色盒	〃		300	300
石硯	〃		100	100
書夾	2只		100	200
卷宗	7只		30	210
驗收經手木戳	1只		200	200
明密電碼書	1本		200	200
玻璃台鐘	1只		4,000	4,000
公文壁櫥	〃		2,000	2,000
磁湯碗	3只		20	60
粗湯碗	5只		20	100

0068

32

32

損失項目	單位	數量	單價	價值國幣
磁飯碗	2只	50	50	100
磁茶盞	2只		20	40
大菜鉢	1只		200	200
小菜鉢	2只		100	200
鐵鍋头	1只		400	400
鍋鏟	1把		200	200
柴刀	〃		300	300
菜刀	〃		300	300
水桶	1担		400	400
鍋蓋	1只		100	100
淘籮	〃		500	500
飯杓	〃			50
篾籃	〃		100	100
水杓	〃		50	50
飯箒	1把		50	50
磁茶杯	1只		100	100
茶盤	〃		200	200
水[illegible]	1把		100	100
水[illegible]	1只		200	200
火鉗	1把		300	300
茶杯	3只		50	150
菜籃	1只		100	100
竹帚	1把		50	50
醬缸	1只		2000	2,000
砧菜板	1塊		500	500
燈籠	1只		50	50
小鍋子	1口		500	500
小鍋蓋	1只		100	100
洗澡桶	〃		500	500
羅漢床	1張		1,000	1,000

0069

72

33

损失项目	单位	数量	单价	价值国币
方竹椅	2张		400	400
茶铺板	2付		1500	3,000
木凳	4只		200	800
竹篮子	2块		100	200
腰竹	4只		200	800
小剪	1把		100	100
竹箩	4只		200	800
鸡毛帚	1把		100	100
铜[illegible]	1把		200	200
铜签子	1付		100	100
桐油壶	1把		50	50
钢板	2块		1,000	2,000
单方长桌	1张		2,000	2,000
合计				34960
总计				69,610
	江西省电话局信丰电话交换所			

75

0070

財産損失報告單

事件：日軍進攻

日期：民國卅四年六月　日

地點：江西省龍南縣

填送日期：民國卅四年11月10日

34

損失項目	單位	數量	單價	價值國幣（元）
機件材料工具				
長途機	部	1	30000	30000
試线機	〃	2	28000	28000
听話筒	只	1	6000	60000
發電機	〃	1	10000	10000
避雷器	〃	7	1500	1500
中電避電器	〃	1	1500	1500
膠木鉗	把	2	1000	2000
三脚板	付	2	500	1000
皮带	条	2	2000	2000
拉線鉗	把	2	2500	1000
鬼爪	只	1	700	700
後部	〃	1	300	300
打洞刀	把	1	500	500
〃〃勺	〃	1	500	500
扁担	枝	1	2000	2000
標扦	〃	1	1000	1000
風炉	只	1	200	200
烙鉄	把	2	200	400

0071

47

35

損失項目	單位	數量	單價	價值國幣
搖鑽	把	1	1000	1000
5/6″木鑽頭	只	1	1000	1000
3/8″〃〃〃	〃	1	1000	1000
6吋起子	把	1	800	800
榔頭	〃	1	800	800
剪刀	〃	1	500	500
三號灣脚磷頭	只	15	650	9750
光頭鉗	〃	1	1200	1200
工具箱	只	1	1000	1000
松香膏	听	半	3000	1500
銲錫	磅	15	300	4500
鉄砂皮	張	1	500	500
磷夾板	付	5	20	100
8號鉄線	斤	27	60	60
12〃〃〃	〃	3斤12兩	800	2700
16〃〃〃	〃	13	1000	13000
14〃鋼〃	〃	78兩	1100	8250
合計		1		137,300
傢具用品				
華鈴鬧鈡	架	1	3,500	3500
打印合	只	1	100	100
印色合	〃	1	300	300
研戳	〃	1	100	100
美孚灯	盏	1	300	300
小桌灯	〃	1	200	200
条章	只	1	100	100
床板	副	2	1300	2600
飯碗	只	8	50	400
中〃	〃	4	50	200
大〃	〃	1	100	100

11

損失項目	單位	數量	單價	價值國幣
調　　羹	隻	8	20	160
水　　桶	担	1	500	500
小　　〃	隻	1	300	300
木　面　盆	〃	1	200	200
小　　〃	〃	1	150	150
菜　　板	块	1	150	150
水　　杓	只	1	50	50
飯　　甑	〃	1	150	150
打　水　桶	〃	1	200	200
開　水　壺	把	1	300	300
銅　　鎖	〃	3	100	300
炉　　子	只	1	300	300
合　　計				10,660
總　　計				127,960

江西省電話局龍南電話交換所

财產損失報告單

事件：日軍進攻

日期：民國34年6月 日

地點：江西省定南縣

填送日期：民國34年11月10日

37

損失項目	單位	數量	單價	價值國幣(元)
機件材料				
西门子避雷器	只	2	1800	3600
起子	〃	2	1000	1000
合計				4600
傢具用品				
辦公桌	張	1	3000	3000
竹椅	〃	3	200	600
面架	〃	1	250	250
睡竹椅	〃	1	250	250
鋪板	塊	4	1300	5200
全銜吊牌	〃	1	500	500
小指時鐘	座	1	4000	4000
硯池	付	1	100	100
藍色印泥	盒	1	300	300
鍋頭	口	1	800	800
炉子	個	1	400	400
菜吊	〃	1	100	100
〃刀	把	1	200	200
〃鏟	〃	1	150	150

79

0074

損失項目	單位	數量	單價	價值國幣
茶壺	把	1	400	400
大碗	只	2	100	200
小〃	〃	3	50	150
盤子	〃	2	50	100
飯甑	〃	1	100	100
水杓	把	1	50	50
水桶	個	2	400	800
合計				12,550
總計				17,150

江西省電話局定南交換所

財産損失報告單

事件：日軍進攻

日期：民國34年6月　日

地點：江西省虔南縣

填送日期：民國34年11月10日

39

損失項目	單位	數量	單價	價值國幣（元）
機件材料工具				
避雷器	只	1	1500	1500
起子	把	1	1000	1000
12號鐵线	斤	91	800	72800
合計				75300
傢具用品				
五斗桌	張	1	4000	4000
打印台	全	1	100	100
收戳	个	1	100	100
条〃	〃	1	100	100
加急印〃	〃	1	100	100
昔力费印〃	〃	1	100	100
虔南印〃	〃	1	100	100
話等印〃	〃	1	100	100
紙夾	〃	4	200	800
毛筆	支	1	100	100
硯台	块	1	100	100
龍墨	条	1	50	50
鉛笔	支	1	60	60

58

0076

損失項目	單位	數量	單價	價值國幣
時鐘	座	1	2000	4000
算盤	個	1	1000	1000
電報書	本	2	200	200
複寫紙	張	7	300	210
公文紙	〃	10	1	100
十行紙	〃	10	1	100
水桶	担	1	800	800
飯甑	個	1	100	100
菜刀	把	1	200	200
鍋剷	〃	1	150	150
飯碗	個	10	50	500
菜〃	〃	2	50	100
〃盤	〃	2	50	100
鉢頭	〃	1	20	20
筷子	双	5	10	100
湯匙	個	5	20	100
飯桶	把	1	30	30
水〃	〃	1	30	30
茶壺	〃	1	100	100
〃把	個	5	10	100
雨傘	把	1	300	300
清油灯	盏	2	300	3000
床板	付	2	150	3000
櫈子	張	6	500	3000
屏風	面	1	1000	1000
小屏〃	〃	1	800	800
直振牌	块	1	500	500
合計				23,450
總計				98,720

江西省電話局虔南交換所

62

0077

财產損失報告單

事件：日軍進攻

日期：民國34年 1月 日

地點：江西省贛縣一三工程隊

填送日期：民國34年11月10日

41

損失項目	單位	數量	單價	價值國幣元
機械材料工具				
标[illegible]	支	[illegible]	[illegible]000	[illegible]00
鬼[illegible]	只	[illegible]	700	[illegible]00
收線器	架	1	2000	2000
風炉	只	[illegible]	200	200
皮帯	条	1	2000	2000
三脚板	付	[illegible]	500	1500
3吋鋼絲鉗	把	5	900	4500
砍木刀	〃	1	500	500
榔頭	〃	1	800	800
火烙巾	只	2	1000	2000
七公半木桿	支	22	800	17600
小剪刀	把	1	300	300
地氣杆	支	3	350	1050
全計				34250
總計				34250

93

0078

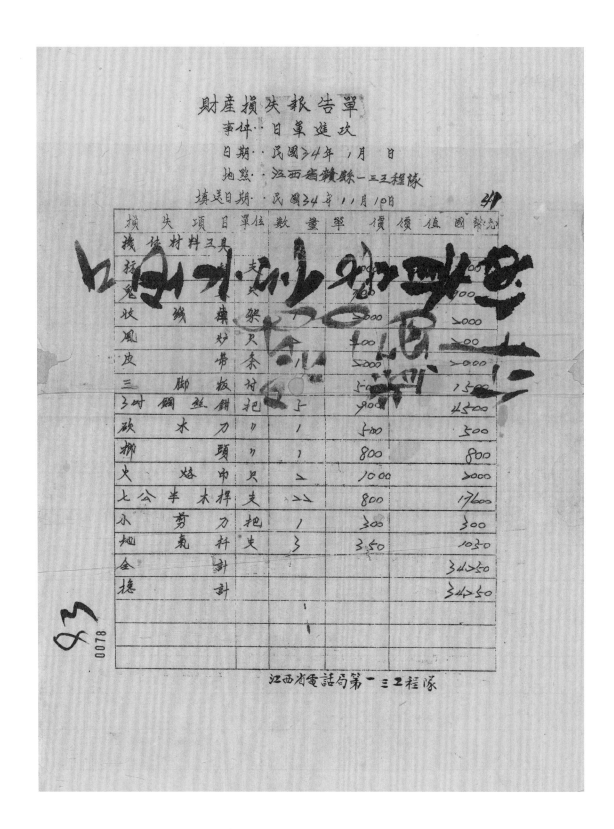

江西省電話局第一三工程隊

江西省电话局关于检送各交换所联络线遭日军损失情形致省建设厅的呈（一九四六年四月十日）

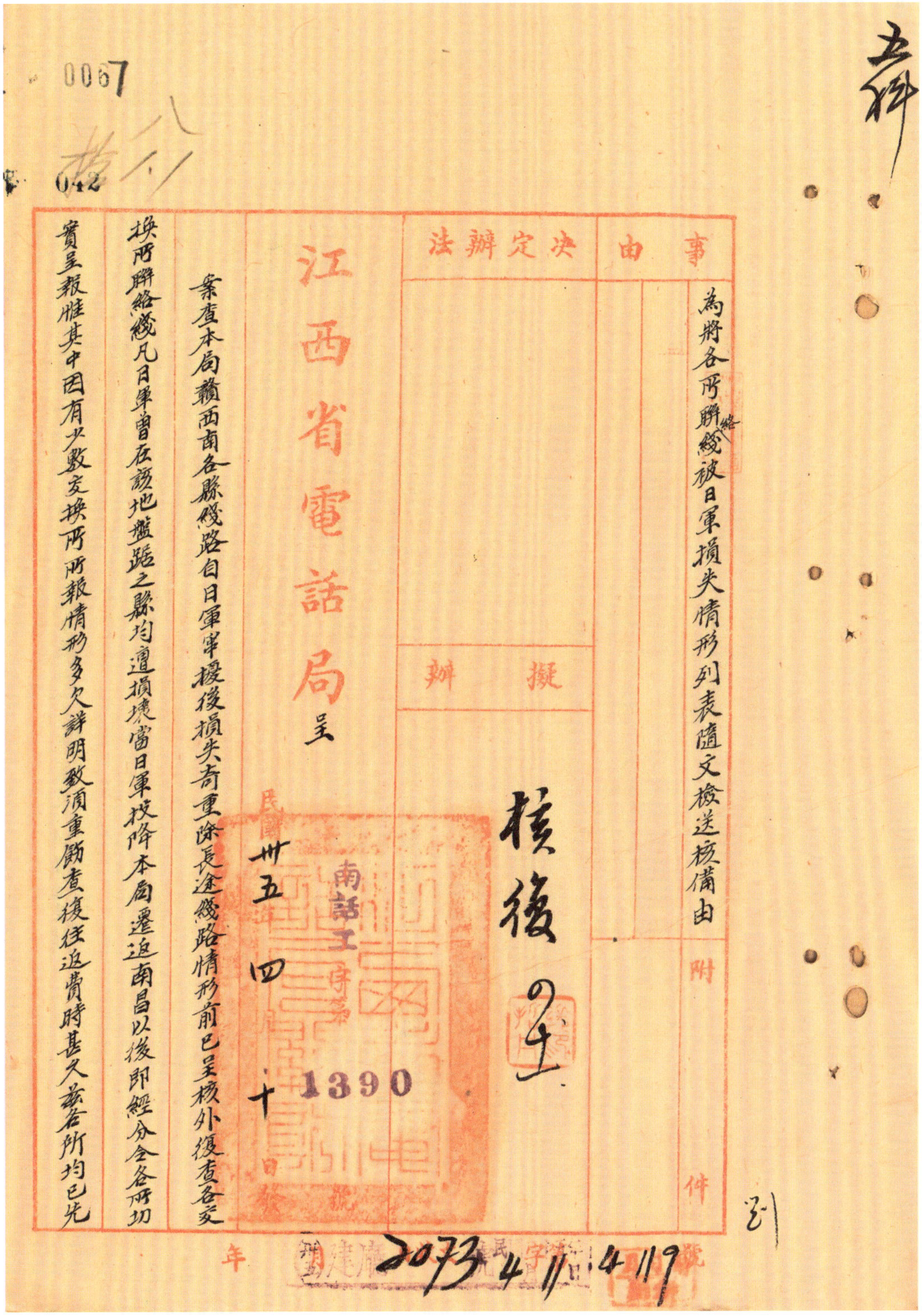

0067

042

五科

江西省電話局呈

民國卅五年四月十日

事由：為將各所聯絡綫被日軍損失情形列表隨文檢送核備由

決定辦法

擬辦

核後呈

附件

案查本局贛西南各縣綫路自日軍竄擾後損失奇重除長途綫路情形前已呈核外復查各交換所聯絡綫凡日軍曾在該地盤踞之縣均遭損壞當日軍投降本局遷返南昌以後即經分令各所切實呈報惟其中因有少數交換所所報情形多欠詳明致須重飭查複往返費時甚久茲各所均已先

1390

2073 4 11 4 11

0068

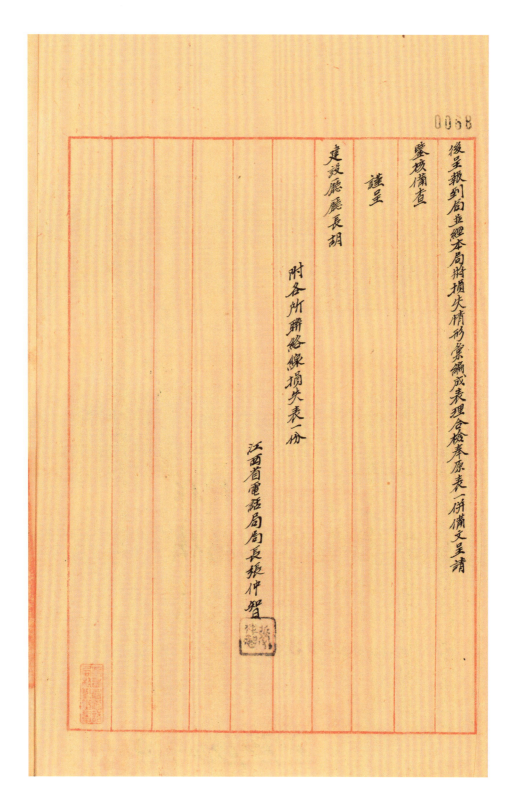

後呈報到局並經本局將損失情形彙編成表理合檢奉原表一併備文呈請

鑒核備查

謹呈

建設廳廳長胡

附各所聯絡線損失表一份

江西省電話局局長張仲智

附：江西省电话局各县交换所与当地县政府及电信局联络话线损失数量表

0069

043

江西省電話局各縣交換所與當地縣政府及電信局聯絡話綫損失數量表

聯絡話綫名稱	起訖地點	檔數	損失綫質及碼數		損失日期	備攷
			綫質	碼數		
南康交換所與當地縣府總機聯絡話綫一對	本所至縣府總機	一五	#16鍍鋅鐵綫	六〇磅	三十四年三月間	
南康交換所與當地縣府總機準備話綫一對	本所至縣府總機	八	#16鍍鋅鐵綫	三二磅	三十四年三月間	
南康交換所與當地電信局總機聯絡話綫一對	本所至電信局總機	二五	#16鍍鋅鐵綫	一〇〇磅	三十四年三月間	
信豐交換所與當地縣府總機聯絡話綫一對	本所至縣府總機	八	#16鍍鋅鐵綫	三二磅	三十四年六月間	
信豐交換所與當地縣府總機準備話綫一對	本所至縣府總機	八	#16鍍鋅鐵綫	三二磅	三十四年六月間	
信豐交換所與當地電信局總機聯絡話綫一對	本所至電信局總機	一五	#12鍍鋅鐵綫	一七〇磅	三十四年六月間	
龍南交換所與當地縣府總機聯絡話綫一對	本所至縣府總機	九	#16鍍鋅鐵綫	三六磅	三十四年六月間	
龍南交換所與當地縣府總機準備話綫一對	本所至縣府總機	九	#16鍍鋅鐵綫	三六磅	三十四年六月間	

龍南交換所與當地電信局總機聯絡話線一對	本所至電信局總機	一五	#16鍍鋅鐵絲	六〇磅	三十四年六月間
大庾交換所與當地縣府總機聯絡話線一對	本所至縣府總機	八	#16鍍鋅鐵絲	三二磅	三十四年二月間
大庾交換所與當地電信局總機聯絡話線一對	本所至電信局總機	一三	#12鍍鋅鐵絲	一五〇磅	三十四年二月間
蓮花交換所與當地縣府總機聯絡話線一對	本所至縣府總機	五	#14鍍鋅鐵絲	三二.五磅	三十四年一月間
贛縣交換所至第四區專署聯絡話線一對	本所至專署	一二	#14鍍鋅鐵絲	七八磅	三十四年二月間
贛縣交換所至專署總機聯絡話線一對	本所至專署總機	九	#14鍍鋅鐵絲	五八磅	三十四年二月間
贛縣交換所至五里亭情報所聯絡話線一對	本所至情報分所	五四	#14鍍鋅鐵絲	三五〇磅	三十四年二月間
贛縣交換所至文清路公路處聯絡話線一對	本所至公路處	一六	#12鍍鋅鐵絲	一八四磅	三十四年二月間
贛縣交換所至中佛廟本局話線一對	本所至電話局	四二	#12鍍鋅鐵絲	四八〇磅	三十四年二月間
吉安交換所至郭外情報所聯絡話線一對	本所至情報所	二八	#16鍍鋅鐵絲	一一〇磅	三十四年七月間

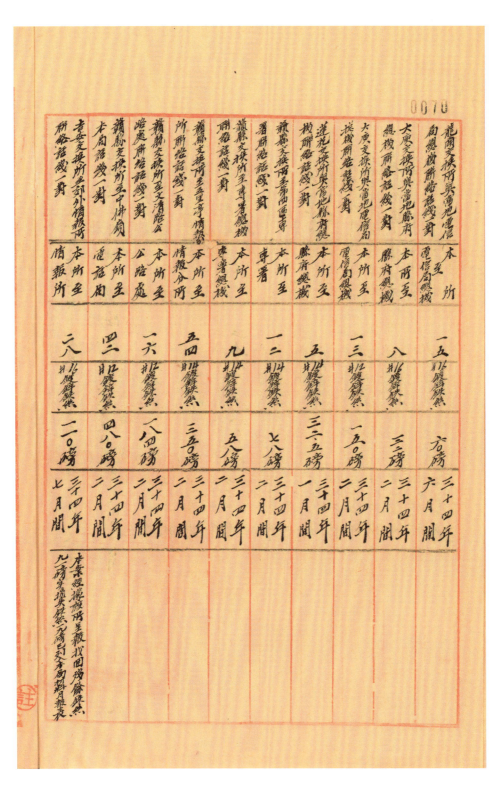

本案經據該所呈報找回殘餘鐵絲九八磅，實損失鐵絲九八磅已列交本局材料月報表

（七）工商业

吉安县商会关于奉令查报一九三八年底前遭敌摧毁生命财产损失致江西省政府的呈（一九三九年三月二日）

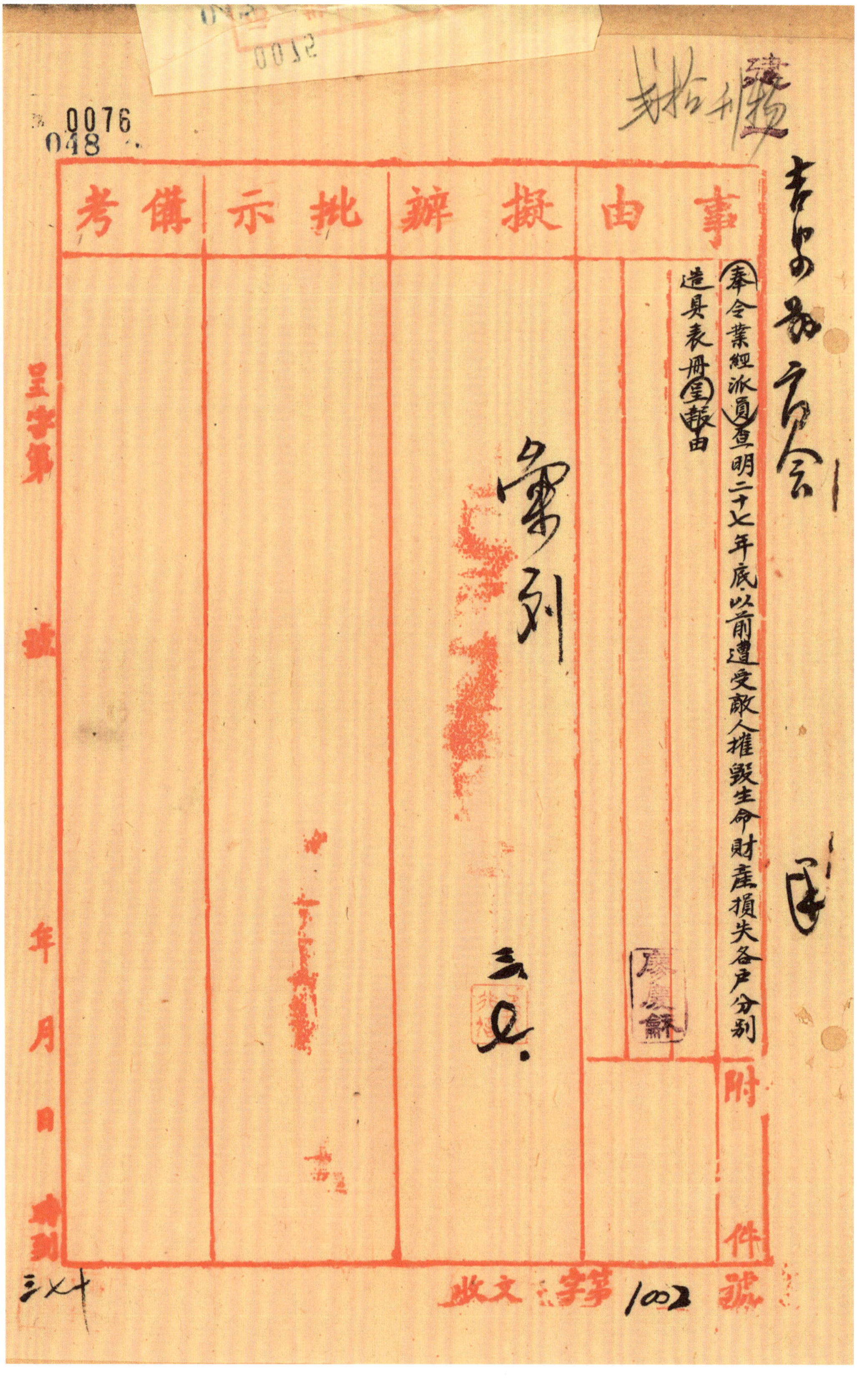
0076
048

吉安縣商會

呈

事由	擬辦	批示	備考
奉令業經派員查明二十七年底以前遭受敵人摧毀生命財產損失各戶分別造具表冊呈報由	彙列		

附件

呈字第　號　年　月　日發到

收文　字第1002號

呈為呈送事。案奉

鈞府建一字第三八二號訓令開：

建設廳案呈。奉　經濟部本年一月十四日秘字第二零五八七號訓令以：抗戰以後，各地因敵人肆意摧毀，直接間接所受公私損失為數綦鉅，自應確切查明，以資統計。飭將所管範圍以內經濟事業方面二十七年底以前所受各項損失詳情分類切實查明，開列數字報部。嗣後並應隨時繼續具報，以憑彙辦等因。自應照辦。除分令外，合行令仰該商會遵照，即將所屬公私經濟事業二十七年底以前直接間接所受損失確切查明，開列數字，於本年二月內呈府。嗣後並應隨時呈報，以憑彙轉。其在二十七年底以前並未遭受損失者，亦應於奉文後具復，以資查核。此令。

0078

049

等因奉此、職會業經派員查明二十七年底以前遭受生命財産損失各户、分别造具表册、備文呈請

察核轉報至未受損失者、爲數甚多、一時不易調查、容後查明再報、合併陳明、

謹呈

江西省政府主席熊

計呈送二十七年底以前被敵機炸燬損失生命財産數目表册一份

吉安縣商會主席蕭宗川

常委劉遐九

常委羅熾昌

蕭宗川章 劉遐九章 羅熾昌章

中華民國二十八年三月二日

附：吉安县被敌机炸毁各店房货物及伤亡人数损失调查表（一九三九年二月二十七日）

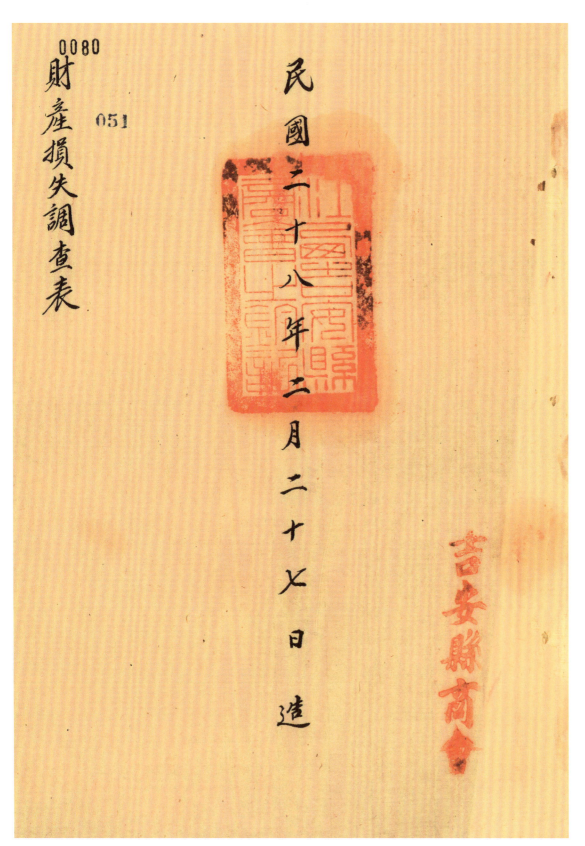

吉安縣商會

民國二十八年二月二十七日造

051

0080

財產損失調查表

吉安縣被敵機炸燬各店房貨物及傷亡人數損失調查表

名稱	地址門牌		貨物值價	店房值價	傷亡人數	備考
彭子厚	清稅巷	44	無	二伯元	無	廿七年二月廿三日落彈震倒修理一棟
蕭清泉	仝	無	四伯元	一仟二伯元	仝	仝
曾明德堂	上河街	51	十一萬元	四仟元	傷二人 亡十二人	廿八年一月十一日房屋三棟
李茂隆	仝	仝	六伯元	五伯元	無	前進店房一棟
潘鴻興	仝	50	四伯元	五伯元	仝	仝
羅生和	仝	54	四伯元	五伯元	仝	店房一棟
興記米號	仝	53	二仟五伯元	五伯元	仝	仝
王茂盛	仝	52	三伯元	五伯元	仝	仝

0082

瑞安茶社	上河街	34	三伯元	七伯元	無	廿八年一月十一日 店房一栋
王源發	仝	35	三伯元	七伯元	仝	仝
吳洪財	仝	37	三伯元	七伯元	仝	仝
徐瑞泉	仝	39	五伯元	七伯元	仝	仝
春記茶社	仝	40	三伯元	七伯元	仝	仝
游和順號	仝	43	三伯元	八伯元	仝	仝
黃茂興號	仝	44	五伯元	八伯元	仝	仝
義順和	仝	32	八伯元	一仟元	仝	仝
葉崇順號	仝	46	一伯元	七伯元	仝	仝
劉泰順號	仝	33	一伯元	七伯元	仝	仝

0083
053

正記錢莊	蕭家巷	3	五伯元	一仟元	無	廿八年一月十二日房屋一棟
胡新順號	仝	仝	一萬八千元	附住	仝	
涂華生	仝	仝	五伯元	仝	仝	
曹富恩	上永叔路	164	四伯元	一仟元	仝	廿八年一月十二日店房二進
劉四元	仝	166	三伯元	八伯元	二人	廿八年一月十二日店房三進
同盛號	仝	161	三伯元	二伯元	無	店面震壞
同順和號	仝	159	二伯元	二伯元	一人	仝
守記號	仝	162	五伯元	一仟五伯元	無	二十八年一月十二日店房三進
羅合興號	仝	160	一仟二伯元	六伯元	仝	仝
恒泰昌號	仝	158	二伯元	二伯元	仝	店房一進

2

0084

王合順號	上永叔路	156	一伯元	三伯元	無	住屋一栋
合順祥號	仝	仝	五十元	五伯元	仝	仝
源成號	仝	138	二仟元	三仟元	仝	二十八年月十二日店房二進
蕭裕星齋	仝	136	三伯元	三伯元	傷六人	仝 店房一栋
福記布號	仝	111	三伯元	一仟元	無	仝
陳廣茂號	仝	116	三伯元	六伯元	傷二人 亡一人	店房二栋
韋乾裕號	仝	109	二仟元	三伯元	無	店房一栋
茂盛號	仝	107	五仟元	五伯元	傷一人	店房二進
蕭萬順祥	仝	112	四仟六伯元	一仟元	亡一人	店房二進
天錫生號	仝	105	一仟元	六伯元	無	店房三進

0085

054

朱日順號	上永叔路	113	二伯元	六伯元	無	廿八年一月十一日 房屋一棟
龍來鳳號	仝	120	八伯元	二仟五伯元	仝	仝 店房二進
裕茂祥號	仝	仝	一萬三仟元	附住	仝	仝
曾榮記號	仝	仝	六伯元	仝	仝	
益昌和號	仝	114	四仟元	二仟元	亡六人	廿八年一月十一日 店房三進
蔡茂盛號	上河街	49	二仟元	二仟四伯元	亡一人	仝 店房四進
龍盛棧	仝	48	五伯元	五仟元	無	仝 店房三進
湯富標	仝	39	六伯元	附住	仝	
萬順號	仝	89	一伯元	四伯元	仝	廿八年一月十一日 店房一棟
嚴萬盛	仝	90	一伯元	四伯元	仝	仝

0086

蕭鑫桂	上河街	91	一伯元	三伯元	無	廿八年一月十日 店房一栋
郭同盛	仝	92	一伯元	三伯元	仝	仝
合和厰	仝	93	一伯元	三伯元	仝	仝
先得月	仝	45	三伯元	六伯元	仝	仝
易長福	仝	47	三伯元	六伯元	仝	仝
慶泰行	仝	64	二萬五仟元	三仟八伯元	傷六人	店房六棟
吉安縣政府	仝	仝	二仟一伯元	無	無	寄存積谷米二伯廿担
劉三俚	下河街	33	二伯元	二仟元	傷四人 亡十四人	店房二栋
同裕和	上永叔路	49	一伯元	四伯元	亡二人	住屋一栋
蕭綢臣	大巷口	16	一伯元	一仟元	無	住屋二栋

0087

055

蔣光裕堂	大巷口	31	五十元	二仟四伯元	傷二人 亡一人	廿八年一月十日 住屋二棟
劉惠香	大巷口 小俚巷	1/3	五伯元	五伯元	無	仝 住屋三小棟
李英俊	大巷口	10	五十元	二伯元	仝	仝 住屋一棟
周斌	仝	6	一仟二伯元	二仟六伯元	亡二人	仝
劉如香	仝	仝	四伯元	附住	無	
隆昌行	仝	11	五伯元	二仟五伯元	傷四人 亡一人	廿八年一月十日 住屋一棟
李信發	大神廟	9	一伯元	三伯元	無	仝
鄭寶仁	魏家巷	4	五十元	一伯元	仝	仝

0088

貨物損失計洋弍拾萬另九仟元

店房損失計洋六萬另弍佰元

傷亡人數共計柒拾五人

店房數額共計九拾六幢

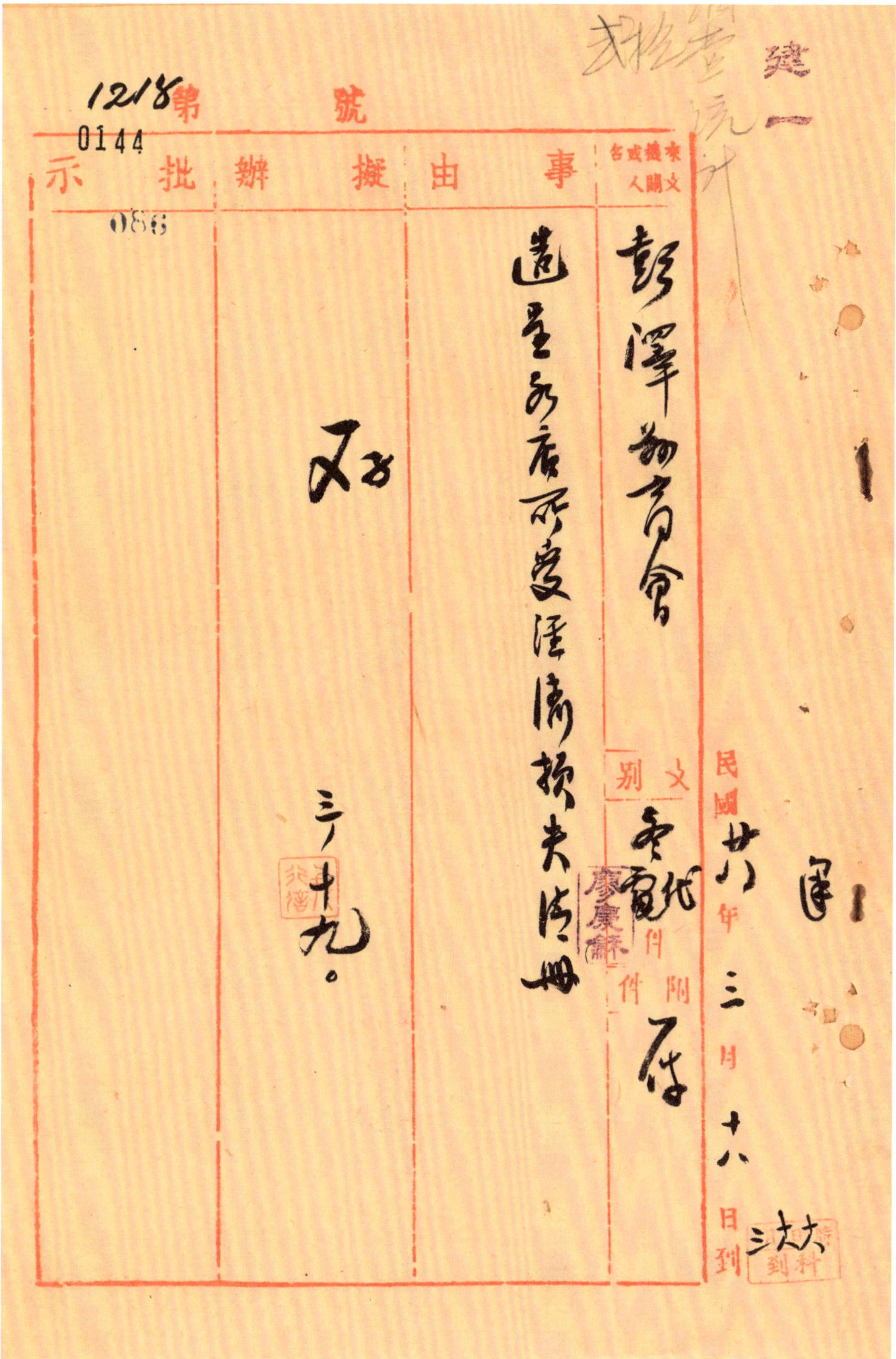

第1218號
0144
086

來文機關或具名人	事由	擬辦	批示
彭澤縣商會	遺呈各店所受經濟損失清冊	存	三、十九。

文別：代電
附件：件
民國廿八年三月十八日到
建一

彭泽县商会关于造报所属各店所受经济损失清册致江西省政府的快邮代电（一九三九年三月二日）

快郵代電

第一號 第一頁 共計一頁 附冊一份

江西省政府主席熊鈞鑒本年二月二十九日奉鈞府訓令建字第三八二號令飭查報經濟事業方面因敵摧毀所屬公私損失具報查核等因奉此理合將所屬範圍各店所受經濟損失造冊呈覆冊附彭澤縣商會主席委員丁鑄九叩冬

中華民國二十八年三月二日 發

0146

088

彭澤縣商會所屬範圍各店經濟事業損失調查册 民國二十八年三月一日

附：彭泽县商会所属范围各店经济事业损失调查册（一九三九年三月一日）

彭澤縣商會所屬範圍各店經濟事業損失調查表

商店牌號	經濟損失	備攷
鴻聲公典	二十萬元	
李萬盛	二千元	
春元堂	三千元	
汪炳記	五百元	
朱源成	三千元	
同興號	二千元	
丁錦文	五百元	
謝生和	五百元	

0148

王錦文	五百元
汪裕隆	二千元
姚興隆	二千元
羅振發	三百元
馬鑫昌	五百元
博雅軒	七千元
諶泰興	七千元
劉福記	一百元
余長盛	一千元
劉潤隆	一千元

余正興	一千元
楊永春	一千元
萬新	二千元
李錦和	一千元
洪興茂	五千元
陽潤記	二千元
周大吉	一千元
永聲振	二千元
恒昌源	五百元
立德	一千元

0150

鄔同興	六千元
張源達	五千元
德昌隆	一千元
同德永	一千元
白源茂	一千元
謝德記	七千元
鄭德盛	七千元
泰和祥	二千元
義泰祥	二千元
田聚興	一千元

0151　091

邹道生	六百元
徐鸿昌	三千元
高长茂	二千元
同德	四千元
谢銓茂	三千元
李錦太	一千元
周壽康	二千元
廣昌	三千元
高肇源	五百元
羅同茂	五百元

0152

王菜昌	一萬五千元
朱永康	一千元
同太昌	一千元
復興	五百元
王利昌	五千元
協興昌	一千元
美利謙	二千元
德懋昌	二千元
陳大有	八千元
周太源	三千元

0153
092

德源和	五千元
丁志和	五千元
李泰豐	二千元
震春	二千元
德和祥	二千元
正春義記	二千元
永泰昌	一萬五千元
汪永豐	五百元
李長生	五百元
王同和	八百元

宏升	五百元
官同興	三百元
同太和	三千元
高德昌	一千元
陽德豐	二千元
協和	八百元
曾魯生	一千元
羅炳順	一千元
洪復升	五千元
趙義和	一千元

裕成隆 二千元
劉乾豐 三千元
張志和 五百元
全復昌 五百元
醉春園 一千元
筱園 五百元
公記 六千元

説明 右列各店經濟損失係貨物生財店屋暨公典質本以及人民典押金銀首飾衣物等件之估計約四千萬零四千四百元至現金之損失因各店主均已逃散無從查報

俟後查明隨時呈覆

万载县商会关于奉令查报所属经济事业公私损失等致江西省政府的呈（一九三九年三月十八日收）

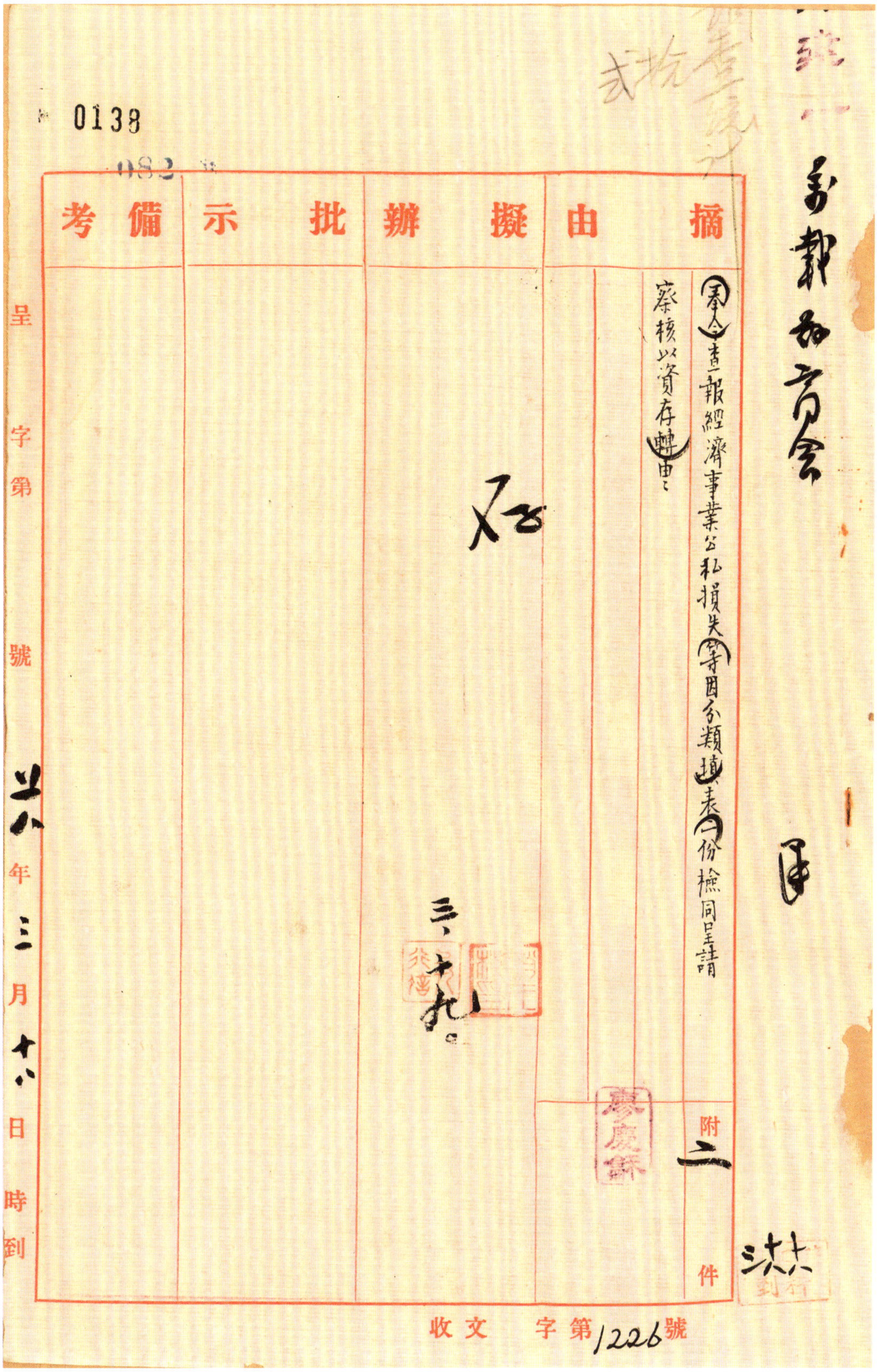
萬載商會 呈

0138

摘由	擬辦	批示	備考
奉令查報經濟事業公私損失等因分類填表一份檢同呈請察核以資存轉由	存 三、十九		

附件：二

呈　字第　號　廿八年三月十八日　時到

收文　字第1226號

0139

案奉

钧府二十八年二月十三日建一字第二八二號訓令開：

建設廳案呈：奉

經濟部本年一月四日秘字第二零五八七號訓令以抗戰以後各地因敵人肆意摧毁直接間接所受公私損失

爲數綦鉅，自應確切查明以資統計，飭將所管範圍以内經濟事業方面二十七年底以前所受各項損失

詳情分類切實查明開列數字報部，嗣後並應隨時繼續具報，以憑彙等辦，因自應照辦，除分令外，

合行令仰該商會遵照即將所屬公私經濟事業二十七年底以前直接間接所受損失確切查明開列數字

於本年二月内呈府，嗣後並應隨時呈報以憑彙轉，其在二十七年底以前並未遭受損失者亦應於奉文後具

復以資查核，此令。

等因，奉此，遵即查明各項損失分類填表二份，檢同呈請

0140

察核以備存轉謹呈

江西省政府主席熊

附呈萬載縣經濟事業被敵摧毁查報表二份

萬載縣商會主席委員　汪可舟

常務委員　郭慎脩

陽雲軒

辛師昭

郭樹榮

0141

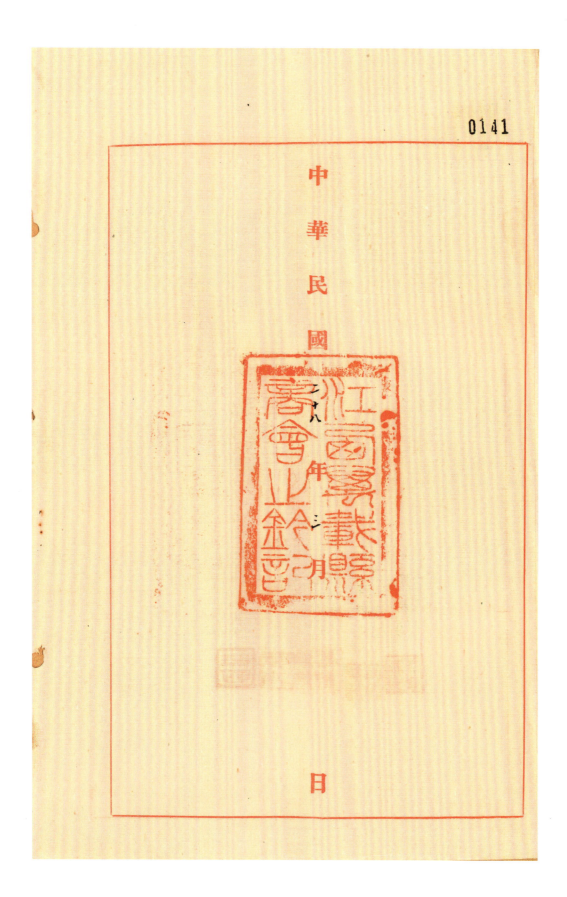

中華民國二十八年三月日

附：万载县经济事业被敌摧毁查报表（一九三九年二月二十八日）

0142

萬載縣經濟事業被敵摧毀查報表

名稱	直接損失	間接損失	備註
夏布	無	十萬元	本縣夏布歲銷蘇浙各埠約十餘萬元又二十六年各行欠款約如上數
爆竹	八千元	十萬元	每歲銷蘇浙皖屬約七萬元粵屬三萬元又去年冬在上高縣炸毀爆船三艘約八千元
表芯	三千六百元	十萬元	每歲銷長江各埠約十萬元又去年冬在上高炸毀紙船六艘約三千六百元
藥材	三千元	無	去年湖南株州被炸暨本縣同仁藥號被炸約如上數
疋頭	五千元	仝	二十六年滬及蘇杭郵寄包裹被炸者約如上數
南貨	二千元	仝	去年在湖南株州被炸如上數
粮食	二千元	仝	本縣仁順福粮食店被炸損失如上數
糕餅	八百元	仝	本縣上清齋後進被炸損失如上數
盐業	五百元	仝	本縣德新記盐店後進被炸損失如上數
民船	二千一百元	仝	去年十一月五日在上高縣炸毀六艘傷三艘損失如上數
合計	二萬五千元	三十萬元	

查填日期民國二十八年二月二十八日

填報者萬載縣商會

0143

萬載縣經濟事業被敵摧毁查報表

名稱	直接損失	間接損失	備註
夏布	無	十萬元	本縣夏布歲銷蘇浙各埠約十餘萬元，又二十六年各行欠款約如上數
爆竹	八千元	十萬元	每歲銷蘇浙皖屬約七萬元，粵屬三萬元，又去年冬在上高縣炸毁爆船二艘約八千元
表芯	三千六百元	十萬元	每歲銷長江各埠約十萬元，又去年冬在上高炸毁紙船六艘約三千六百元
藥材	三千元	無	去年湖南株州被炸暨本縣同仁藥號被炸約如上數
疋頭	五千元	仝	二十六年滬及蘇杭郵寄包裹被炸者約如上數
南貨	二千元	仝	去年在湖南株州被炸如上數
糧食	二千元	仝	本縣仁順福糧食店被炸損失如上數
糕餅	八百元	仝	本縣上清齋後進被炸損失如上數
鹽業	五百元	仝	本縣德新記鹽店後進被炸損失如上數
民船	二千一百元	仝	去年十一月五日在上高縣炸毁六艘，傷三艘，損失如上數
合計	二萬五千元	三十萬元	

查填日期民國二十八年二月二十八日　　填報者萬載縣商會

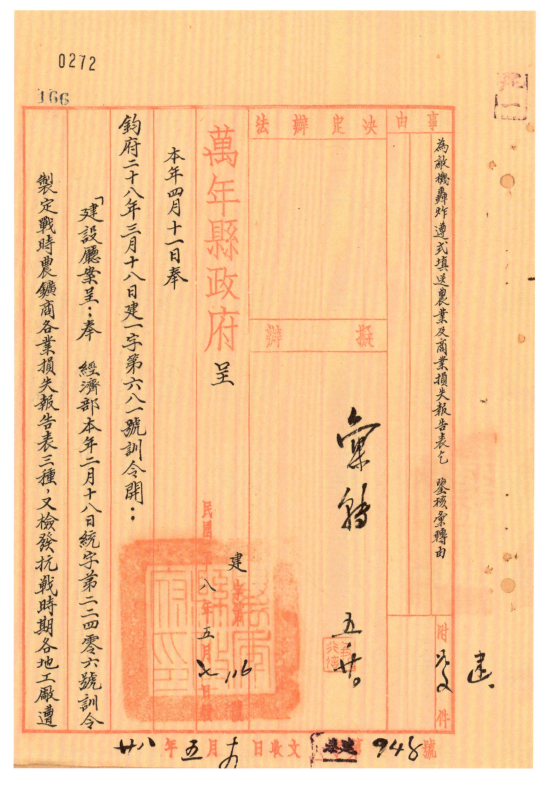

事由：為敵機轟炸遵式填送農業及商業損失報告表乞 鑒核彙轉由

決定辦法

擬辦

彙轉

五廿

附件

萬年縣政府呈

建 字第116號

民國二十八年五月七日

本年四月十一日奉

鈞府二十八年三月十八日建一字第六八一號訓令開：

「建設廳案呈：奉 經濟部本年二月十八日統字第二二四零六號訓令製定戰時農鑛商各業損失報告表三種，又檢發抗戰時期各地工廠遭

0273

受敵人損毀情形報告表一種，令飭查照前令，轉行填報，彙送統計等因，附發戰時農鑛工商損失報告表四種。查關于各地因敵人肆意摧毀，經濟事業所受各項損失，前經本府以建一字第三六二號訓令，轉飭查報在案，茲據案呈前情，除分令外，合行抄發原令暨報告表式，令仰遵照前令迅速查填具報，（各填送二份）其已將二十七年底以前損失情形，呈復者，亦應依照此次所發表式，重行填報，以憑彙轉，此令」

等因，計抄發原令一件，報告表式四種奉此，遵查本縣城市突於本年四月五日慘遭敵機轟炸，厥狀至慘，所有民商直接損失為數頗鉅，除工廠及礦業二表邀免查填外，茲經遵照奉頒商業及農業損失報告表翔實填就各二份奉令

0274
167

前因理合一併呈送

鈞府察核彙轉！

謹呈

江西省政府主席熊

計呈送　萬年縣農業及商業損失報告表各二份

萬年縣縣長許　鵠

附：战时商业损失报告表（一九三九年五月五日）

0276　0275

168

戰時商業損失報告表

江西省萬年縣庫田鎮　　第　頁共計　頁

第一次報告

自二十八年四月五日至二十八年五月五日

名稱	商店或公司	營業種類	職工人數	實繳資本（元）	損失估計（元）					損失原因					現在情形			附註
					店屋	設備	存貨	其他	合計	空襲	軍事	火災	搶劫	其他	復業	遷移	停閉	
育英號	豆腐店	豆腐	三人	約五百元	一幢	一切用具	豆子五十石	谷豬等項	二千元	十							停	
江金声号	商店	布匹	三人	約二千元	半幢	一部	布二百匹	用具	一千元	十						遷移	停	
永年堂	藥店	藥材	二人	約二千元	半幢	一部	五十元	用具	三百元	十						遷移	停	該號主人被炸死
宏裕号	商店	雜貨	三人	約一千元	半部	一部	五十元	用具	四百元	十							停	該號主人店友均被炸斃
潘義成	商店	廣貨	四人	約二千元	屋後一部	一部	三十元	用具	一百元	十						遷		
黃廣吉号	商店	皮匠店	二人	約五百元	屋後一部	一部	二十元	用具	五十元	十						遷		
黃士華号	商店	豆腐店	二人	約三百元	一幢	全部	豆子二十石	豬等畜	五百元	十							停	
																		查本縣被炸地點計有六處對于居住者未經列入特此註明

填報機關萬年縣政府　填報者縣長許　　填報日期二十八年五月五日

注意：損失原因項內分別各欄係屬於何種祇須用十符號劃入各該欄內如原因在一種以上除劃記符號外另在附註欄內載明損失之原因及其量值

宜丰县政府关于查填商业损失报告表致江西省政府的呈（一九三九年六月三日收）

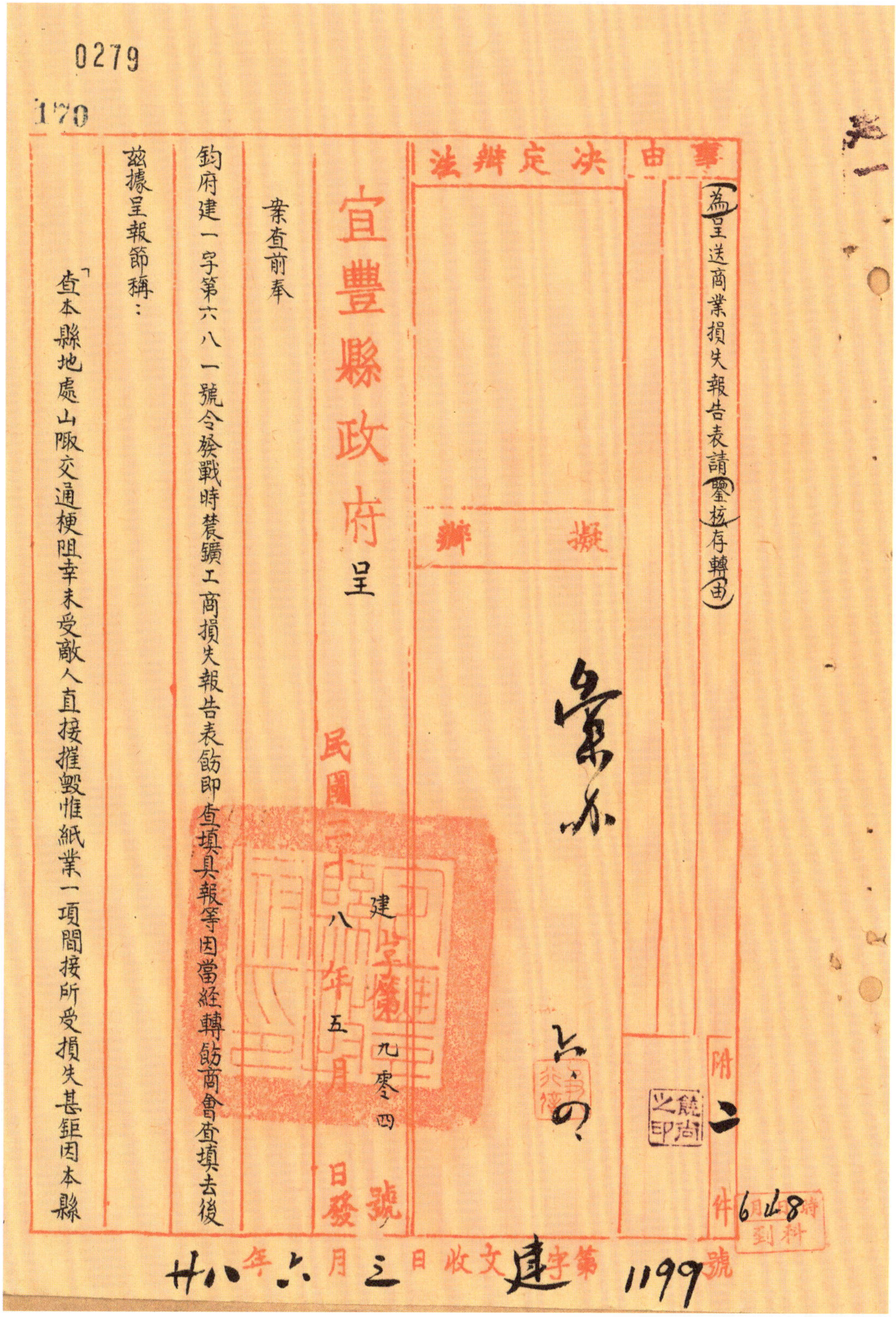
0279

170

事由：為呈送商業損失報告表請鑒核存轉由

決定辦法

擬辦

附件 二

宜豐縣政府呈 建字第九零四號

民國二十八年五月 日發

案查前奉

鈞府建一字第六八一號令發戰時農鑛工商損失報告表飭即查填具報等因當經轉飭商會查填去後

茲據呈報節稱：

「查本縣地處山陬交通梗阻幸未受敵人直接摧毀惟紙業一項間接所受損失甚鉅因本縣

廿八年六月三日收文建字第1199號

0280

出產紙塊均運往南昌轉運長江下遊銷售此次敵人攻陷南昌將本縣各商店堆存南昌紙塊悉數焚燬而存縣紙料又因銷售不暢停止製造悉數腐爛不堪應用奉令前因除農礦工業損失表請免查填外理合填就戰時商業損失報告表備文呈送鈞府察核存轉實為公便

等情并附商業損失報告表三份來府除抽存一份外理合檢同原表二份具文呈請

鑒核存轉實為公便！

謹呈

江西省政府主席熊

計呈送

商業損失報告表二份

縣長黎鏡清（印：黎鏡清印）

附：战时商业损失报告表（一九三九年五月十九日）

0282　　0281

171

戰時商業損失報告表

江西省宜豐縣金街鎮　　　　第一頁共計一頁

第一次報告　自二十六年八月三日至二十八年五月十七日

名稱	商店或公司	營業種類	職工人數	實繳資本（元）	損失估計（元）					損失原因					現在情形			附註
					店屋	設備	存貨	其他	合計	空襲	軍事	火災	搶劫	其他	復業	遷移	停閉	
宜大昌	商店	花米加表小表紙張	二百五十二人	四萬五千元			七千元	二萬二千元	二萬九千元		＋	＋					停止一部	[illegible]
咸吉	商店	花米加表小表紙張	一百十五人	一萬五千元			三千元	八千元	一萬一千元		＋	＋					停止一部	仝上
鼎豐益	商店	花米加表小表紙張	九十人	一萬元			二千元	七千元	九千元		＋	＋					停止一部	仝上
隆萃和	商店	花米加表小表紙張	一百二十人	一萬六千元			四千元	七千元	一萬一千元		＋	＋					暫停	仝上
德豐	商店	花米加表小表紙張	九十五人	八千元			二千元	五千元	七千元		＋	＋					停閉	仝上
鼎興仁	商店	花米加表小表紙張	八十人	七千元			一千元	五千元	六千元		＋	＋					停閉	仝上
義合成	商店	花米加表小表紙張	八十四人	八千元			二千元	六千元	八千元		＋	＋					停止一部	仝上
允亨	商店	花米加表小表紙張	七十人	七千元			一千元	五千元	六千元		＋	＋					停閉	仝上
裕大昌	商店	花米加表小表紙張	五十人	四千元			一千元	二千元	三千元		＋						停閉	
宜安	商店	花米加表小表紙張	八十人	九千元			二千元	六千元	八千元		＋	＋					停止一部	仝上
聲記	商店	花米加表小表紙張	五十人	四千元			一千元	二千五百元	三千五百元		＋						停閉	

填報機關宜豐縣商會　填報者涂方昇　填報日期民國二十八年五月十九日

注意：損失原因項內分別各欄係屬於何種損失須用＋符號[illegible]種以上除填記符號外另在附註欄內載明損失之原因及其數值

江西省工商管理处关于报送战时贸易部等处抗战财产间接损失报告表致省建设厅的呈（一九四〇年六月二十六日）

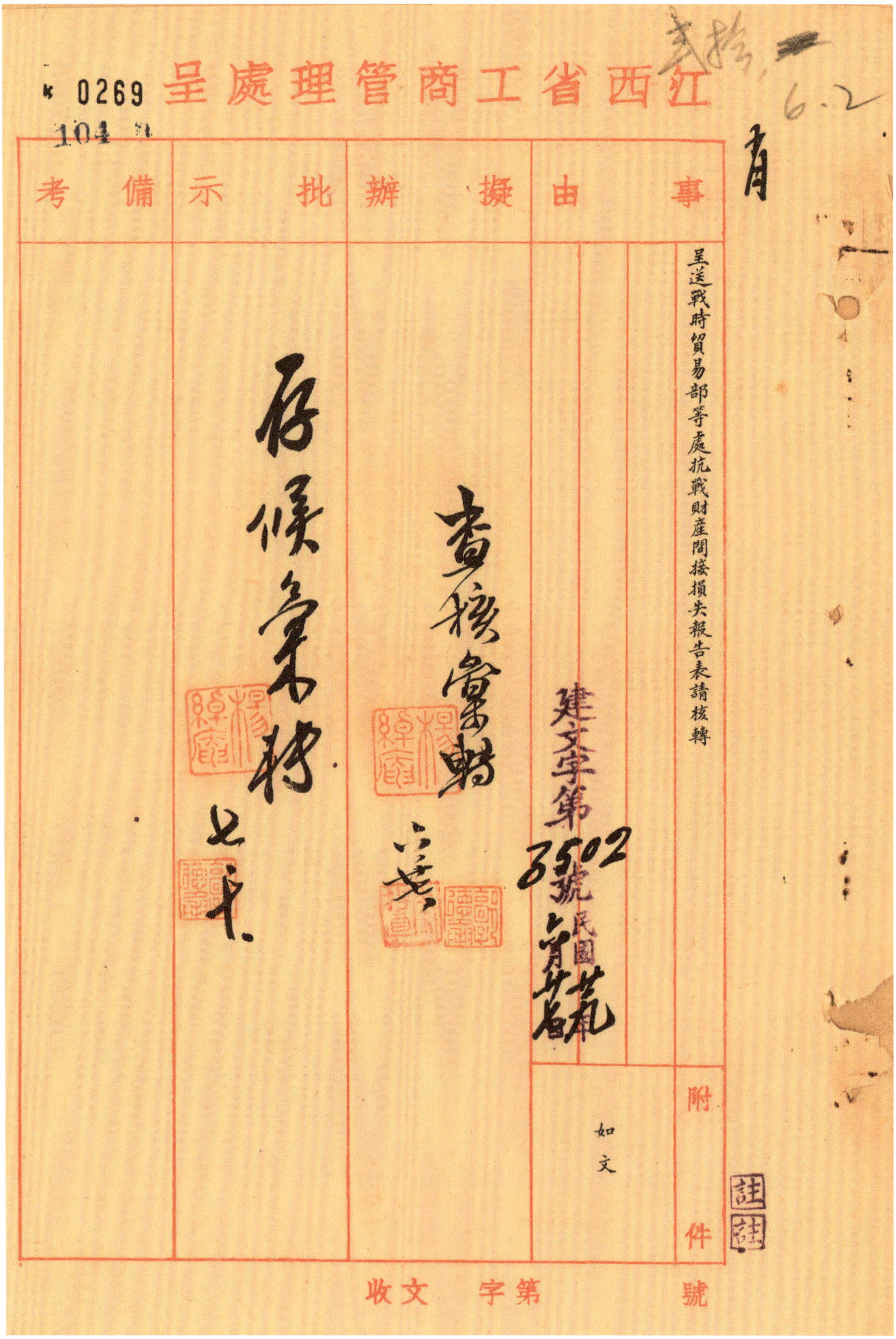
江西省工商管理處呈

0269

事由	擬辦	批示	備考
呈送戰時貿易部等處抗戰財產間接損失報告表請核轉	查核彙轉	存候彙轉	
附件：如文			

建文字第3502號

收文 字第 號

謹查本處前奉　令發抗戰公私直接間接損失調查表，及查報須知等，飭遵照查報，併轉飭所屬一體遵照查報一案，業經本處遵將二十八年六月以前損失，查填報告表，并飭據戰時貿易部，民生手工紡織社，民生機械廠，贛縣電廠，民生瓷廠，工商陳列館等處填送損失報告表一併於本年五月三日以勇字第八七二一號呈，賫送鑒核在卷，茲復據戰時貿易部，民生工廠，民生火柴廠，先後將財產間接損失報告表及財產損失報告單等，分別查填，請予核轉前來，除指復外，理合將各該部廠所送表單，備文一併呈送

鑒核彙轉。

謹呈

江西省政府建設廳廳長楊

附呈戰時貿易部二十九年六月公營事業財產間接損失報告表一份，民生工廠二十七年十月財產損失報告單二十六、七、八年財產間接損失報告表各一份，民生火柴廠二十八年十二月財產間接損失報告表一份。

江西省工商管理處處長李炳奎

0271

勇

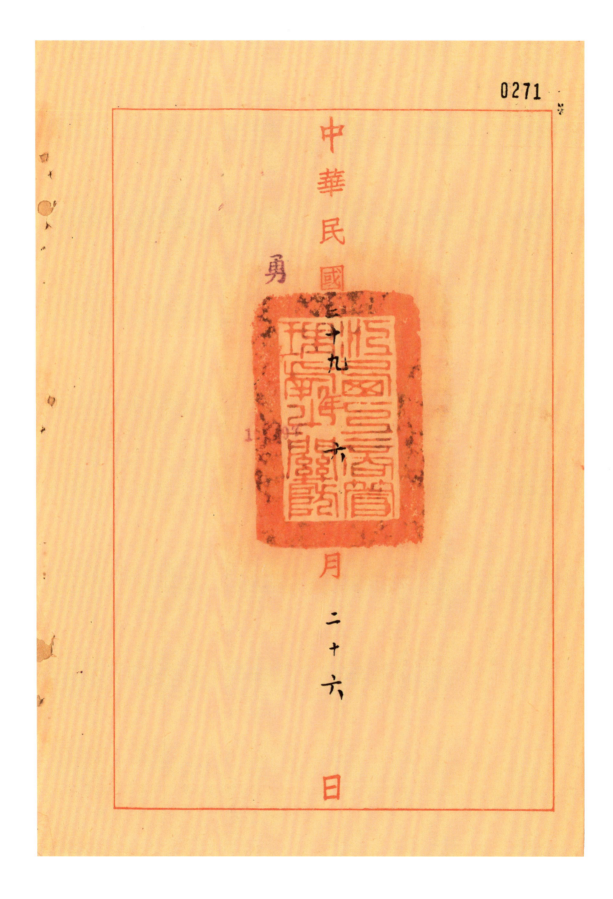

中華民國二十九年六月二十六日

——省市縣公營事業財產間接損失報告表（表式27）

年份：二十九年

填送日期二十九年六月十日

分類		數額（單位國幣元）
可能生產額減少[2]		
可獲勝利額減少[2]		
費用之增加	拆遷費	42,100.5.61元
	防空設備費	4.927.86元
	救濟費[3]	200.00元
	撫卹費[3]	68元

報告機關[4]：江西省工商管理處戰時貿易部總經理楊綽菴

說明：1.各省市縣公營事業機關報告該機關財產間接損失均用此表，各該機關如有附屬事業機關，其損失應一併列入

2.可能生產額減少，應以市價估計所值國幣數填入數額欄內，如某種營業生產額及純利額均減少者，則兩項并填，否則只填一項

3.係指營業主對于所雇用之工人或店員支給之救濟費、撫卹費

4.填明本機關名稱，由主管人員簽名并加蓋機關印信

附（二）江西省立吉安民生工厂公营事业财产间接损失报告表（一九四〇年五月）

江西省公營事業財產間接損失報告表

年份：二十八年

填送日期二十九年五月　日

分類		數額（單位國幣元）	
可能生產額減少			
可獲純利額減少			
費用之增加	拆遷費	2478	94
	防空設備費	137	00
	救濟費		
	撫卹費		

報告者：江西省立吉安民生工廠經理王用樑

機件工具

財產損失報告單

0309

事件：日機轟炸

日期二十七年10月三五日

第1頁　地點：江西省南昌市民德路118號

SFL

損失項目	單位	數量	價值（國幣元）	
生鋼鑿	把	3	1	50
篾刀	把	2	1	00
鏟子撥爪	副	20	2	00
鉄炉丁	個	60		60
緯提子	支	5		50
鉄筒听	根	15		30
鋸条	打	1	1	00
斷絲鉗	把	1		50
圍布	塊	1		30
穿综梭	個	2		40
羊頭架	個	1		50
剪刀	把	22	4	40
白皮条	支	25		25
篾刀	把	1		40
板柞	支	1		20
大木桶	個	2	1	00
鏜梭	把	1		20
小木桶盖	個	4		80
過次頁			15	85

受損失者：江西省立吉安民生工廠

財產損失報告單

事件：日機轟炸
日期：二十七年10月三五日
地點：江西省南昌市民德路118號　1FI

第2頁

損失項目	單位	數量	價值（國幣元）
接前頁			15 85
园篾籃	只	1	10
木櫈	只	2	40
毛巾机	架	12	48 00
毛毯机	架	6	36 00
搖紗机	架	1	10 00
水缸	口	3	3 00
作板櫈	条	2	40
剪刀	把	8	1 60
篾籮	担	6	3 00
漂布木架	個	2	40
漿紗灶	具	1	5 00
漿紗鍋	口	1	5 00
箥簸	只	36	1 80
釘板	方	13	1 30
小水盆	個	1	20
大小水竹	支	14	14
方櫈	個	14	1 40
過次頁			133 59

受損失者：江西省立吉安民生工廠

財產損失報告單

0307

事件：日機轟炸

日期：二十七年10月五日（三）

第 3 頁　地點：江西省南昌市民德路118號

損失項目	單位	數量	價值（國幣元）
接前頁			133.59
小高櫈	個	14	2.80
梭子	把	34	17.00
木棉架	座	1	5.00
大水缸	只	1	6.00
紡車	部	2	2.00
大鉄鍋	口	1	6.00
洋鎖	把	1	.20
老虎鉗	把	1	.80
桐子車	把	6	3.00
桐子鉄	根	5	.50
修机桌	張	1	1.00
打紗櫈子	個	20	4.00
織袜櫈子	個	18	3.60
燙斗	個	1	1.00
鋸條	根	5	.50
圓錯	把	1	.50
絲籃	個	8	.80
過次頁			188.29

受損失者：江西省立吉安民生工廠

0306

財產損失報告單

事件：日機轟炸

日期：二十七年10月三日

第 4 頁　　地點：江西省南昌市民德路 118號

損失項目	單位	數量	價值（國幣元）	
接前頁			188	29
籮子	個	32		64
打紗架	個	7		14
襪机	架	21	105	00
襪筒	架	6	6	00
紡紗机	架	12	6	00
砂輪架	只	1		50
熨斗	只	3	3	00
襪板	塊	28	2	80
机枱	張	3	1	50
剪刀	把	10	2	00
紗筒	個	260	2	60
羅絲鑿	個	2		40
高櫈子	個	20	4	00
風箱	只	1		30
竹針	支	12		12
大小捲邊	個	2		40
大小起子	個	2		40
過次頁			229	59

受損失者：江西省立吉安民生工廠

財產損失報告單

0305

事件：日機轟炸

日期：二十七年10月三五日

地點：江西省南昌市民德路 118號

138

第 5 頁

損失項目	單位	數量	價值（國幣元）
接前頁			229 59
馬欖	条	10	2 00
工作欖	個	9	1 80
圍裙	条	4	80
案板	塊	2	2 00
坐欖	条	14	2 80
熨斗	個	4	2 00
剪刀	把	4	80
木尺	把	1	10
板欖	副	4	2 00
衣鏡	面	1	1 00
鉄欖	只	1	1 00
衣料橱	頂	2	4 00
像頭	個	2	1 00
半身衣架	只	2	1 00
大斧頭	把	17	8 50
小釘鎚	把	2	40
鑿子	把	30	6 00
過次頁			266 79

受損失者：江西省立吉安民生工廠

0304

財產損失報告單

事件：日機轟炸
日期：二十七年10月三五日
地點：江西省南昌市民德路118號

第6頁

損失項目	單位	數量	價值（國幣元）	
接前頁			266	79
鋸子	把	8	4	00
鋸条	把	6	3	00
捣錯	把	7	1	40
鋸鉗	個	2	1	00
刨鉄	塊	14	1	40
蓋刨	塊	20	1	00
梳鋸	条	1		10
鑽子	把	2		40
鉄鉗	把	2		40
釘碼	個	2		10
墨斗	個	2		40
角尺	把	5		25
油筒	個	2		10
作梡	条	4		80
磨石	塊	2		20
木馬	隻	1		20
刨子	個	14		70
過次頁			282	24

受損失者：江西省立吉安民生工廠

0303

財產損失報告單

事件：日機轟炸
日期：二十七年10月三日
地點：江西省南昌市民德路118號

第7頁

損失項目	單位	數量	價值（國幣元）	
接前頁			284	24
鋸條	把	10	5	00
釘鈇	打	1	1	00
釘盖	打	1	1	00
鋸条	把	5	2	50
三角銼	把	3		60
羅絲批	把	1		10
木銼	把	2		20
老虎鉗	把	1		80
鑿子	支	25	2	50
斜鑿	支	5		50
彎刀	把	1		40
大小魚尾	個	5		20
簿鑿	支	5		50
棕繩	根	30		30
茶料	枙	10	1	00
青石	塊	1		10
雙坐石	塊	1		10
過次頁			301	04

受損失者：江西省立吉安民生工廠

0302

財產損失報告單

事件：日機轟炸

日期：二十七年10月三日

地點：江西省南昌市民德路118號

第8頁

損失項目	單位	數量	價值（國幣元）	
接前頁			301	04
木尺	把	1		10
扎作	把	12	1	20
鑾刀	把	1		10
土刨鉄	把	4		40
魚尾	塊	5		25
鉗鈎	把	1		10
掛足	件	2		40
鉋鉄	塊	2		40
刨罩	塊	1		20
刮刀	把	1		10
手虎鉗	把	1		70
线刨鉄	塊	4		40
鋼銼	把	1		20
搖鑽	支	1		50
鉄柄	把	1		10
郎頭	個	1		40
斜銼	把	1		20
過次頁			306	79

受損失者：江西省立吉安民生工廠

財產損失報告單

0301

事件：日機轟炸

日期：二七年10月三日

第 9 頁　地點：江西省南昌市民德路 118號

損失項目	單位	數量	價值（國幣元）
接前頁			306.79
来回鑽子	把	1	.20
銼子	把	2	.20
三角銼	把	2	.40
英尺	把	1	.40
鋼銼	張	1	.20
長櫈	条	6	1.20
字板鉄	塊	12	1.20
洋鉄把斗	只	3	.60
肥皂印版	付	2	1.00
手套	双	4	.80
螺絲刀	把	1	.40
洋泥水缸	口	1	2.00
圍裙	条	9	1.80
皮棍	根	5	2.50
墨台鋼棍	塊	9	4.50
底紋板	塊	1	1.20
花邊板	塊	4	2.00
過次頁			327.39

受損失者：江西省立吉安民生工廠

0300

財產損失報告單

事件：日機轟炸
日期：二十七年10月三日
地點：江西省南昌市民德路118號

133

第10頁

損失項目	單位	數量	價值（國幣元）	
接前頁			327	39
製板架	個	4	4	00
截紙板	塊	4		80
磨石架	個	2		40
紙架	個	1		40
擱板架	個	1		40
攤紙架	個	19	3	80
水盆	個	3		60
切紙木架	只	2		60
木刷棠板	塊	2	1	00
裝釘棠板	塊	1		50
馬櫈	条	6	1	20
磨刀櫈	条	2		40
方元樣針	支	3		15
撰刀	把	1		50
鏟針	支	1		05
扁心修刀	支	5		20
德青石	塊	2		40
過次頁			342	79

受損失者：江西省立吉安民生工廠

0299 381

財產損失報告單

事件：日機轟炸
日期：二十七年10月三日
第 11 頁　地點：江西省南昌市民德路 118號

損失項目	單位	數量	價值(國幣元)	
接前頁			342	79
各色磨石	〃	7	1	40
洋鉄長筒	塊	1		50
各種木板	塊	47	4	70
虎頭鉗	把	6	3	00
剪刀	把	4		80
皮刀	把	4		80
鉄鎚	把	5		50
鉄鉆	塊	1		40
青石	塊	1		20
木尺	把	2		20
木郎頭	個	1		10
鉄脚板	個	1		50
圓占板	個	1		60
木水盆	個	3		60
新自刀	把	4	2	00
小方桌	張	3	1	50
小櫈子	条	6	1	20
過次頁			361	79

受損失者：江西省立吉安民生工廠

0298

財產損失報告單

事件：日機轟炸

日期：二十七年10月二十五日

地點：江西省南昌市民德路118號

第12頁

損失項目	單位	數量	價值（國幣元）	
接前頁			361	79
案板	塊	1	1	00
木楦頭	副	121	15	00
灣鑽	打	1	1	00
圓裙	条	9	2	70
方櫈	条	1		20
鞋刷	把	10	1	00
草鞋櫈	条	20	4	00
鞋把	個	39	7	80
剪刀	把	13	2	60
鉄銼	枚	1		50
鋸条	根	3		30
三角銼	把	2	1	00
棕刷	把	2		10
虎鉗	把	1	1	00
扁銼	把	1		50
剪刀	把	17	3	40
磨刀	塊	1		20
過次頁			404	09

受損失者：江西省立吉安民生工廠

0297

財產損失報告單

事件：日機轟炸
日期：二十七年10月三五日
第 13 頁　地點：江西省南昌市民德路 118號

損失項目	單位	數量	價值（國幣元）
接前頁			404.09
挑刀	根	34	3.40
刺鑽	根	11	.11
鑿子	支	4	.10
挖機	根	3	.15
釘錘	個	4	.20
大刀	把	2	1.00
小刀	把	31	1.65
長小鉗	把	1	.05
鉄板	塊	2	1.00
圍裙	条	2	.60
面盆	個	1	.50
鑽頭繩	根	4	.04
鑽秤	根	7	.07
車鉋	個	2	.50
小竹椅	個	20	2.00
馬櫈	条	1	.20
小秤	把	1	.40
過次頁			416.06

受損失者：江西省立吉安民生工廠

財產損失報告單

0296

事件：日機轟炸

日期：二十七年10月三日

地點：江西省南昌市民德路 118號

第 14 頁

損失項目	單位	數量	價值（國幣元）	
接前頁			416	06
小木盆	個	2		40
釘錘	個	1		20
鐵鉗	把	1		20
鑿子	支	2		10
小生鐵	塊	1		14
木把斗	個	2		10
木鍋蓋	個	2		40
洋墩鉢	個	6		60
銅盤秤	把	1		50
大鐵杓	把	2		20
小石缸	只	4	4	00
上海軋剪	把	2	2	00
剪刀	把	6	2	40
沖牙梳子	把	6	1	20
紅金心箆	只	10	1	00
磨刀石	塊	3		60
銀光鏡	面	1	1	00
過次頁			431	10

受損失者：江西省立吉安民生工廠

財產損失報告單

0295

事件：日機轟炸
日期：廿七年10月三十日
地點：江西省南昌市民德路 118號

第 15 頁

損失項目	單位	數量	價值（國幣元）	
接前頁			431	10
連邊鏡	面	1	2	00
轉椅	把	2	2	00
白鉄桶	個	1		50
工作衣	件	4	4	00
圍布	条	4	2	00
鉄圈	只	5		50
烙鉄	對	1	1	00
篾籮	担	1		50
面盆	個	4	2	00
火鉗	把	2		40
篾刷子	把	1		10
擦衣板	塊	2		50
隔子布	個	5	1	00
篾管鍾	件	1		40
瓦鑑刀	塊	6	1	30
大鍬子	把	3	1	20
交剪	把	1		30
過次頁			450	80

受損失者：江西省立吉安民生工廠

財產損失報告單

0294

事件：日機轟炸
日期：二十七年10月三日
地點：江西省南昌市民德路118號

第16頁

損失項目	單位	數量	價值（國幣元）	
接前頁			450	80
竹節鏟	把	1		20
鋸条	把	1		50
鋸条鉗	把	1		50
鏟減刀	把	2	1	00
鏟刀鋼銼	把	1		40
絲篾刀	副	3	1	20
魚尾	個	2		40
大小篾鍬	把	9		45
扁銼	把	1		10
手鋸	把	1		50
撓鉤	把	1		20
鑿子	支	2		20
鑽桿	支	1		10
鉄鉗	把	1		40
大小剪刀	把	4		80
大小鋸条	把	10	1	00
篾刀	把	7	1	40
			460	15

受損失者：江西省立吉安民生工廠

財產損失報告單

0293

事件：日機轟炸

日期：二十七年10月三十日

地點：江西省南昌市民德路118號

第17頁

損失項目	單位	數量	價值（國幣元）	
接前頁			460	15
鋤頭	把	86	25	80
小花鋤	把	2		40
九齒耙	把	2	2	00
三角耙	把	6	1	80
地灰鏟	把	4	1	20
糞桶	担	13	6	50
草剪	把	1		40
鉄鍬	把	8	2	40
鉄犁	具	1	1	00
鉄耙	把	9	2	70
鐮刀	把	10	1	00
禾刀	把	3		60
棕簑衣	件	7	1	40
鉄鏟	把	22	4	40
笔子脚	個	2		40
殺猪刀	把	1		50
鉄鍋	把	2		40
			513	05

受損失者：江西省立吉安民生工廠

財產損失報告單

0292

事件：日機轟炸
日期：二十七年10月三五日
地點：江西省南昌市民德路118號

第18頁

損失項目	單位	數量	價值（國幣元）	
接前頁			513	05
刮猪刨	個	1		20
小鉄鉤	個	41	2	05
大小沙缸	口	4	4	00
鉄通条	根	1		20
花籃	担	1		20
洒水壺	把	2		60
洋鏟	把	35	17	50
洋鍬	把	22	2	20
鐵叉	把	1		50
花缽	個	1500	15	00
斛桶	只	1		40
水筒	只	1		40
洋燭模型	支	20	20	00
模型磚台	個	3	6	00
洋鐵盤	個	5	2	00
洋鉄箱	個	5	2	00
銅水咀	個	5		50
過次頁			586	80

受損失者：江西省立吉安民生工廠

財產損失報告單

0291

事件：日機轟炸
日期：二十七年10月三日
地點：江西省南昌市民德路118號

第19頁

損失項目	單位	數量	價值（國幣元）	
接前頁			586	80
鉄鏟刀	個	5		50
漂缸	個	1	2	00
盤秤	個	1		40
白磁盆	個	7	2	10
白鉄水管	根	1		30
大小木盂	個	6		60
剪刀	把	4		80
通水溝	条	1		20
水泥池	口	1	2	00
色燭盒	個	10	1	00
案板	副	1	1	00
木桶	只	1		40
洋鉄漏斗	個	5		50
方櫈子	個	23	4	60
帳棚	項	1	2	00
貨架	只	1	1	00
送貨箱	個	4	1	00
過次頁			607	20

受損失者：江西省立吉安民生工廠

財產損失報告單

0290

事件：日機轟炸
日期：二十七年10月三五日
地點：江西省南昌市民德路118號

第20頁

損失項目	單位	數量	價值（國幣元）	
接前頁			607	20
破腳踏車	部	2	10	00
土車	部	2	4	00
五格櫥	頂	2	6	00
櫥窗	只	3	3	00
直招牌	塊	4	2	00
橫招牌	塊	1	1	00
皂鍋	口	1	10	00
鍋蓋	只	4	2	00
晒架	個	30	12	00
木架	個	119	19	20
竹泡子	把	10		10
瓦盆	個	3	1	20
瓷盆	個	4	1	20
鉄板肥皂鍋	只	1	20	00
錆皮冷槽	只	4	2	00
白鉄烟筒	節	6	1	20
水缸	只	1	1	00
過次頁			703	10

受損失者：江西省立吉安民生工廠

財產損失報告單

0289

事件：日機轟炸

日期：二十七年10月三日

第21頁　地點：江西省南昌市民德路118號

損失項目	單位	數量	價值（國幣元）	
接前頁			703	10
大比秤	把	1	1	00
白銅刀	把	2		40
把斗	個	3		30
晒肥皂架	個	20	4	00
晒粉筆架	個	18	3	60
冷擋木套	只	4		80
大連肥木架	個	26	5	20
廣鍋	口	1	3	00
臉盆	個	1		40
雕印子	副	1	1	00
雕肥皂印	副	1	1	00
角羊肥皂木套	個	10	2	00
雕肥皂模	套	1	1	00
木櫃台	具	1	2	00
门面	副	1		30
玻璃窗户	副	1	2	00
玻璃櫃	只	4	4	00
過次頁			735	10

受損失者：江西省立吉安民生工廠

財產損失報告單

0288

事件：日機轟炸

日期：二十七年 10月 三五日

地點：江西省南昌市民德路 118號

第 22 頁

損失項目	單位	數量	價值（國幣元）	
接前頁			735	10
玻璃櫃窗	只	1	2	00
鏡框	個	3	1	20
玻璃瓶	只	29	2	90
貨櫥	頂	1	4	00
作板	張	2	1	00
土車	部	1	2	00
鑄反模型	只	5	1	00
油衣	件	1	2	00
合計			751	20

受損失者：江西省立吉安民生工廠

0287

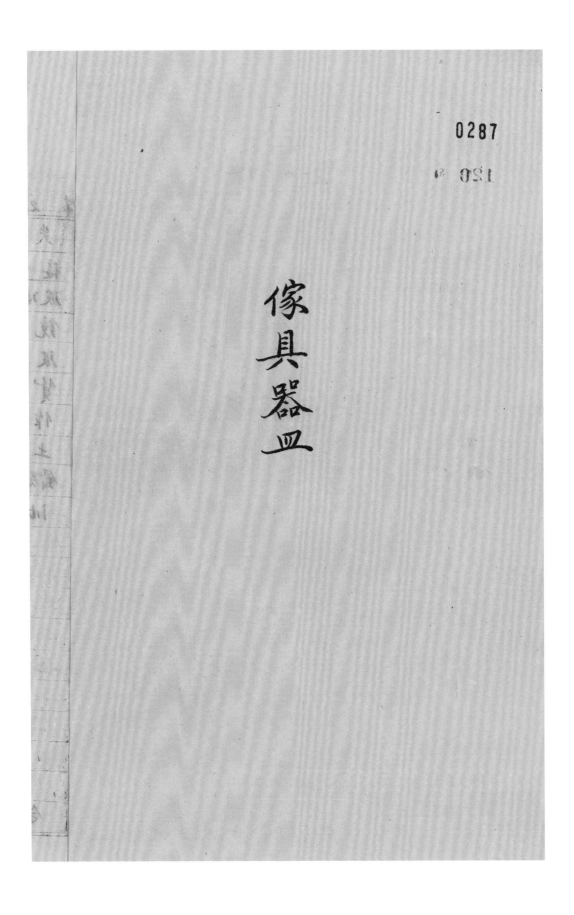

傢具器皿

財產損失報告單

0286

事件：日機轟炸

日期：二十七年10月三日

地點：江西省南昌市民德路118號

損失項目	單位	數量	價值（國幣元）	
德式床	張	1	10	00
三斗桌	只	34	40	00
茶几	只	18	9	00
交椅	把	53	26	50
痰盂	只	25	7	50
衣架	個	3	1	50
報架	個	11	5	50
窗布	塊	22	4	40
裁書刀	把	2	1	00
裁書板	塊	1	1	00
釘書機	架	1	4	00
磨刀石	塊	2	1	00
佈告欄	個	1	1	00
鏡架	塊	28	4	12
洗面盆	個	5	2	50
洗面架	個	61	61	00
值日牌	塊	4	2	50
方櫈	個	81	32	40
過次頁			214	92

受損失者：江西省立吉安民生工廠

財產損失報告單

0285

118

事件：日機轟炸
日期：二十七年10月三日
地點：江西省南昌市民德路 118號

第 2 頁

損失項目	單位	數量	價值（國幣元）	
接前頁			214	92
四斗桌	張	1	1	50
三脚架	個	1		28
木板箱	只	3	1	50
玻璃燈	盞	5	1	50
蔴布袋	個	12	3	60
鉄圈卷	個	4		80
二斗桌	只	41	54	40
五斗桌	只	6	12	00
摇椅	把	3	3	00
皮包	個	1	1	00
長交椅	把	1	1	00
葯櫃	個	1	2	00
長條櫈	條	4	1	20
診察床	張	1	1	00
手術床	張	1	1	00
長條桌	只	63	63	00
茶桌	張	2	2	00
過次頁			365	70

受損失者：江西省立吉安民生工廠

財產損失報告單

0284

事件：日機轟炸

日期：二十七年十月三日

地點：江西省南昌市民德路118號

第3頁

損失項目	單位	數量	價值（國幣元）	
接前頁			365	70
保險櫃	個	2	40	00
貨架	個	4	80	00
球台	只	2	4	00
樓梯	把	80	40	00
站櫃	頂	14	56	00
木板架床	副	243	729	00
䏻床	張	60	180	00
書架	個	5	2	50
墨板	塊	4	4	00
長欖	条	5	1	00
小条桌	張	119	119	00
玻璃瓶	個	5	1	00
冰鉄桶	担	23	23	00
架廚	套	5	10	00
荷葉灯	盞	4	2	00
太平水桶	只	22	44	00
桌欖	套	27	54	00
過次頁			1755	20

受損失者：江西省立吉安民生工廠

財產損失報告單

0283

事件：日機轟炸

日期：二十八年 四 月 三 日

地點：江西省南昌市民德路 118號

第 4 頁

損失項目	單位	數量	價值（國幣元）
接前頁			1755.20
布風扇	把	4	4.00
大算盤	把	7	14.00
蜜告箱	只	1	1.00
銅瓢皮	個	1	2.00
蒼蠅瓶	個	6	2.40
揭片牌	塊	1	1.00
汽燈罩	個	1	.20
櫈面	塊	7	1.40
炕床	張	1	3.00
肥皂担	担	3	3.00
廣告牌	塊	2	1.00
茶桶	個	1	1.00
值日帶	根	1	1.00
籐椅子	把	2	1.00
竹床	張	2	1.40
方桌	張	37	37.00
洗面台	個	5	5.00
過次頁			1834.60

受損失者：江西省立吉安民生工廠

財產損失報告單

0282

事件：日機轟炸

日期：二十七年10月三日

第 5 頁　　地點：江西省南昌市民德路 118號

損失項目	單位	數量	價值（國幣元）	
接前頁			1834	60
圓櫈	個	12	6	00
鬧鐘	個	12	10	00
桌布	塊	2	4	00
木櫥	頂	26	52	00
鉄床	張	13	26	00
门簾	塊	14	7	00
火盆	個	10	5	00
尿桶	個	2	1	00
杉櫈	条	26	5	20
老式收音机	架	1	30	00
脚踏車	部	1	15	00
大菜桌	張	1	5	00
聯櫈	副	30	12	00
浴盆	只	6	3	00
木床	張	3	6	00
竹靠椅	把	3		60
鋪板	副	67	53	60
過次頁			2076	00

受損失者：江西省立吉安民生工廠

財產損失報告單

0281

事件：日機轟炸

日期：二十七年10月三五日

地點：江西省南昌市民德路 118號

第 6 頁

損失項目	單位	數量	價值（國幣元）
接前頁			2076.00
条櫈	条	43	8.60
派差水牌	塊	1	.50
四方面架	個	6	3.00
箱架	個	1	.50
貨担	担	2	4.00
玻璃風门	塊	22	22.00
脚踏車燈	個	1	.50
收音机	架	1	20.00
電器箱	個	1	5.00
破烱小鉄鍋	口	33	33.00
鼎鑽	個	4	2.00
大玻璃磚	塊	1	5.00
大小玻璃	塊	196	39.20
院衔牌	塊	7	7.00
蔴布袋	個	22	6.60
櫃台	個	1	5.00
米缸	口	2	2.00
過次頁			2239.90

受損失者：江西省立[illegible]

財產損失報告單

0280

事件：日機轟炸
日期：二十七年10月三日
地點：江西省南昌市民德路118號

第7頁

損失項目	單位	數量	價值（國幣元）	
接前頁			2239	90
飯甑	個	15	15	00
飯剷	個	2		20
菜架	個	1		40
水桶	只	43	17	20
水瓢	個	8		40
水杓	個	2		10
菜板	個	2		60
大小鍋子	只	10	10	00
火箝	把	12	2	40
煤剷	個	2	1	00
案板	副	4	4	00
水缸	口	2	4	00
飯杓	把	15		30
飯碗	只	170	1	70
菜碗	只	49		98
洋鋁菜盆	只	35	1	75
調羹	把	21		21
過次頁			2300	14

受損失者：江西省立吉安民生工廠

財產損失報告單

0279

911

事件：日機轟炸
日期：二十七年10月三五日
地點：江西省南昌市民德路118號

第8頁

損失項目	單位	數量	價值 (國幣元)	
接前頁			2300	14
菜刮	把	15	1	50
菜刀	把	7	3	50
油罐	個	2		16
鹽缸	個	1	1	10
洋油瓶	個	3		60
大碗橱	項	3	6	00
飯桶	個	15	6	00
米櫃	個	1	1	00
油鉢	個	1		10
鹽鉢	個	1		10
脚盆	個	7	3	50
篾籮	個	4	1	20
鉄輪子	個	1		20
洋灯	盏	1		40
馬灯	個	1	1	00
吊灯	個	2		40
竹洗箕	個	5		25
過次頁			2327	15

受損失者：江西省立吉安民生工廠

財產損失報告單

0278

事件：日機轟炸
日期：二十七年10月三日
地點：江西省南昌市民德路 118號

第 9 頁

損失項目	單位	數量	價值（國幣元）	
接前頁			2327	15
扁担	根	4		20
洋鉄桶	個	3	1	50
柴炉	個	3		60
酒盅	個	10		20
碗碟	個	8		16
醬油碟	個	2		04
德式幼罩	個	1	1	00
托盤	個	5	2	00
提水桶	個	12	3	60
鍋蓋	個	8	1	60
筷子	双	40		10
鉄通条	根	1		20
煤杓	根	1		10
水杓	個	1		03
合計			2338	48

受損失者：江西省立吉安民生工廠

0277

011

服裝

0276

財產損失報告單

0276

事件：日機轟炸

日期：二十七年十月三十五日

地點：江西省南昌市民德路118號

第1頁

損失項目	單位	數量	價值（國幣元）	
破爛棉被	床	33	33	00
舊單衣褲	套	95	95	00
舊裹腿	双	41	4	10
舊便帽	頂	79	7	90
舊布枕	個	17	1	70
藍制服	套	3	3	00
灰制服	套	1	1	00
舊藍棉衣褲	件	42	42	00
青棉衣	套	2	4	00
灰大衣	件	1	3	00
青大衣	件	6	14	20
草席	条	33	6	60
洋布袋	個	15	1	50
合計			217	00

受損失者：江西省立吉安民生工廠

附（四）江西省民生火柴厂官商联营事业财产间接损失报告表（一九三九年十二月十五日）

江西省民生火柴廠

官商聯營事業財產間接損失報告表

工業部份 文

中華民國28年12月15日

分		類	數額（單位：國幣元）
可能生產額減少			212,160元
可能獲利額減少			62,160元
費用之增加	拆遷費		
	防空費		
	救濟費		
	撫卹費		

說明：一、本表由二十八年四月至六月三十日止。

二、「可能生產額」與「可能獲利額」之減少為照本廠營業概算數填入。

江西省民生火柴廠 圖記

江西省战时贸易部关于填报一九四一年六月一日起至十月底止财产直接损失报告单致省建设厅的函
（一九四一年十一月二十日）

0037

025

（函送三十年六月一日起至十月底止财产直接损失报告单由）

奉

钧厅建分秘字第九九三七号函暨附发修正抗战损失查报须知一份，关于此项须知补报事项，嘱将自抗战发生之日起，至二十八年六月底以前之财产直接损失，于奉到此项须知后一个月内追查明确，及二十八年七月一日以後之损失，依照规定分次填具单表备报等因，自应遵办。查本部财产直接损失，已报至三十年五月底在卷。兹将三十年六月一日至十月底止财产直接损失，填具财产损失报告单一份，随函赍送，敬祈

察核汇转为祷。

此上

江西省战时贸易部公事用笺

驻在地址：泰和区村

电报挂号：六七八九

总字第08793号

建分字第12575号 11 20

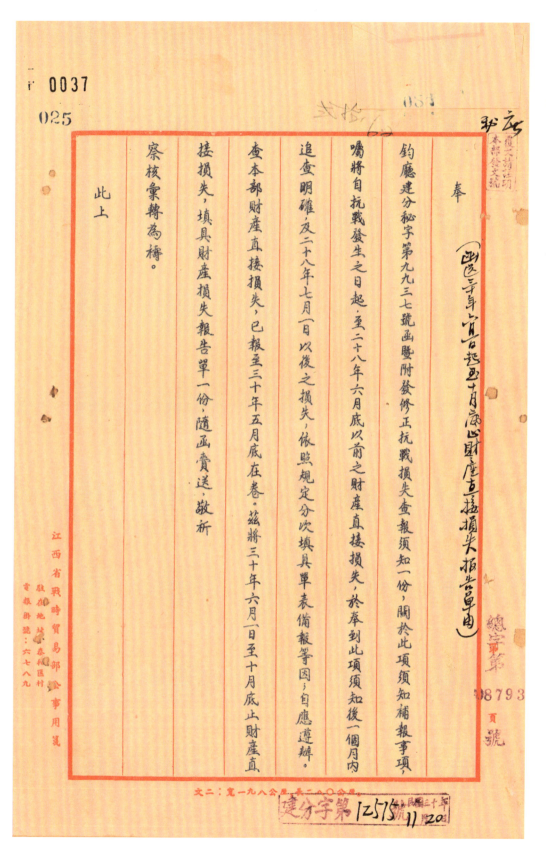

文二：宽一九八公厘，长二八〇公厘

0038

026

江西省政府建設廳

附報告單一份

江西省戰時貿易部

謹啟

中華民國卅年十一月貳拾日

第 頁

江西省戰時貿易部公事用箋
駐在地：泰和匡村
電報掛號：六七八九

文二：寬一九八公厘，長二八〇公厘。

四科呈閱

0039

027

財產損失報告單

事件：日機轟炸

日期：三十年八月四日

地點：衡　陽

自三十年六月至十月　　　　填送日期：三十年十一月十七日

損失項目	單位	數量	價值（元）
鎖頭	聽	650	1,625.00
藥棉	磅	150	570.00
藥布	〃	18	106.20
印花布	疋	1	30.00
彩花布	〃	1	30.00
彩花夏布袍料	件	1	12.00
綜棚木床	張	1	24.00
辦公桌椅等器皿			42.90

受損失者：江西省戰時貿易部

代報者：楊緯庵

附：财产损失报告单（一九四一年十一月十七日）

财政部江西税务管理局一九四一年度七至十二月及一九四二年度税收损失报告表（一九四三年六月二十二日）

063

财政部江西税务管理局

税收损失报告表

（卅一年度七至十二月）　填报日期32年6月22日

税目	可能收数（元）	实收数（元）	损失数（元）
总计	18,400,000	11,845,880	6,554,120
所得税	5,000,000	3,301,460	1,698,540
利得税	7,000,000	5,024,759	1,975,241
遗产税	400,000	7,387	392,613
印花税	1,000,000	281,110	718,890
营业税	5,000,000	3,228,164	1,771,836

报告者吴○○

A4（210×297公厘）

财政部江西税务管理局

税收损失报告表

（卅一年度）

填报日期 32年6月22日

税目	预算收数（元）	实收数（元）	损失数（元）
总计	70,000,000	49,266,766	20,733,234
所得税	13,000,000	8,288,500	4,711,800
利得税	25,000,000	18,737,467	6,262,533
遗产税	1,000,000	73,202	926,798
印花税	3,000,000	1,026,244	1,973,756
营业税	28,000,000	21,141,353	6,858,647

报告者 吴〇〇

062

税务署关于依照格式速报一九四一年一月至一九四三年三月抗战损失调查表致江西区税务局的代电（一九四三年六月二十二日）

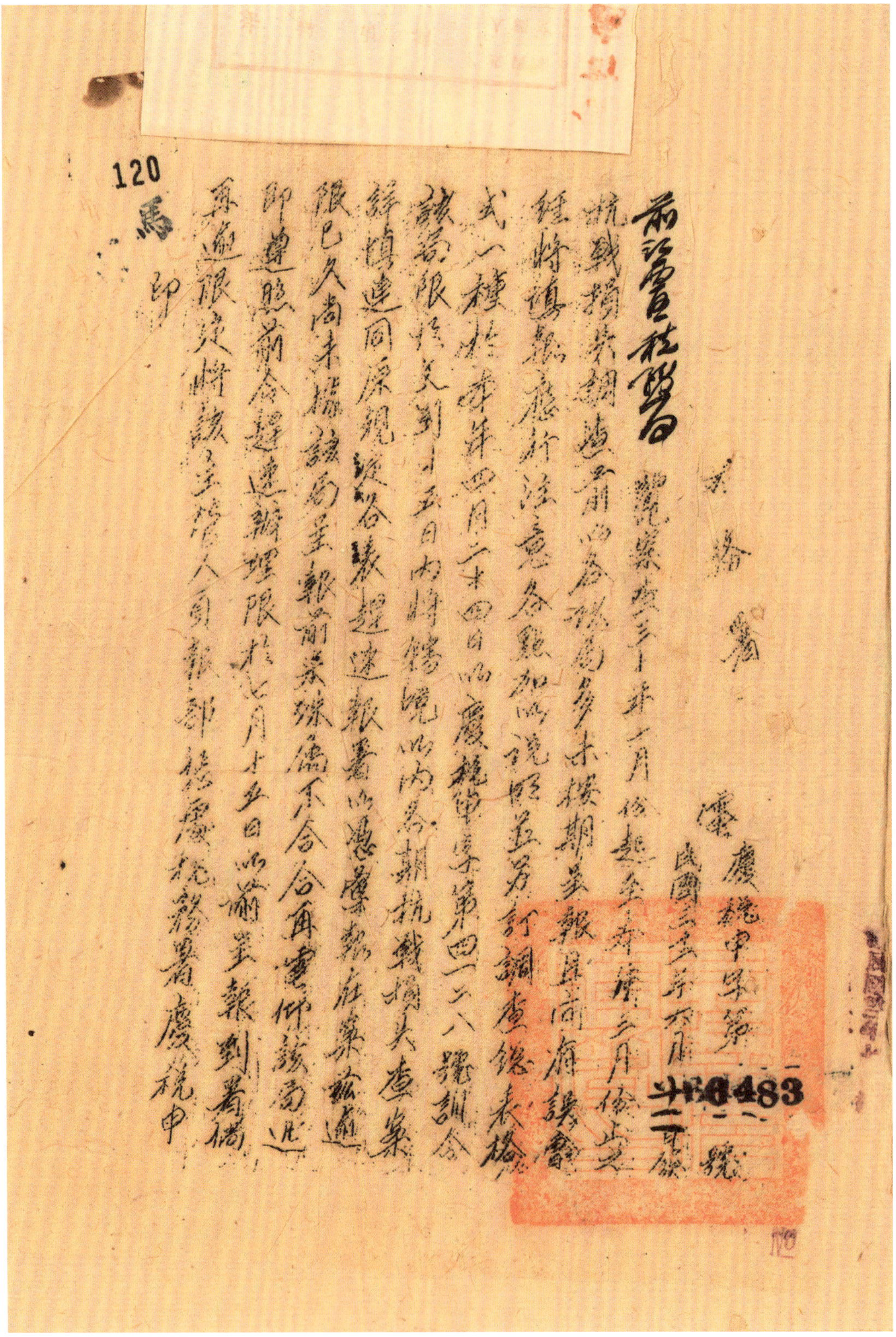

江西省贸易股份有限公司关于查报该公司抗战以来财产损失表致省建设厅的呈（一九四三年十二月二十日）

0116

076

第一股

總字第02870號

呈

事由：遵送本公司抗戰以來財產損失表由

案奉

鈞廳本年十一月三十日(廿)建分五字第八八〇九號函以奉令轉

飭查報抗戰以來直接間接損失囑即查報等因附查報原則

一份表式四份奉此自應遵辦茲編具本公司抗戰以來財產

損失表相應函復敬祈

察核

謹上

江西省政府建設廳

江西省貿易股份有限公司公事用箋

駐在地址：泰和匡村

電報掛號：六七八九

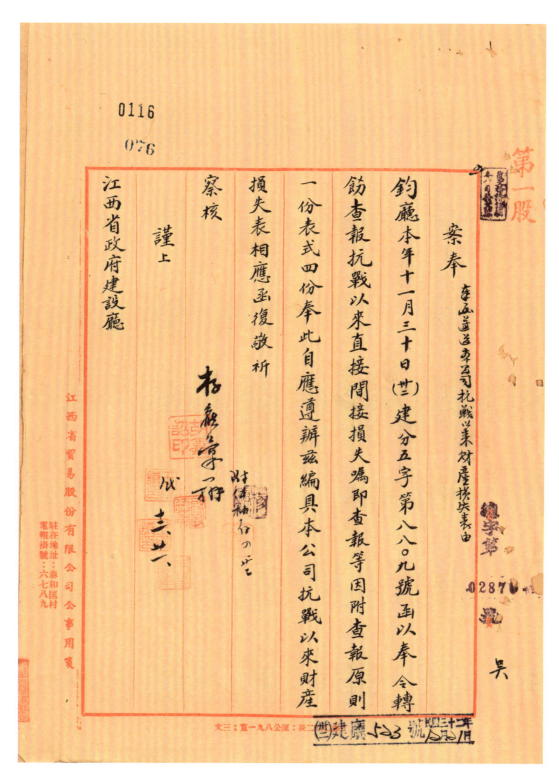

(卅二)建廳523號 卅二年12月

0117

077

附陈抗战以来财产损失表一份。

江西省贸易股份有限公司

谨启

中华民国卅二年十二月贰拾日发出

十二月二十日

江西省贸易股份有限公司公事用笺

驻在地址：乐和园村
电报挂号：六七八九

第 页

文三：宽一九八公厘；长二八〇厘·

附：江西省贸易公司七七抗战以来财产损失表

0118
078 35,655
226399

江西省貿易公司七七抗戰以來財產損失表

損失物品	總值		地點	時間	附記及事由
商品	二〇，六〇八	五六		二十八年一月一日	樂辦處移交廣州存貨。
商品	一六二，六七二	〇九	南昌溫圳	二十八年一月	南昌撤退時機米損失。
定金	一〇四，〇八七	九五	南昌、豐城、溫圳	仝右	預付谷米商購米定款，與南昌撤退損失。
商品	二一三	四九	溫圳	十月廿七日	南昌撤退時損失。
商品	一六，〇〇〇	〇〇	汕頭	十二月三十日	汕頭淪陷損失。
車船	二五，九六五	六八	南昌	六月三十日	南昌撤退時損失。
車船	九，六九〇	〇〇	蓮花	十二月三十日	被炸。
戰區材料	一〇，四七三	八五	南昌	六月三十日	南昌撤退時損失。

江西省貿易股份有限公司

文六：寬一九八公厘・長二八〇公厘・

0119

各種油類	一三，九五九	五九	南昌	六月三十日	南昌撤退時損失。
私人因公損失補助費	二，五七一	九〇	緣坡、福州	三十年十月十八、三日	
商品	二〇四，九六三	九七	香港	十一月廿五日	港變後貨陷敵手。
商品	六，五一〇	〇〇	仝右	三十一年六月十五日	港處購米被敵搶劫。
商品	五六，六八一	七一	福州	八月廿七日	福州淪陷損失。
商品	四，九一五	六三	榕、港	八月十九、廿四日	補去年榕港淪陷損失。
財產	一四〇，〇〇〇	〇〇	港、滬	十一月廿二日	港滬處淪陷後損失估計如上數。
財產	五四，〇一四	一〇	諸暨	六月廿五日	諸暨陷敵損失。
戰區存款及存貨	一一三，九四一	三一			
存款	五，八〇〇	〇〇	香港	三十一年六月十五日	港處被敵掠奪。

江西省貿易股份有限公司

文六：寬一九八公釐・長二八〇公釐・

0120

079

商品	一〇〇,〇〇〇	〇〇	南城	三十一年五月	南城淪陷損失。
商品	九〇,四〇〇	〇〇	鷹潭	仝右	鷹潭淪陷損失。
商品	一七,六〇〇	〇〇	金華	仝右	金華淪陷損失。
財產	七,八〇〇	〇〇	南城	仝右	南城淪陷損失。
財產	一八,四〇〇	〇〇	鷹潭	仝右	鷹潭淪陷損失。
財產	八,四〇〇	〇〇	金華	仝右	金華淪陷損失。
撤退費	五一,六〇〇	〇〇		三十一年	吉、金、鷹、南、寧、泰、撫等處報來
疏散費	一三九,五〇〇	〇〇		仝右	仝右
私人因公損失補助費	一五,四〇〇	〇〇		仝右	仝右
搶運費	六七,八〇〇	〇〇		仝右	仝右

文六：寬一九八公釐·長二八〇公釐·

705,194

0121

遣散費	二〇〇	〇〇
合計	一、四七〇、一六九	八三

三十一年五月吉、金、鷹、南、寧、泰、樟等處報來。

江西省貿易股份有限公司

文六：寬一九八公釐·長二八〇公釐·

像我得填

江西稅務管理局所屬機關
抗戰損失調查表
三十年一月至三十二年三月

時期	財產直接損失	稅收損失	財產間接損失	附表份數			
				表式(3)	表式(4)	表式(24)	表式(26)
三十年一至十二月		2044,000-				1	
三十一年一至三月		1620,000-				1	
三十一年四至六月		1770,000-				1	
三十一年七至九月	45848.27	2290,000-	395865.26	1	1	1	1
三十一年十至十二月		1160,000-				1	
三十二年一至三月		1506,000-				1	

製表 江西稅務管理局局長

132

（表式3）

事件：日军进攻
日期：30年7—9月
地点：赣东

财产损失报告单

填送日期　年　月　日

损失项目	单位	数量	价值
衣物	件	196	27,367.00
其他	〃	29	1,165.00
合计	件	225	28,532.00

受损失者名局所职员
代报者　江西邮政管理局

财产直接损失报告单 受损失者 金醒吾 120 （表式3附表）

分类 / 受损失者	衣物 单位	数量	价值	现金	其他 单位	数量	价值	说明
甘浩然	件	12	2980-					萍浏路清江段[illegible]办公室
金吟章	件	8	1670-		件	3	170-	〃 〃
余蔚	件	10	1320-		件	2	140-	〃 〃
郭久福	〃	11	1200-		〃	1	80-	〃 〃
蒋伟	〃	15	2865-		〃	1	160-	〃 〃
戴鸿三	件	42	3920-		〃	13	80-	乐平路驻徐家埠办公室
黄国峻	〃	13	3800-		〃	1	200-	〃 〃 余干办公室
鲍文谟	〃	7	1400-		〃	1	100-	〃 〃 〃
罗济	〃	20	[illegible]5-		〃	1	30-	〃 〃 〃
蔡佑林	〃	9	700-		〃	2	40-	〃 〃 〃 驻供应站地
张兆祖	〃	7	1617-		〃	1	20-	〃 〃 〃
李克成	〃	18	1500-		〃	2	135-	〃 〃 驻黄埠 〃
黄雨贤	〃	9	1200-					〃 〃 〃
范伟	〃	15	660-		〃	1	10-	〃 〃 〃
夏淦文			300-					〃 〃 部务办公室
桂燕根			200-					
詹春红			200-					
曹飞奇			200-					
曹克吾			200-					
李平安			100-					
合计	件	196	27,367-					

江西区税务局及所属机关 事件：日军进攻 日期：31年7月 地点：赣东各县 财产直接损失汇报表 （表式4）

填送日期 年 月 日

分类	价值
共计	17,316.27
器具	6,507.00
现款	9,074.27
票照	37579张
文卷	16宗
其他	1,735.00

附财产损失报告单 [illegible] 张

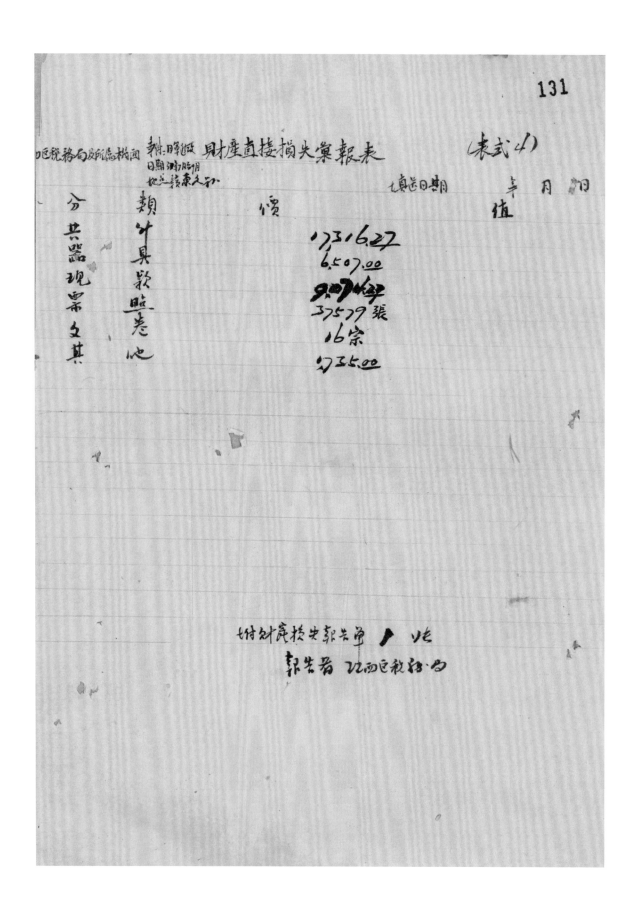

报告者 江西区税务局

財產直接損失報告單　受損失者 [illegible]　（表式4附表）

機關名稱	器具 單位	器具 數量	器具 價值	文卷 單位	文卷 數量	文卷 價值	票照 單位	票照 數量	票照 價值	現款 金額	其他 單位	其他 數量	其他 價值	說明
臨川分局	件	200	4227							5714.27	件	32	895	
東平分局	"	[illegible]	1500	宗	16		張	37579			"	142	450	損失票照內有1220張為未用建築[illegible]
蒲圻 "	"	20	180							3360	"	20	190	現款系損失違章款224斤@以15元計
樟樹辦事所	"	47	600								"	28	200	
總計			6507							9074.27			1735	

224
15
1120
224
3360

129

稅收損失報告表

（表式24）

（三十年一至十二月）

填送日期32年8月　日

稅目	可能收數	實收數	損失數
總計	8247198.58	6203198.58	2044000-
鑛產稅	1055636.22	911636.22	144000-
捲菸稅	408797.87	288797.87	120000-
火柴稅	520095.63	320095.63	200000-
棉紗稅	276140.52	126140.52	150000-
麥粉稅	85418.12	35418.12	50000-
糖稅	1963808.47	1663808.47	300000-
火酒稅	151097.86	21097.86	130000-
飲料品稅	151297.80	1298.10	150000-
~~茶葉稅~~	~~306~~		
菸稅	3067655.49	2567655.49	500000-
酒稅	587250.30	287250.30	300000-

報告者前江西區稅務局

税收損失報告表 （表式24）

（三十一年至三月）　　　　填送日期32年8月　日

税目	可能收数	寔收数	損失数
總計	7470316.92	5850316.92	1620000.00
礦產税	627718.03	577718.03	50000.00
捲菸税	352071.00	252071.00	100000.00
火柴税	351354.31	221354.31	130000.00
棉紗税	285704.29	135704.29	150000.00
麥粉税	36737.70	6737.70	30000.00
糖税	754927.19	664927.19	90000.00
火酒税	69771.86	29771.86	40000.00
飲料品税	30000.00		30000.00
菸〃税	724149.19	624149.19	100000.00
箔税	374809.97	274809.97	100000.00
戰時消費税	38[illegible]3073.38	3063073.38	800000.00

報告者江西區税務局

127

税收损失报告表 (表式21)

(三十一年四至六月)　　　　填表日期32年8月　日

税目	可能收数	实收数	损失数
总计	6,947,844.12	5,177,844.12	1,770,000-
锡箔税	555,636.91	475,636.91	80,000-
捲菸税	398,907.83	278,907.83	120,000-
火柴税	460,819.56	310,819.56	150,000-
棉纱税	434,272.81	284,272.81	150,000-
麦粉税	38,134.68	8,134.68	30,000-
糖税	906,458.45	816,458.45	90,000-
火酒税	109,717.20	69,717.20	40,000-
饮料品税	30000-	—	30,000-
茶叶税	172,697.20	92,697.20	80,000-
菸税	988,847.98	888,847.98	100,000
酒税	345,621.99	245,621.99	100,000-
战时消费税	2,506,729.51	1,706,729.51	800,000-

报告者前江西区税务局

税收損失報告表

（表式24）

（三十一年至十二月）　　填送日期32年8月　日

税目	可能收數	實收數	損失數
總計	7224779.19	5434779.19	2290000-
礦產税	558,211.20	438,211.20	120,000-
捲菸税	628,189.74	508,189.74	120,000-
火柴税	486,910.00	296,910.00	190,000-
棉紗税	445,312.73	245,312.73	200,000-
麥粉税	36,660.30	6,660.30	30,000-
糖税	1,443,281.56	1,343,281.56	100,000-
火酒税	124,033.25	84,033.25	40,000-
飲料品税	30,160-	160-	30,000-
箔税	1,542,356.44	1,392,356.44	150,000-
酒税	293,619.67	173,619.67	120,000-
戰時消費税	1,790,770.04	690,770.04	1,100,000-
菸葉税	345,274.29	255,274.29	90,000-

報告者前江西區税務局

125

损失報告表

(表式24)

(三十一年十至十二月)

填表日期32年8月

税目		實收數	損失數
總計	57.40	4622,557.40	1160000.00
礦產税	0.55	369,640.55	120,000-
捲菸税	35.18	736,035.18	120,000-
火柴税	48.21	252048.21	190,000-
棉紗税	4.98	149,644.98	200000-
麥粉税	8.52	11,238.52	30,000-
糖税	6.37	643,976.37	100,000-
火酒税	3.77	67,203.77	40000
飲料品税	0.00		30000
茶葉税	4.29	67,644.29	80,000-
烟葉税	8.55	188,107.85	150,000-
酒税	7.18	364,147.08	100000-

報告者 贛西區税務局

税收損失報告表

（表式24）

（三十二年一至三月）　　　　填送日期　32年8月　日

税目	可能收數	實收數	損失數
總計	9932,082.32	8426082.32	1506,000.00
礦產稅	447,393.28	327,393.28	120,000-
捲菸稅	1585604.10	1385604.10	200,000-
火柴稅	674,303.25	424303.25	250,000-
棉紗稅	485901.49	245901.49	240,000-
麥粉稅	43783.15	13783.15	30,000-
糖類稅	250463.52	150,463.52	100,000-
飲料品稅	30,000-	——	30,000-
茶葉稅	488554.87	388554.87	100,000-
竹木稅	31312.31	16312.31	15,000-
磁陶稅	8566.32	2566.32	6,000-
皮毛稅	10652.40	4652.40	6,000-
錫箔稅	30,344.66	21,344.66	9,000-
菸稅	4626227.99	4426,227.99	200,000-
酒稅	1218974.98	1018974.98	200,000-

報告者浙江西區稅務局

130

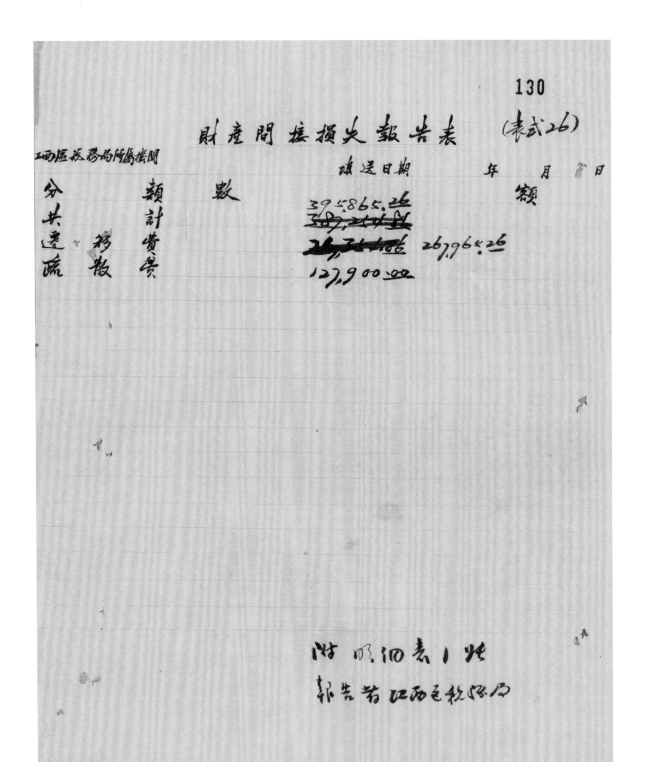

財產間接損失報告表 (表式26)

江西區稅務局所屬機關

填送日期　　年　月　日

分　類	數　額
共　計	395,865.26 ~~[illegible]~~
遷移費	~~[illegible]~~ 267,965.26
疏散費	127,900.00

附明細表1張

報告者 江西區稅務局

財產間接損失報告表 121 表式26附表

機關名稱 / 分類數額	合計	遷移費	疏散費
[illegible]	8,610.40	8,610.40	
臨川〃	36,570.00	14,570.00	22,000-
吉安〃	9,595.00	4,595.00	5,000-
萍鄉〃	6,684.46	2,234.46	4,450-
上饒〃	260,808.20	196,858.20	63,950-
樂平〃	31,250.00	6,000.00	25,250-
鷹潭查驗所	17,880.00	17,880.00	尚未報到
樟樹查驗所	24,467.20	17,217.20	7,250-
合計	[illegible]	[illegible]	127,900.00
	395,865.26	267,965.26	

泰和县商会关于报告寇灾损失请转呈急赈致江西全省商会联合会的代电（一九四五年十月十七日）

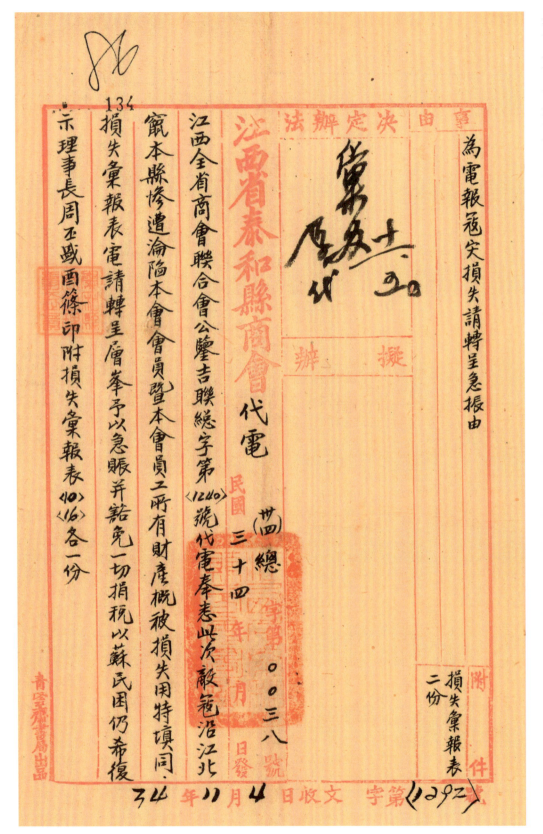

事由：為電報寇灾損失請轉呈急振由

附件：損失彙報表二份

辦法決定：備案

擬辦

江西省泰和縣商會代電　民國三十四年　月　日發　（卅四）總字第〇〇三八號

江西全省商會聯合會公鑒：吉聯總字第〈1240〉號代電奉悉。此次敵寇沿江北竄，本縣慘遭淪陷，本會會員暨本會會員工所有財產概被損失，用特填同損失彙報表，電請轉呈層峯予以急賑，并豁免一切捐稅，以蘇民困，仍希復示。

理事長周丕盛酉篠印

附損失彙報表〈10〉〈16〉各一份

34年11月4日收文　字第（1292）號

87

民（1）營事業財產直接損失彙報表（表式10）

（商業部份）

事件：（2）敵寇淪陷

日期：（3）民國三十四年七月二十二日至民國三十四年七月二十六日

地點：（4）泰和縣城區

135　　填送日期三十四年　十　月　　日

分類		單位	數量	查報時之價值（國幣元）
共計		——	——	619.000.000.00
房屋	店房	棟	四百幢	320.000.000.00
	（5）住宅	棟	二百幢	100.000.000.00
器具		件	45.000.	45.000.000.00
現款		元		15.000.000.00
存貨		件	60.000.	90.000.000.00
運輸工具	車	輛		
	船	艘		
衣物		件	15.000.	15.000.000.00
其他			金銀飾器圖書	34.000.000.00

泰和縣商會理事長周丕盛

調查專員（簽蓋）　　縣長（6）（簽蓋）　　報告者鄉鎮長或事業主持人（簽蓋）

說明：1.如爲省營則填『省』字，縣營則填『縣』字，民營則填『民』字，並於其前塡明該省市縣名稱。

2.即發生損失之事件，如日機轟炸日軍進攻等。

3.即事件發生之日期，如某年月日或某年月日至某年月日。

4.即事件發生之地點，如某市某縣某鄉某鎮某村等。

5.城區房屋除店房及機關學校農鑛工銀行等各業房屋外，一律視爲住宅塡入本欄。

6.如爲省營應改爲省主管官署長官簽蓋，調查專員簽蓋從缺。

附（二）泰和县商会员工财产直接损失汇报表（一九四五年十月）

88

泰和縣商會員工財產直接損失彙報表（表式16）

（機關學校或公營事業名稱）

136　　填送日期三十四年十月　日

分類	查報時之價值（國幣元）
共計	30.859.000.00
房屋	4840.000.00
器具	11171.000.00
衣物	9008.000.00
現款	4000.000.00
圖書	863.000.00
其他	977.000.00

附財產損失報告單 一 張

主管長官（簽蓋）理事長周丕盛 [印] 填表人（簽蓋）馮舒雲 [印]

說明：1.本表根據本機關各個員工財產損失報告單彙製。

2.主管長官及製表人應將報告單嚴加審核，如填報不實，應連帶負責。縣級機關學校或公營事業並加由調查專員簽蓋。

泰和縣商會員工財產損失報告單

民國三十四年七月二十三日敵竄沿江北岸之損失

姓名	共計	房屋	器具	衣物	現款	圖書	其他	備註
周丕盛	四百三十七萬元	八萬元	壹百萬元	二百萬元	一百二十萬元	九萬元	/	
劉萍生	一百九十萬元	十萬元	一百二十萬元	三十萬元	十五萬元	五萬元	耕牛四頭估六萬元猪四頭四萬元	
劉斗南	一百九十弍萬元	二十五萬元	五十萬元	三十萬元	八十萬元	七萬元	/	
彭續榜	一百二十八萬元	十五萬元	五十萬元	四十萬元	十七萬元	六萬元	/	
劉文德	一百三十八萬元	八萬元	三十萬元	五十萬元	二十萬元	三十萬元	/	
周貫群	一百一十三萬五千元	三十萬元	四十萬元	二十萬元	十五萬元	八萬五千元	/	
徐衡材	壹仟三百萬元	三百萬元	六百萬元	三百五十萬元	四十八萬元	二萬元	/	
歐陽坎	壹百四十萬元	三十五萬元	四十萬元	弍十萬元	四十萬元	五萬元	/	

138

李子榮	壹百弍十萬元	四十萬元	拾伍萬元	四十萬元	弍十萬元	五萬元	
康完全	七十四萬元	/	五十萬元	拾萬元	弍万元	/	耕牛五头伍拾萬元牸二头二萬元
陳厚祸	一百卅五萬九千元	拾萬元	四萬四仟元	五十萬元	六万伍仟元	三万元	六十二万元（樟腦等）
董祿溥	拾萬零七仟元	壹万元	五萬元	三万元	五千元	/	猪壹頭伍壹万弍千元
馮舒雲	拾五萬伍千元	/	壹万伍千元	七萬元	二萬元	伍萬元	
王伯芳	三十四萬元	/	二萬元	拾弍萬元	拾萬元	/	被敵殺死親屬一人本人并被槍傷医药費拾万元
王行禮	二萬三千元	/	壹万元	八萬元	五千元	/	/
徐義壇	三十五萬元	/	壹万弍仟元	三十萬元	壹万五千元	八萬元	耕牛壹頭伍壹万五千元
康光輝	九萬元	/	三萬元	三萬元	弍萬元	/	耕牛壹头價壹万元
蕭義衛	拾壹万元	二萬元	四萬元	五萬元	/	/	/

合共 夕

[illegible]縣馬家耕供銷消費合作社印

90

139

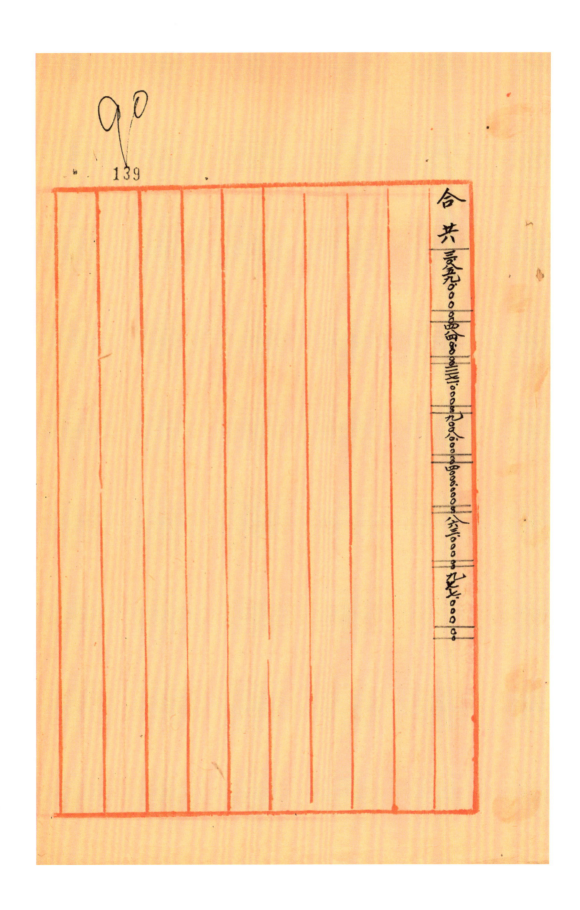

合共三百五九〇〇〇〇〇四四〇〇〇〇三三〇〇〇〇九〇八〇〇〇〇四〇〇〇〇〇八三〇〇〇九七〇〇〇〇

余江县商会关于查报抗战期间公私损失致江西全省商会联合会的代电（一九四七年八月六日）

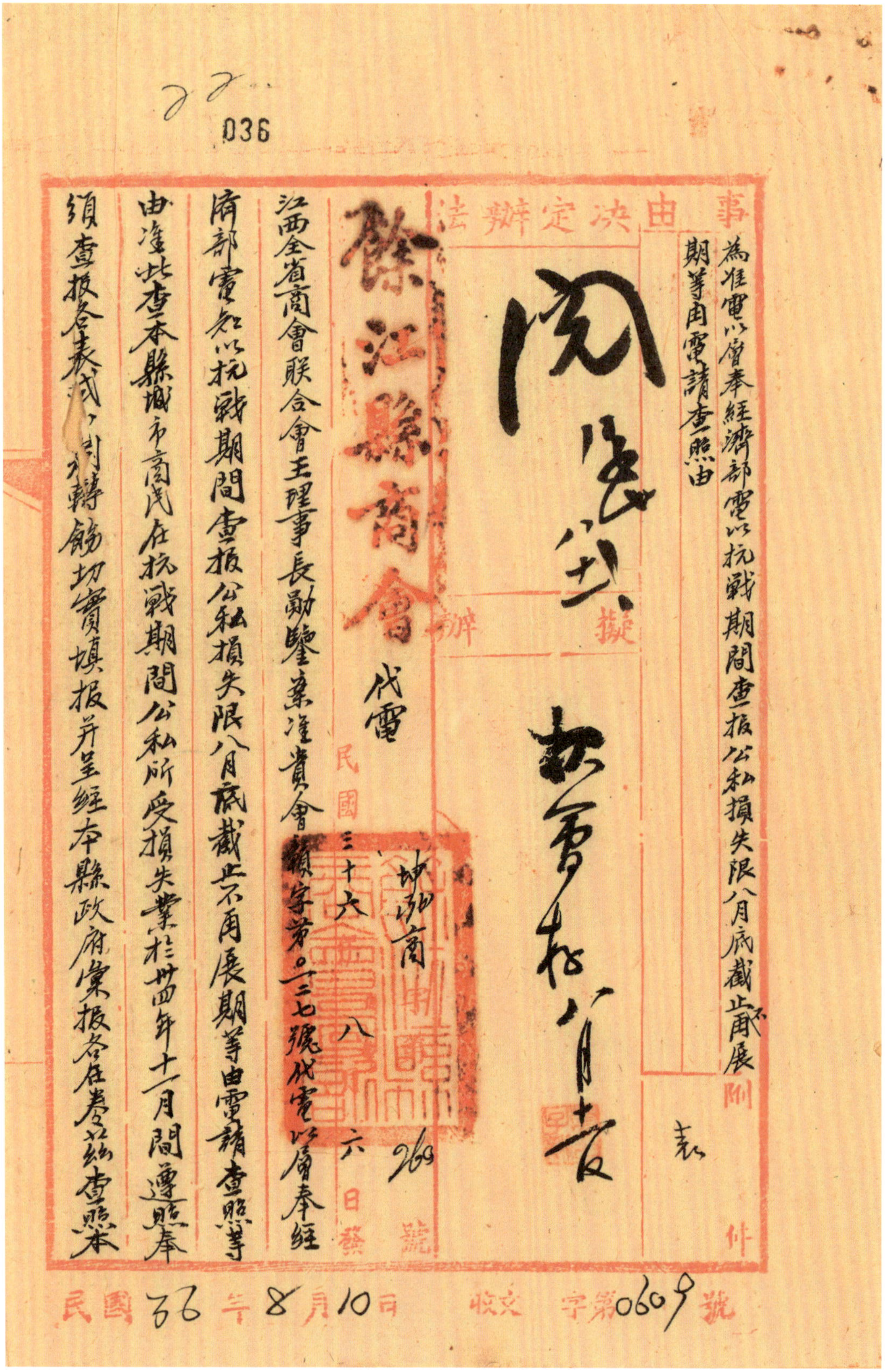
036

事由：為准電以會奉經濟部電以抗戰期間查報公私損失限八月底截止不再展期等由電請查照由

附件：表

江西全省商會聯合會主理事長勛鑒：案准貴會贛字第〇三七號代電以會奉經濟部電以抗戰期間查報公私損失限八月底截止不再展期等由電請查照等由；准此，查本縣城市商民在抗戰期間公私所受損失業於卅四年十一月間遵照奉頒查报各表式，分别轉飭切實填報，并呈經本縣政府彙报各在卷。茲查照本

餘江縣商會 代電

民國三十六年八月六日發 坤䖍商字第269號

民國36年8月10日 收文 字第0609號

037

會彙報上項損失表卷製就本會各商業直接間接財產損失彙報表一種統計損失折合法幣一、二五四、九九五、〇八元准電前由除將上項彙報表逕報行政院賠償委員會核辦外相應檢附上項損失彙報表一份電請查照為荷理事長陳炳坤坤商未魚印附送本縣各商業財產損失彙報表一份

附：江西省余江县商会暨各商业同业公会（各商号在内）直接间接财产损失汇报表（一九四七年七月）

江西省餘江縣商會暨各商業同業公會（各商號在內）直接間接財產損失彙報表

各商業名稱	地址	事件	損失時間		查報時之價值		直接間接損失價值合計數	填報時期
			直接	間接	直接損失數	間接損失數		
餘江縣商會	餘江縣錦江鎮	日軍進攻	民國卅一年六月廿一日	民廿九年至民卅一年	768,800	174,024	942,824	民國卅四年十一月十六日
餘江縣商會員工	仝	仝	仝		1,221,540		1,221,540	仝
餘江縣綢布業	贛州	仝	民國卅三年十二月廿日		2,680,000		2,680,000	仝
仝	浙江諸暨	仝	民國二十九年		3,610,000		3,610,000	仝
仝	吉安	日機轟炸	民國卅三年四月十八日		2,040,000		2,040,000	仝
仝	南昌	日軍進攻	民國廿八年		16,318,720	2,662,000	18,980,720	仝
仝	餘江縣錦江鎮	日機轟炸	民國廿九年		32,230,000		32,230,000	仝
仝	仝	日軍進攻	民國卅一年六月廿一日至同年八月十九日止		161,361,840	614,194,700	775,556,540	仝
餘江縣旅館業	仝	仝			4,401,840		4,401,840	仝
餘江縣糖商業	仝	仝	仝		325,000		325,000	仝
餘江縣鞋業	仝	仝	仝		1,231,500		1,231,500	仝
餘江縣菸商業	仝	仝	仝		1,449,000		1,449,000	仝
餘江縣油商業	仝	仝	仝		83,651,000		83,651,000	仝
餘江縣竹木業	仝	仝	仝		23,783,800		23,783,800	仝
餘江縣染商業	仝	仝	仝		3,180,000		3,180,000	仝
餘江縣醬商業	仝	仝	仝		13,166,000		13,166,000	仝
餘江縣油漆業	仝	仝	仝		718,000		718,000	仝
餘江縣磨商業	仝	仝	仝		7,407,000		7,407,000	仝
餘江縣酒館業	仝	仝	仝		1,130,000		1,130,000	仝
餘江縣火爆業	仝	仝	仝		16,247,200		16,247,200	仝
餘江縣五金業	仝	仝	仝		8,860,700		8,860,700	仝
餘江縣壽枋業	仝	仝	仝		3,184,000		3,184,000	仝
餘江縣京果業	仝	仝	仝		25,826,300	140,000	25,966,300	仝
餘江縣木器業	仝	仝	仝		6,845,010		6,845,010	仝
餘江縣香商業	仝	仝	仝		1,861,000	65,000	1,926,000	仝
餘江縣成衣業	仝	仝	仝		1,545,564	90,000	1,635,564	仝
餘江縣襍貨業	仝	仝	仝		12,341,520	10,000	12,351,520	仝
餘江縣商業	仝	仝	仝		24,057,300	1,600,000	25,657,300	仝
餘江縣糧食業	仝	仝	仝		45,851,000	8,210,000	54,061,000	仝
餘江縣書紙業	仝	仝	仝		48,945,000	3,314,400	82,259,400	仝
餘江縣國藥業	仝	仝	仝		20,503,850		20,503,850	仝
餘江縣民船業	仝	仝	仝		12,580,000	203,300	12,783,300	仝
餘江縣商會暨各商業同業公會損失查報彙報表總額							1,954,885,908	

江西省餘江縣商會理事長陳炳坤（印） 填表者書記范思群（印） 民國卅六年七月 日

038

039

财政部江西区货物税局萍乡分局关于报送抗战损失调查表致江西区货物税局的呈（一九四七年十一月七日）

11

0018

249
36 11 13

第三科

附表照抄三份存卷

事由	為呈復抗戰損失調查表三份祈鑒核彙轉由
批示	十二 十三
擬辦	彙呈
附件	

財政部江西區貨物稅局萍鄉分局呈

萍貨二字第二二六號

中華民國三十六年十一月七日

案奉

鈞局本年十月三十日贛興三字第〈116〉號訓令內開：「案奉財政部本年十月十四日財統一字第〈613108〉號訓令開：案奉行政院本年九月二十九日（卅六）七法字第〈37766〉號令內開：查抗戰期間公私損失查報期限前經本院規定本年八月底截止，現限期業已屆滿，其有未能依期查報者在所難免，茲再規定各地（綏靖區及匪區除外）查報公私損失限至本年十二月三十一日截止，以便統計

1925

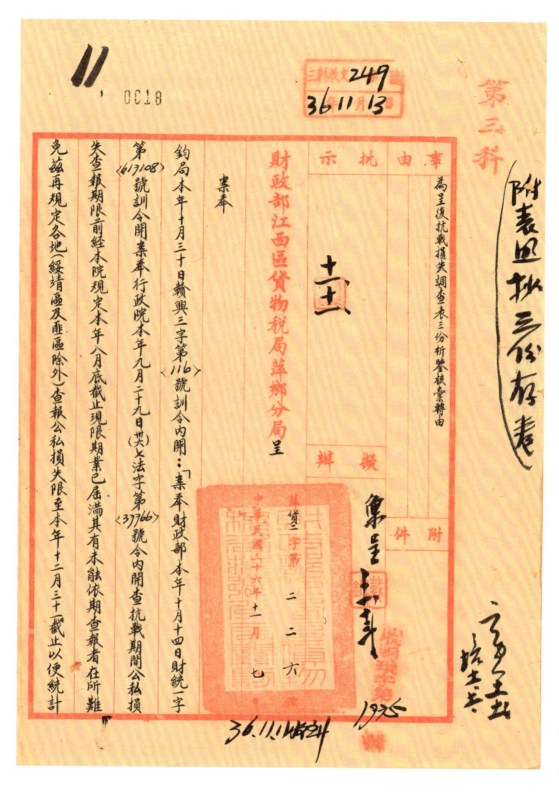

36.11.14收

0C19

除分令外合亟令仰飭屬遵照并飭切實佈告週知如期填報勿再延誤為要再該項損失應
逕報本院賠償委員會核辦如有問題應逕與該會洽辦併仰轉飭遵照等因奉此自應遵辦
本部各單位及所屬各機關公私損失并限本年十一月三十日前填報呈部以便彙編整理
除通令外合行令仰遵照并飭屬遵辦為要等因奉此自應遵辦本局轄屬各局處抗戰期
間公私損失限文到兩週內填報呈局以便彙轉除分令外合行令仰遵照并飭屬遵照為要
等因奉此遵查接管前任局長王佐卿卷內關於此案於民國三十五年五月四日奉稅務署廣
稅統字第〈3162〉號訓令飭遵辦具報經於同年五月十三日以萍貨二字第〈123〉號專呈檢具報告
表逕請稅務署核轉有案奉令前因理合抄具該案損失調查表共三份呈請
鑒核彙轉
謹呈

14
0020

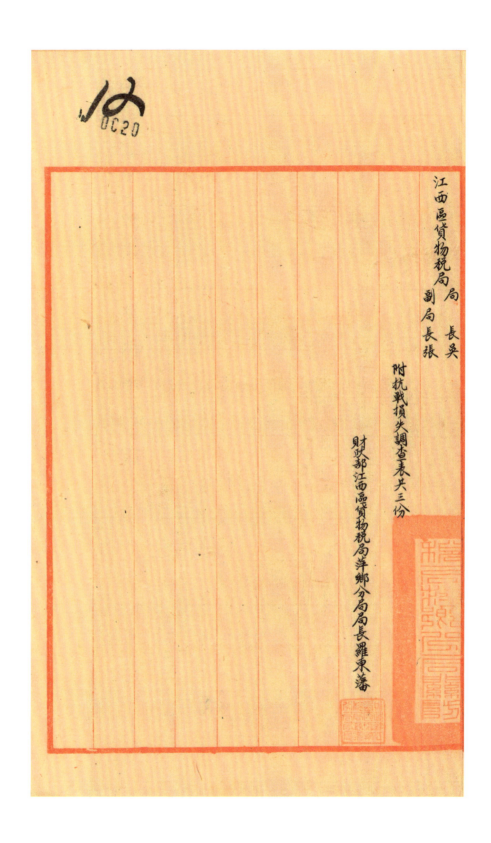

江西區貨物稅局局　長吳
　　　　　　　副局長張

附抗戰損失調查表共三份

財政部江西區貨物稅局萍鄉分局局長羅東藩

附（一）宜春征收局税收损失报告表

0022

宜春征收局税收损失报告表

税目	可征收数	实收数	损失数	备注
茶叶	7,344,000元	24,000元	7,320,000元	萍乡於卅三年五月一日沦陷至卅四年八月克复止，计产茶叶三千六百担，每担以当时二千〇四〇元税额计算可征如上数
茶丝	179,200元	24,000元	155,200元	萍乡每月可制茶丝七百余斤，以十六个月份计算可制茶丝一万一千二百斤，以平均税额计算可征如上数
土酒	57,000元	6,400元	51,180元	萍乡每月可酿土酒十担，以十六个月份计算可酿土酒一百六十担，以平均税额计算可征如上数
煤类	152,000,000元	300,000元	151,700,000元	萍乡矿区及铁路于廿八年五月间同时破坏，每月可产二万公吨，以六年四个月份计算可产一百廿五万公吨，平均每公吨以百元计如上数
外省输入矿产品	3,200,000元		3,200,000元	
合计	162,780,800元	354,400元	162,426,380元	

附（二）财政部江西税务管理局宜春税务征收局暨所属查征所应变费支出清单（一九四五年九月十日）

13

0C21

财政部江西税务管理局宜春税务征收局暨所属查征所应变费支出清单

34年9月10日

年度	机关名称	摘要	金额	
33	宜春征收局	迁移及疏散费	377,590	00
34	〃 〃	迁移费	450,956	00
	〃 〃	疏散费	252,000	00
34	萍乡查征所	迁移费	110,380	00
	〃 〃	疏散费	89,000	00
34	分宜查征所	迁移费	53,100	00
	〃 〃	疏散费	47,000	00
34	新喻查征所	迁移费	108,09	38
	〃 〃	疏散费	61,500	00
		合计	1,452,335	38

附（三）财政部江西税务管理局宜春税务征收局暨所属查征所财产间接损失报告表（一九四六年五月一日）

14

0023

财政部江西税务管理局宜春税务征收局暨所属查征所财产间接损失报告表

填送日期35年5月1日

分类	数额	附注说明
共计	1,452,335.38	1.民国卅三年六月间敌寇窜入湖南境内时值长沙大会战之际敌窜似欲攻窜赣西边境致萍乡宜春等地极为吃紧斯时本局为顾及业务牺牲起见将本局员工暨眷属连同公物等疏散迁移至分宜临时办公计支出疏散暨迁移费共77,570.00（此项疏散迁移费已报请江西税务管理局核备在案） 2.又卅四年七月间敌寇由湖南西窜入赣西各县萍乡宜春等地极为吃紧[illegible]员工暨眷属迁移疏散并将公物等件全部迁移[illegible]计此次支出迁移费共459,756.00疏散费共252,000.00 3.当卅四年七月间湖南醴陵失陷后萍乡吃紧本局所属萍乡查征所迁移[illegible]计支出遣散费共89,000.00迁移费共110,000.00 4.又卅四年七月间敌寇向攻陷吉安后相继攻陷新喻使本局所存物资[illegible]计支出迁移费共10,809.38疏散费共61,500.00 5.又卅四年七月间自新喻失陷后分宜极为吃紧[illegible]计支出迁移费共31,000.00疏散费共47,000.00
迁移费	1,002,835.38	
防空设备费		
疏散费	449,500.00	
救济费		
抚恤费		

附疏散迁移费报销书八张

报告者：财政部江西税务管理局宜春税务征收局局长王佐卿

财政部江西区货物税局上饶分局关于遵令填报战时公私损失报告表致江西区货物税局的呈
（一九四七年十二月五日）

17

0028

財政部江西區貨物稅局上饒分局 呈

中華民國三十六年十二月五日 饒貨總字第3005號

事由：為遵令填報戰時公私損失報告表乞 鑒核由

案奉

鈞局本年十月三十日贛興三字第第二六號令飭填報戰時公私損失以便彙轉等因奉查本局於勝利後成立自無損失業於民國三十五年元月二十二日以贛饒總字第三八號呈報在案茲將所屬各縣辦公處遵令填報項目彙列報告表三份理合備文賫請

鈞局 鑒核

謹呈

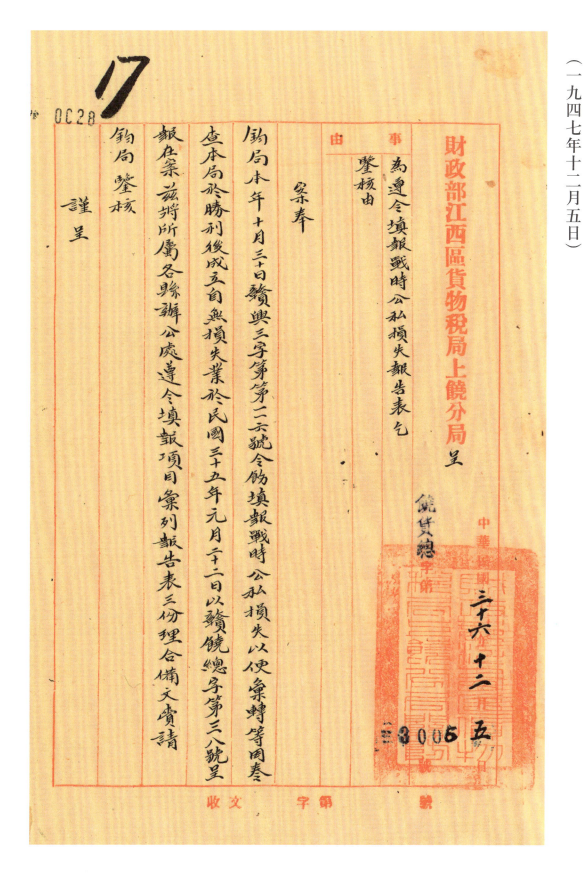

收文 字第 號

18

0029

财政部江西区货物税局

附呈报告表三份

上饶分局局长刘肯堂

財政部江西區貨物稅局上饒分局
公私財產損失報告表

填送日期　民國三十六年十二月五日

分類＼損失機關	前江西區稅務局上饒分局廣丰稅務員辦公處	前江西稅務局上饒分局貴谿稅務員辦公處	前江西稅務局上饒分局玉山辦公處	總計
共計	1,098,000,000元	37,500,000元	937,300,000元	1,084,600,000元
建築物	15,000,000		520,000,000	535,000,000
器具	30,000,000		22,300,000	54,300,000
現款				
衣物	25,000,000	37,500,000	390,000,000	452,500,000
圖書	9,000,000			9,000,000
儀器				
文卷	42卷			
票照	稅照13157張統花2000張面額1,000,000元			2,000,000
醫藥用品				
遷移費	2,300,000			2,300,000
疏散費	5,000,000			5,000,000
其他	1,500,000		5,000,000	6,500,000

财政部江西区货物税局南昌分局关于遵令补抄抗战期间公私损失清册致江西区货物税局的呈
（一九四七年十二月三十一日）

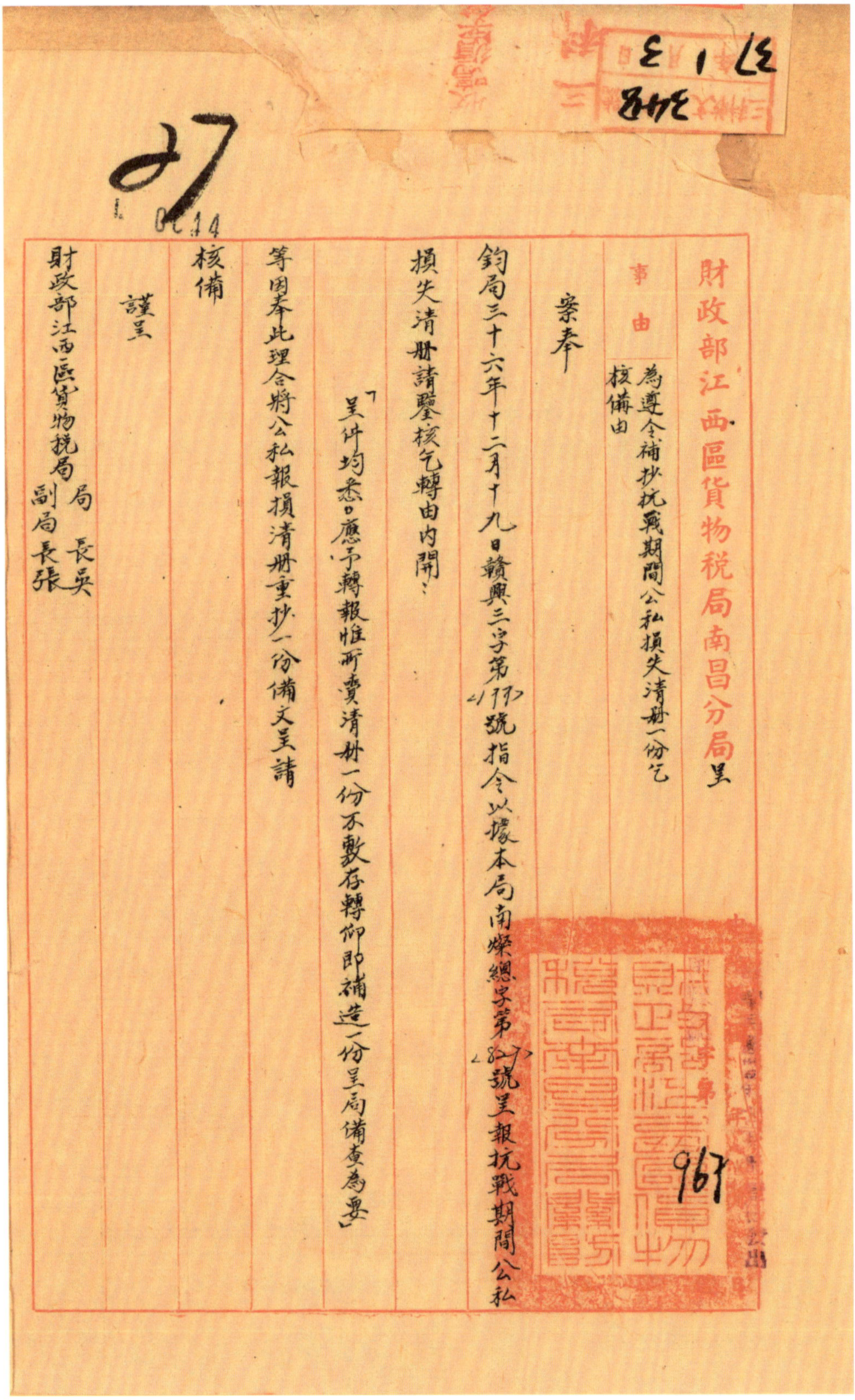
財政部江西區貨物稅局南昌分局 呈

事由 為遵令補抄抗戰期間公私損失清册一份乞核備由

案奉

鈞局三十六年十二月十九日贛興三字第[illegible]號指令以據本局南燦總字第[illegible]號呈報抗戰期間公私損失清册請鑒核乞轉由內開：

「呈件均悉。應予轉報，惟所賚清册一份不敷存轉，仰即補造一份呈局備查為要」

等因奉此，理合將公私報損清册重抄一份備文呈請

核備

謹呈

財政部江西區貨物稅局 局長吳 副局長張

0045

附補呈抗戰期間報損清册一份

財政部江西區貨物税局南昌分局局長劉秉燊

附：财政部江西区货物税局南昌分局奉令抄报抗战期间受敌蹂躏私人损失财物清册

28

0C46

财政部江西區貨物税局南昌分局奉令抄報抗戰期間受敵蹂躪私人損失財物清册

報損人 職别	報損人 姓名	損失財物 名称	損失財物 數量	損失財物 單价	損失財物 總值	損失財物 小計	損失原因	備攷
課長	陳抱一	房屋間	四	三千萬元	一億二千萬元		敵机轟炸	二十六年十二月夜 敵机轟炸損失按當時銀元以現价五萬元折合如上
		衣物箱	二	二千八百萬元	五千六百萬元		仝	
		書籍 〃	一	三千伍百萬	三千五百萬元	億一千一百萬元	仝	數
股長	胡文搏	房屋棟	一	一億元	一億元		淪陷時被敵人燬壞	
		衣箱只	五	三百萬元	一千五百萬元	一億一千五百萬元	因逃難居南城卅一年敵人犯南城匆促逃出損失	
税務員	程啟三	土庫房屋一所	大小二十四间		一億五千萬元		民國廿八年南昌淪陷被敵人所	坐落南昌市永和門街一九八號
		〃 〃	大小九间		陸仟萬元	二億一千萬元	毀	坐落南昌市營房街五號
練習税務員	徐曙光	房屋幢	一		二十六年七月以前伍十元		日寇於卅一年陷據贛縣東北臨川淪陷時被放火燒	以廿六年七月以前數值計标

0C47

		衣物件	一五〇	卅年七月以前拾元	一千五百元		〃	〃
練習稅務員	黃以誠	房屋棟	一	二億元	二億元		卅年九月廿日敵軍縱火焚燬	
		家俱		一千萬元			〃	
		衣服		五百萬元		二億一千五百萬元	〃	
股長	王企	房屋棟	一	二億元	二億元		九江淪陷被敵人拆毀	事變前值銀元三千
		傢俱件	六八	三十萬元	二千零四十萬元		九江淪陷被敵人搬走	照現價計祘
		皮袍〃	四	三百萬	一千二百萬元		〃	〃
		西服套	三	三百五十萬	一千零五十萬元	二億四千二百九十五萬	〃	尚有衣箱什物書籍字畫不及詳載
練習稅務員	劉翰臣	傢俱件	三	六十萬元	七百廿萬元		本人服務廣西稅務管理局於卅三年九月間桂林被炸	按當時銀元以現值折合如數
		四季衣物箱	三	一千八百萬元	五千四百萬元		由桂林疏散入黔經中途六寨鎮遇敵人損失	

0C48

人事助理員	萬嘉鍼	舖蓋	副	三	三百萬元	六百萬元	六千七百萬	仝上
		房屋	棟	三	伍千萬元	一億五千萬		民廿七年遭敵軍縱火焚燬 屋住南昌第五區合燦村
		衣物傢俱				三千萬元		民卅年偶於縣道圍路遭敵機轟炸
		書籍	冊	一萬		一億元	一億八千萬	民廿七年遭敵軍縱火焚燬 原藏合燦村老屋
事務員	吳德隆	西裝衣服	套	四	四百五十萬	一千萬元		本人前曾服務於財政部粵閩 廿七年陰歷五月端午節上午汕頭
		棉被毛毯	條	三	三百萬元	六百萬元		區統稅局汕頭管理所因汕頭市 淪陷損失
		冬季呢大衣	件	二	二百萬元	四百萬元		淪陷損失
		傢俱	件	百		六百萬元	二千六百萬	
合計							一十三億六千七百十二萬元	

（八）金融

江西建设银行关于报送该行因抗战所受直接间接财产损失报告表致省建设厅的呈（一九四三年十二月七日）

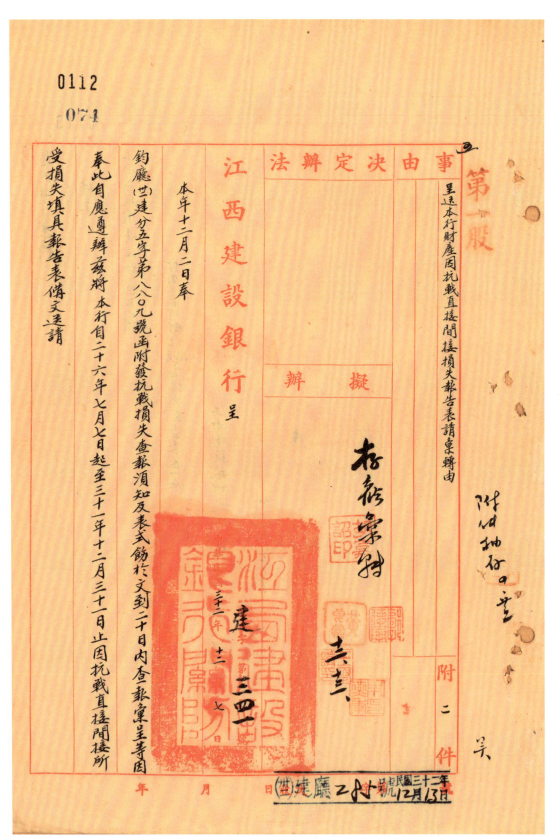

0112

074

第一股

事由	呈送本行财产因抗战直接间接损失报告表请汇转由
附	二件
拟办	
决定办法	存翁案转 [illegible] 十二、十三

附件抽存 [illegible] 吴

江西建设银行　呈

本年十二月二日奉

钧厅（卅）建分五字第八〇九号函附发抗战损失查报须知及表式饬於文到二十日内查报汇呈等因

奉此自应遵办兹将本行自二十六年七月七日起至三十一年十二月三十一日止因抗战直接间接所受损失填具报告表备文送请

中华民国三十二年十二月七日　建字第三四一号

（卅）建厅 2814 号　民国三十二年12月13日

0113

鑒核准予彙轉！

謹呈

江西省政府建設廳廳長胡

計呈送本行財產直間接損失報告表各一份

江西建設銀行總經理胡鍾英 因公赴泰和

副經理胡義青

附（一）江西建设银行财产直接损失报告表（一九四三年十二月六日）

江西建設銀行財產直接損失報告表

資料時期：二十六年七月七日至三十一年十二月三十一日

填送日期三十二年十二月六日

（單位：國幣元）

損失分類	價值
共計	四萬五千一百零六元
建築物	二萬三千七百三十三元
器具	二萬一千三百七十三元
預購用品	

報告機關：江西建設銀行總行

附（二）江西建设银行财产间接损失报告表（一九四三年十二月六日）

0115

江西建設銀行財產間接損失報告表

資料時期：二十六年七月七日至三十一年十二月三十一日

填送日期：三十二年十二月六日

（單位：國幣元）

損失分類	金額
共計	九萬九千六百二十一元
遷移費	七萬五千一百二十四元
防空設備費	五千四百六十五元
疏散費	一萬二千八百七十五元
救濟費	六千一百五十七元
撫卹費	

報告機關：江西建設銀行總行

江西建设银行关于报送该行公务员役私人财产损失报告表致省建设厅的函（一九四四年五月八日）

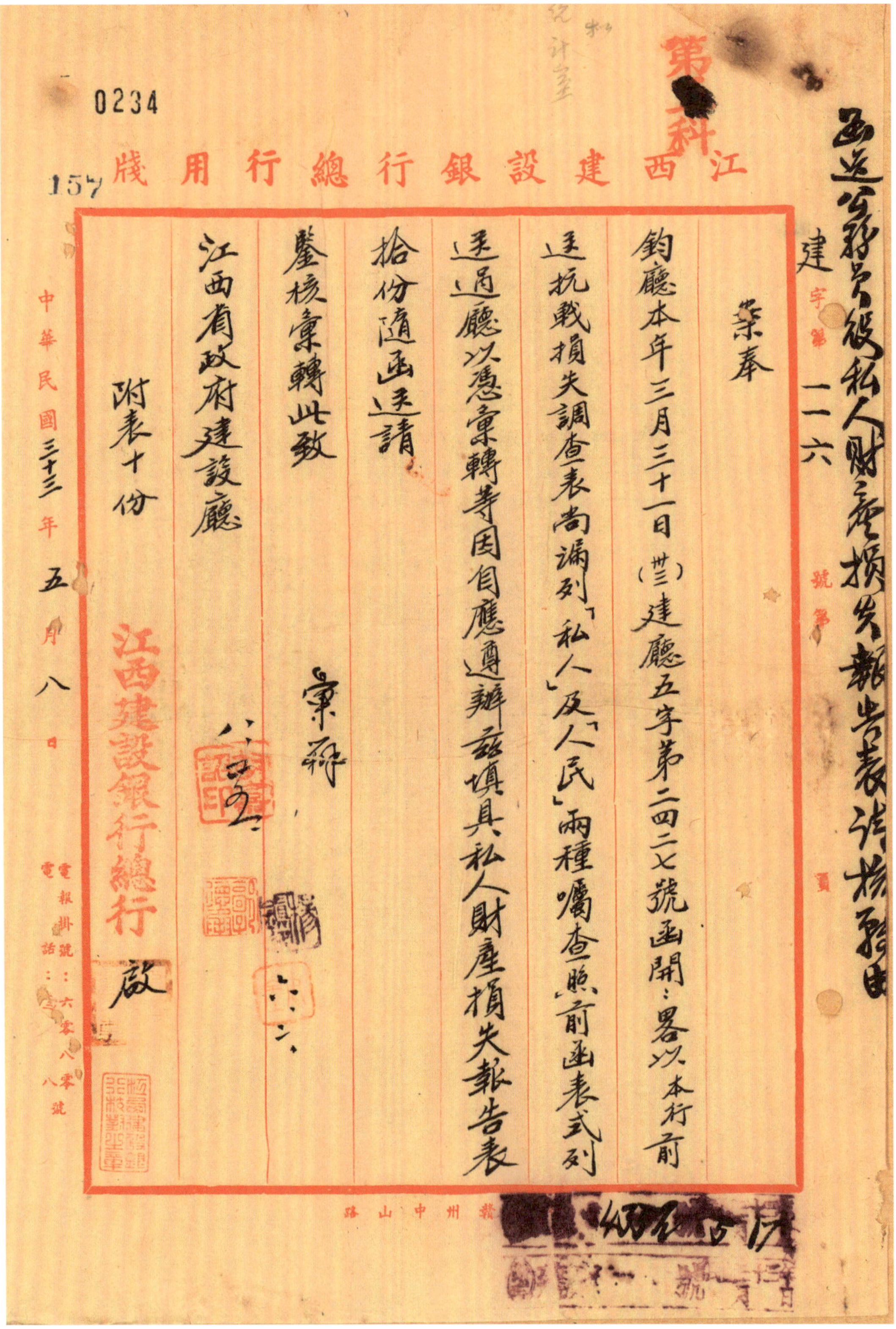

0234

157

第二科

統計室

江西建設銀行總行用牋

函送公務員役私人財產損失報告表請核轉由

建字第一二六號

案奉

鈞廳本年三月三十一日(卅三)建廳五字第二四二七號函開：略以本行前送抗戰損失調查表尚漏列「私人」及「人民」兩種，囑查照前函表式列送過廳，以憑彙轉等因，自應遵辦。茲填具私人財產損失報告表拾份，隨函送請

鑒核彙轉。此致

江西省政府建設廳

附表十份

江西建設銀行總行 啟

中華民國三十三年五月八日

贛州中山路

附：江西建设银行公务员役私人财产损失报告表（一九四四年四月）

0235

158

江西建設銀行公務員役私人財產損失報告表

資料時期：28年3月 至33年12月 日

填送日期 33年4月 日

損失分類	
共計	5.[illegible]00.000元
房屋	4.000.000元
現款	1.000.000元
服着物	300.000元
古物書籍	100.000元
其他	

報告者：胡鍾吳

江西建設銀行公務員役私人財產損失報告表

資料時期：31年5月　至32年7月26日

填送日期　33年4月11日

損失分類	
共計	380000元
房屋	
器具	31年金谿失陷損失器具現時價值約十萬元
現款	
服着物	31年金谿失陷損失服着物以現時價值約八萬元 32年7.26光澤被炸損失服着物以現時價值約三萬元
古物書籍	31年金谿失陷損失書籍以現時價值約二萬元
其他	31年金谿失陷損失稻谷弍百担以現時價值約十五萬元

報告者：謝良生

0237

160

江西建設銀行公務員役私人財產損失報告表

資料時期：廿八年　月　日至三十七年　月　日

填送日期　33年4月　日

損失分類	
共計	770,000,00元
房屋	/
器具	450,000,00元
現款	/
服着物	250,000,00元
古物書籍	20,00000元
其他	50,000,00元

報告者：萬恒和（印：萬恒和章）

江西建設銀行公務員役私人財產損失報告表

資料時期：28年3月　日至32年12月　日

填送日期　33年4月　日

損失分類	
共計	832.000元
房屋	
器具	125,000元
現款	2.500元
服着物	296,000元
古物書籍	285,000元
其他	123.500元

報告者：胡義青

0238

161

0239

162

江西建設銀行公務員役私人財產損失報告表

資料時期：28年3月　起至32年12月　日

填送日期　33年4月12日

損失分類	以下損失係撫該員於[illegible]城淪陷時所填
共計	950,000元
房屋	500,000元
器具	100,000元
現款	無
服着物	100,000元
古物書籍	200,000元
其他	50,000元

報告者：項[illegible]（印）

江西建設銀行公務員役私人財產損失報告表

資料時期：28年4月　日至32年底月　日

填送日期33年4月11日

損失分類	
共計	590,000元
房屋	——
器具	40,000—
現款	50,000—
服着物	460,000元
古物書籍	100,000元
其他	

報告者：劉子壹

0240

163

0241

164

江西建設銀行公務員役私人財產損失報告表

資料時期：民國28年3月　日至32年12月　日

填送日期民國33年4月　日

損失分類	
共計	3,230,000元
房屋	1,200,000元
器具	250,000元
現款	—
服着物	200,000元
古物書籍	80,000元
其他	1,500,000元

報告者：王雲衢

江西建設銀行公務員役私人財產損失報告表

資料時期：28年3月29日至31年1月15日

填送日期 33年4月15日

損失分類	
共計	270,000元
房屋	125,000元
器具	40,000元
現款	
服着物	80,000元
古物書籍	
其他	25,000元

報告者：彭洪瀚

0242

165

0243

166

江西建設銀行公務員役私人財產損失報告表

資料時期：民國28年3月23日至32年12月31日

填送日期 33 年4月10日

損失分類	
共計	821.000元
房屋	400.000元
器具	150.000元
現款	1.000元
服着物	150.000元
古物書籍	100.000元
其他	20.000

報告者：楊家珥 （印：楊家珥）

江西建設銀行公務員役私人財產損失報告表

資料時期：28 年3月　　至32年12月31日

填送日期　33 年4月　　日

損失分類	
共計	
房屋	[illegible]宋坪老屋二幢新洋房一幢現約值80000[illegible]元
器具	[illegible]57.00元
現款	／
服着物	398,000元
古物書籍	369,000元
其他	213,000元

報告者：宋功堅 [illegible]

江西裕民银行修水分行关于陈送该行战时损失表致江西裕民银行总管理处的函（一九四五年九月八日）

74

江西裕民銀行

修水分行

0086

總字第一三四號　第全頁

函為陳送屬行戰時損失表一份乞察收彙報由

敬陳者奉34年會字代電第59號並34年會字第60號

鈞處通函飭將抗戰以來所受損失列表呈核並指示兩點

等因奉此自應遵辦查自抗戰以來所受損失在民國三十二年

六月以前所有帳簿檔案均已先後運存

鈞處無法查明擬請代為查檔加入俾成全豹茲謹將三十二年

六月一日起至本年九月一日屬行全部遷回縣城復員止用費計

共弍拾肆萬玖仟弍佰陸拾肆元陸角坿陳細數單表一份至祈

察核彙報為禱謹陳

總管理處

坿細數表一份

江西裕民銀行修水分行　謹啟

中華民國三十四年九月八日

電報掛號六七七六

附：江西裕民银行修水分行战时损失细数表

75

戰時損失細數表

34年9月8日

付帳日期 年	月	日	摘要	金額		奉准核銷情形	備註
32	6	1	山口記帳部遷漫江用費	1,200	60	奉32 18/6 総字第3926號函准核銷	
32	12	17	漫江記帳部由蘇窩遷牌坊下搬動	432	00	奉33 6/1 会字第41號函准核銷	
〃	〃	〃	〃 修理費	182	00	〃 〃 〃	
33	6	20	由修城分遷福江漫江兩處用費	62,881	00	奉33 [illegible] 会字第4922號函准核銷	
33	11	23	派員赴何市鄉一帶察勘地勢用費	6,225	00	奉34 17/4 会字第942號函准核銷	
33	11	23	派粗工許作璋雇夫王名押運帳箱至樟樹運旅費	13,330	00	奉34 17/4 会字第939號函准核銷	
34	3	23	駐福江營業課推進縣城用費	5,947	00	奉34 10/5 会字第1364號函准核銷	
34	3	24	高家坳~~[illegible]~~由樟代運帳箱至吉安時因緊張拒收折回往返用費	22,775	00	~~樟樹~~报來正陳請核銷中	
34	3	31	駐城營業課撤遷福江用費	32,485	00	奉34 10/5 会字第1363號函准核銷	
34	4	28	駐福江營業課遷回縣城用費	4,646	00	奉34 9/6 会字第1878號函准核銷	
34	9	1	駐漫江部份全部遷縣用費	93,161	00	正陳請核銷中	
			合計	$249,264	60		

江西裕民銀行修水分行具

0087

江西裕民银行永丰办事处关于陈报战时损失细数表致江西裕民银行总管理处的函（一九四五年九月十一日）

91

江西裕民銀行

0104

永豐辦事處

豐文字第36號 第全頁

函陳戰時損失細數表請 察洽由

敬啓者奉

鈞處會字40號函示飭將抗戰以來所受損失查明具報等因遵悉茲將屬處所耗於戰時之數列具細數單一份隨函附奉即乞

察洽爲禱謹陳

總管理處

附表一

江西裕民銀行永豐辦事處謹啓

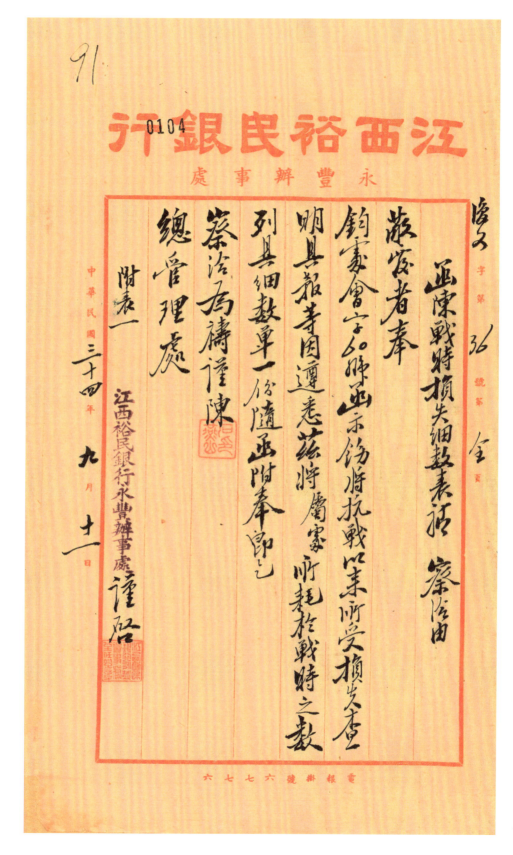

中華民國三十四年九月十一日

電報掛號六七七六

附：江西裕民银行永丰办事处战时损失细数表（一九四五年九月十日）

92

0105

江西裕民银行永丰办事处战时损失细数表

民国卅四年九月十日制

日期	事由	损失金额（元）	附注
卅三年五月廿八日	由吉安分行领款在途被劫	三〇，〇〇〇.〇〇	奉函核准拨入杂支
仝	介发人介发在途被劫差遣费	二九，七〇〇.〇〇	仝
仝	发给被难人周训龙、黄正甲、胡西鲸、徐天民疏散补偿费	二〇，〇〇〇.〇〇	仝
仝	给发职员乌江被劫案旅膳费	一，六三九.一〇	仝
卅四年八月九日	本处员工十人引去空前由疏散费	一五四，〇〇〇.〇〇	单据留存列表随函呈核
仝	本处员工春季疏散至乡由旅费	一二九，〇〇〇.〇〇	仝
九月三日	乌江办事处在临时被劫公馆	二九八，〇〇〇.〇〇	仝 单据卅人传呈
仝	本处将重要公物疏散往返舟费用	九七四，七〇〇.〇〇	仝
合计		六〇〇，八[illegible]一〇	

江西裕民银行玉山办事处关于报送战时损失费用报告表致江西裕民银行总管理处的函（一九四五年九月十七日）

66

江西裕民銀行

0074

玉山辦事處

玉分字第25號 第 全 頁

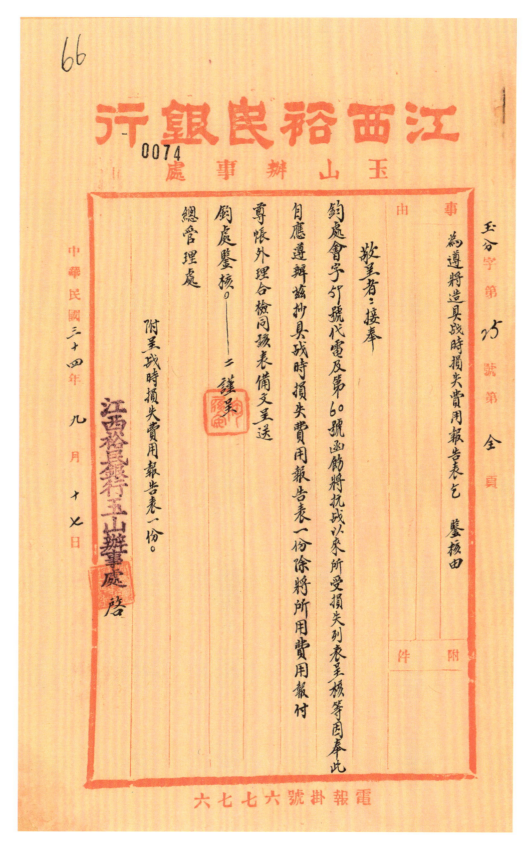

事由：為遵將造具戰時損失費用報告表乞 鑒核由

附件

敬呈者：接奉

鈞處會字第51號代電及第60號函飭將抗戰以來所受損失列表呈核等因奉此自應遵辦茲抄具戰時損失費用報告表一份除將所用費用報付

尊帳外理合檢同該表備文呈送

鈞處鑒核。——謹呈

總管理處

附呈戰時損失費用報告表一份。

江西裕民銀行玉山辦事處啓

中華民國三十四年九月十七日

電報掛號六七七六

附：江西裕民银行玉山办事处战时损失费用报告表

67

戰時損失費用報告表

0075

江西裕民銀行玉山辦事處

68

0076

卅二年

戰時損失

月日	摘要	金額	備考
二月廿	陳岩青、陳廷之、朱專生每人衣物損失補助費[illegible]	五、一〇〇〇〇	卅二年十二月廿日以[illegible]字第[illegible]號呈報曾奉核准公函[illegible]
五月廿	余守[illegible]、饒南強、衣物損失補助費每人五百元	一、〇〇〇〇〇	
八月廿	合計[illegible]由[illegible]上饒眷人大車車費	一四〇〇	余字第[illegible]號核准
、	到上饒下大車挑力	五〇〇〇	又
、	上饒下船挑力	四〇〇〇	又
、	回上岸挑力	三〇〇〇	又
、	上饒至回船資	五〇〇〇	又
、	紅[illegible]重斤	八〇〇	又

一 0077

、	火柴一包	七五〇〇	2
、	上饒派兵押解費用	九〇〇〇	2
、	由河口至上饒	三〇六〇〇	2
、	購竹条	一〇〇〇〇	2
、	掃箒	一二〇〇	2
、	電五山	三一五〇	2
、	萬金油四瓶	二〇〇〇〇	2
、	及房屋二间租屋	三〇〇〇〇	2
、	解押人犯隨帶之孩一名由五山至河口十天旅費	六〇〇〇〇	2
、	特務隊解押傳由五山至河口十天旅費	二六〇〇〇	2

69

2

0078

油纸十五张	三〇〇〇〇	又
雨伞两把	一七〇〇〇	又
由河口雇车〇辆搬运公物至陆坊	四八五〇〇	又
红烛七斤	八〇〇〇	又
灯油贰斤	五二〇〇	又
电丕山	一三六〇〇	又
工役汪锡株由河口挑运公物至陆坊三天旅费	一七〇〇〇	又
陆坊行屋租金	一〇〇〇〇	又
买十行稿纸廿张	三〇〇〇	又
前线日报一份	一三八〇〇	又

0079

由玉山	四〇五〇	又
由路坊雇车四把公物协作力行四元	三九〇八〇〇	又
购墨水一瓶	五〇〇〇	又
钟双魁由田口至路坊黄包车力	六〇〇〇〇	又
钟双魁赴路坊二天伙费	二四〇〇〇	又
钟双魁由路坊押运公物运往一天伙费	二四〇〇〇	又
工役谭锡陈由路坊押运公物运府二天伙费	一八〇〇〇	又
钟双魁谭锡陈由路坊押运公物运府土车力	七〇〇〇〇	又
买油纸五张	七〇〇〇	又
同上公物下船力	二六〇〇〇	又

70

0080

卅年 三 五

河口至上饒船力	一五〇〇〇〇	又
公物由上饒至玉山火車運費	五八〇〇〇	又
上饒至玉山の人車費	二四〇〇〇	又
公物至玉山下力	二〇〇〇	又
自河口至上饒三人芻包車費	一五〇〇〇〇	又
車子过渡費	四〇〇〇	又
車伕酒力	一〇〇〇〇	又
無料以盐鐵商借作公債鐸錫標由河口至二[illegible]費	八四〇〇〇	又
滯留[illegible]同属疏散費人及無料又盐商遣送滯留費需用飲鍋兩項作為偿費補	二三二〇〇〇〇	係合字第157號呈核發
鄭彭秋飯茶	二八〇〇〇〇	又

原摊建筑损毁遗失
百五拾四元因无法报核故打
八折付给共四百元 一00

六			
卅			
工役田宝连先生经手汤广德、胡贵炎、谭鹤、陈何佛林、王茂明、文发四	八四四○○	又	
由五路撤行物至章家坊往返费用	三七三○六二○	单据粘世年七月廿八日以五号第一六八号函送报详细开箱???	
合计	一○八○五二○		

谨上

总处

江西裕民银行五山办事处 敬启

九月九日

71

0082

附件

月日	摘要	金额	備考
六月十三日	工役一名至童家坊租屋旅费	二七〇〇〇	
十四	工役二名至崙滨雇伕旅费	一八〇〇〇	
十五	衛警二名至峡口押船旅费	三六〇〇〇	
十九	衛警二名工役押船至童家坊旅费	五〇〇〇〇〇	
又	衛警七名犒償费	六二〇〇〇〇	
又	民船五隻又至童家坊船力费	二七五〇〇〇	
廿	行员雷仁政押运公物至童家坊四五驛费	六〇〇〇〇	
、	行员雷仁政押运公物至童家坊五天费用	五二五〇〇	
、	收藏等至童家坊挑力（计重4590斤）	四五九〇〇	

0083

已		
八	童家坊竹屋押品仓库租金	二一〇〇〇〇
九	童家坊至凤竹挑力	三五五〇〇〇
〃	凤竹至五峰山民船船资	九六〇〇〇
〃	雷竹敬由五峰山至童家坊挑费	六〇〇〇〇
〃	罗达先往童家坊三天费用	二七〇〇〇
〃	保警三名六天费用	一六五〇〇〇
十	罗达先、阳金梓、饶瑞仁三名六天费用	一六五〇〇〇
〃	五峰山下力	七三〇〇〇
〃	雷竹敬六天费用、保警三名膳费	九九〇〇〇
	合计	六二二〇五〇〇

由押款户负担贰万伍仟〇九拾八元八角

由行方负担叁万七仟壹〇六元二角

战时损失附件

江西裕民银行龙南办事处关于填报战时损失调查表致江西裕民银行总管理处的函（一九四五年九月十七日）

77

0089 江西裕民銀行龍南辦事處公用信牋

為遵照將抗戰以來所受損失列表呈請 察核由

敬陳者：案奉

鈞處本年八月二十日會字第五九號代電，爲奉飭將抗戰以來所受損失列表呈核，轉飭遵辦等因。奉此，謹遵照填就銀行業戰時損失調查表四種，隨函呈請

鈞處鑒察彙報爲禱。謹陳

總管理處

附呈：銀行業戰時損失調查表四種

江西裕民銀行龍南辦事處 謹啓

中華民國三四年九月一七日

總字第四〇號第全頁

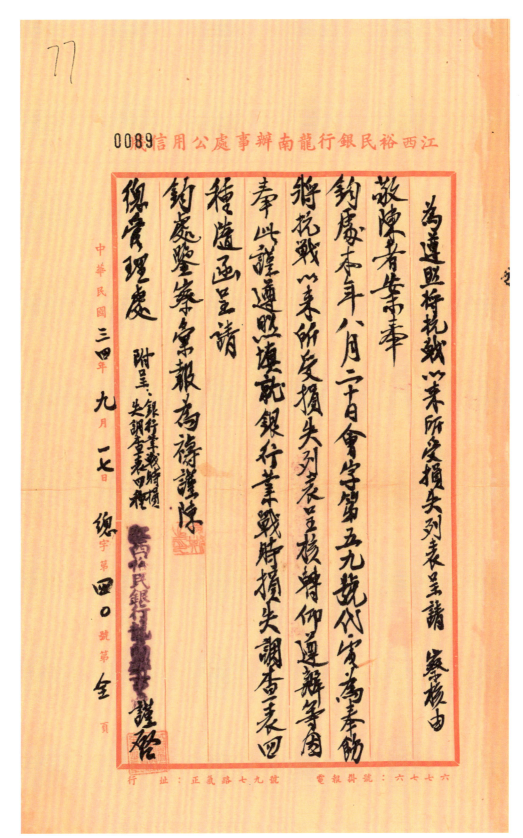

行址：正氣路七九號　電報掛號：六七七六

附：银钱业战时损失调查表

78

0090

江西裕民銀行瑞金辦事處：　直接損失（1）

4.單位損失　　　　　　年　月　日填

1.本國貨幣（表）

種類別	價值
角票（?）	
鎳幣	
活期存款（?）	
定期存款（?）	
儲蓄存款	
合計	

2.金銀

金		銀	
生金（條金）		生銀（銀條）	
飾金		飾銀	
金幣		銀幣	

3.外國貨幣

幣名	數量
美金（?）	
英金鎊（?）	
英鎊（?）	
法郎	
盧布	
馬克（元）	
荷盾（?）	
日圓（?）	

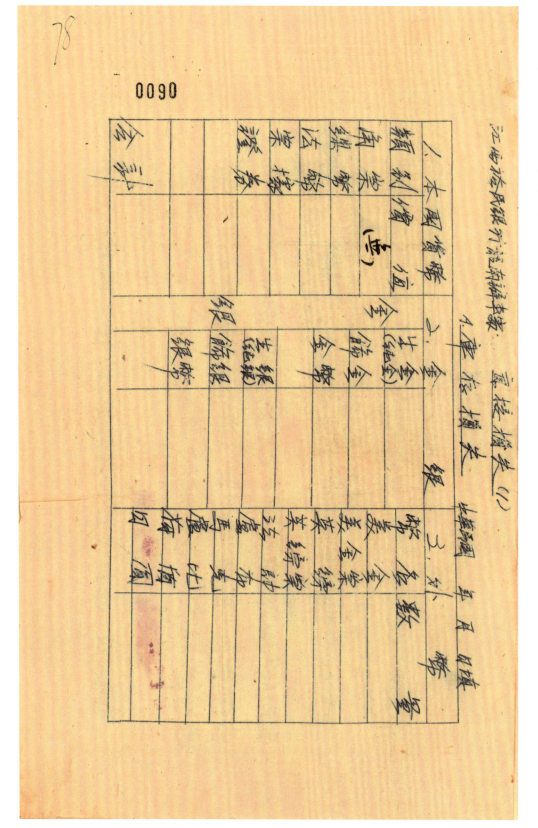

銀錢業戰時損失調查表(三)

江西裕民銀行龍南辦事處

直接損失(2)

B, 固定資產損失

中華民國34年9月 日填

1,房屋		2,家具			3,運輸工具			4,其他營業用具		
種類		類別	數量	估計價值	類別	數量	估計價值	類別	數量	估計價值
材料		34年6月[illegible]損失	桌椅櫥[illegible]等	15,716.36				30,10,16. 32,10,1. 敵機轟炸損失	修理費	5,523.20
被燬間數										
面積										
估計總值		合計		$15,716.36	合計			合計		$5,523.20

0091

79

0092

銀錢業戰時損失調查表(三)

直接損失(3)

江西裕民銀行龍南辦事處

C.員工之傷亡

中華民國 年 月 日填

區别	1.死傷人數	2.失蹤人數	3.受傷人數 輕傷人數	3.受傷人數 殘廢或不能恢復健康者數
職員	無	無	無	無
工役	無	無	無	無
家屬	無	無	無	無
合計				

80

81

0093

銀錢業戰時損失調查表(四)

江西裕民銀行龍南辦事處　　間接損失

中華民國34年9月　日填

A 建築防空設備費用			B 戰區及鄰近戰區各行處因撤退而支出之費用		
類别	價	值	類别	價	值
種類			包裝費		
材料	戰前建築防空壕等費用	10,577.50	搬運費	[illegible]年1月至9月[illegible]陸續撤退至[illegible]復業用費	407,889.50
設備			旅費		
其他			其他		
合計		$10,577.50	合計		$407,889.50

江西裕民银行分宜办事处关于报送战时损失表致江西裕民银行总管理处的函（一九四五年九月二十二日）

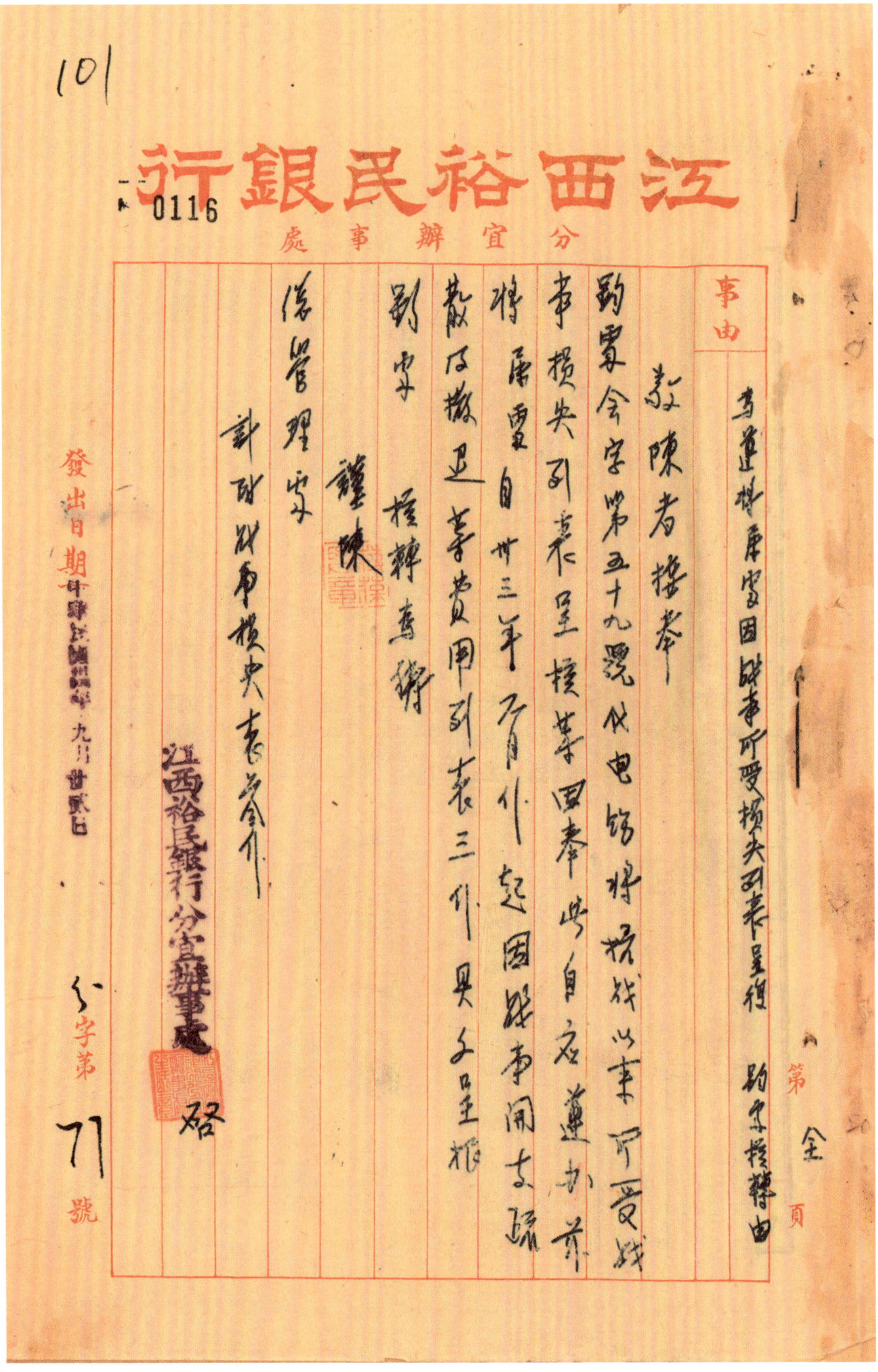
101

江西裕民銀行
分宜辦事處

0116

事由：為遵將本處因戰事所受損失列表呈復 鈞察授轉由

第 全 頁

敬陳者 接奉

鈞處会字第五十九號代电 飭將抗战以来所受战事損失列表呈核等因奉此 自应遵办 兹將本處自卅三年冬開業起因戰事開支疏散及撤退等費用列表三份 具文呈报

鈞察 核轉為禱

謹陳

總管理處

計附戰事損失表三份

江西裕民銀行分宜辦事處 啓

發出日期 中華民國卅四年九月廿貳日

字第 77 號

102

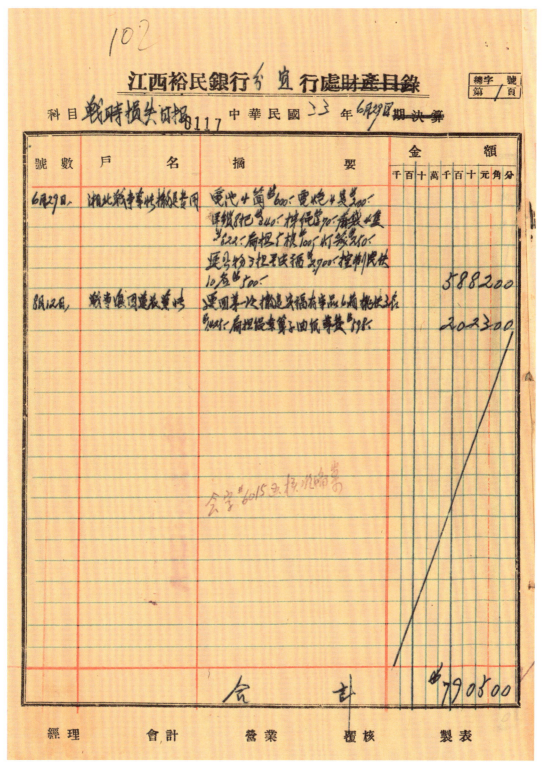

江西裕民銀行分宜行處~~財產目錄~~

總字　號
第 1 頁

科目 戰時損失日報 0117　中華民國 33 年 6月29日 ~~期決算~~

號數	戶名	摘要	金額（千百十萬千百十元角分）
6月29日	湘北戰事第一次撤退費用	電池4箇¥600，電燈4盞¥200，洋鎖8把¥340，棕繩¥70，麻袋4隻¥622，扁担5根¥100，灯籠¥250，運公物3担至安福¥2900，控制民伕10名¥500。	5882.00
8月12日	戰事復回遷移費用	運回第一次撤退安福存字品6箱挑伕3名¥1445，扁担繩索簟子皮紙等費¥578。	2023.00
合計			¥7905.00

合字6015五核汎皓

經理　會計　營業　覆核　製表

103

118

江西裕民銀行吉安行處財產目錄

總字 號
第 1 頁

科目 戰时損失日報　中華民國34年4月30日期~~決算~~

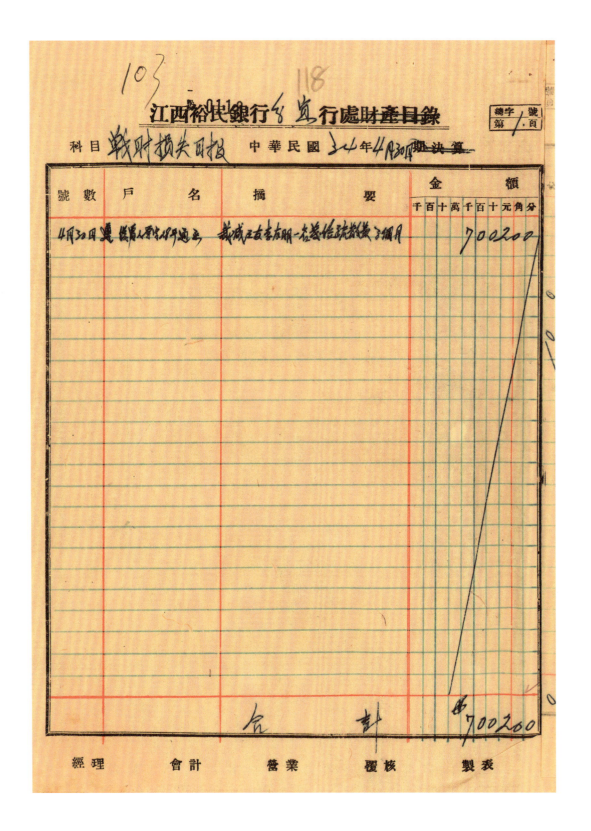

號數	戶名	摘要	千	百	十	萬	千	百	十	元	角	分
4月30日 遷	損失人員宋以平遇害	裁减工友李宗朋一名發給遣散費3個月					7	0	0	2	0	0
	合計						7	0	0	2	0	0

經理　會計　營業　覆核　製表

104－0119

江西裕民銀行吉安行處財產目錄

總字號 第1頁

科目 戰時損失日報 中華民國34年9月14日 ~~決算~~

號數	戶名	摘要	金額
7月23日至8月2日	敵軍壓境搬遷費用雜費	篾子10担 $38,000 棕繩20把 $700 油紙20張 $1300 夏布袋16隻 $4,800 計和縣庫門民工 $2,000	1260000
		（控制長伕20名每名每月在吉安拾元起程時預付補給膳費六佰元）長伕20名（7月23日起至8月2日止）計9天工資 $1,000	18000000
7月23日	第一次搬遷至雙林物件	公物9担 私物12担 長伕20名膳費 $2,000 外加僱伕伍名工資 $2,000	1400000
		押運職員車子1乘 $2,000 膳食費 $200	220000
7月22日	員工眷屬搬遷雙林支給搬遷費	蔣士俊 $1,000 眷屬3名 $600 車1乘 $2,000 行李2担（由行長伕代運不另給）	480000
		鄧會計 $1,000，3名 $600，1乘 $2,000，2担 〃	480000
		會助員 $1000，2名 $400，1乘 $2000，2担 〃	420000
		林樹楠 $1,000（未帶眷屬）—，1乘 〃	100000
		試助員 $1000 〃 〃 —，1乘 〃	100000
		鄒鑫 $600，2名 $600 行李1担 〃	120000
		周家貴 $600，1名 300，1担 〃	90000
		戈定民 $600（未婚）—，半 〃	60000
		唐許林 $600，2名 $600，1 〃	120000
		傅振海 $600（單）半 〃	60000
7月25日	第二次搬雙林物件	公物3担 長伕3名補發膳費	180000
8月1日	由雙林運回搬遷物件	公物12担 長伕12名補發膳費 $7,200 押運職員車子1乘 $2,000 膳食費 $182	938200
8月7日	搬運宜春公物去程用費	公物箱簍21担 僱伕21名每名貳仟元 $42,000 挑土以竹（購衛生用）棕繩 $12,000 由途警士兵盤 $600 警戒人員膳費 $4,500 押運職員車2乘 $6,000	6510000
		過次頁	30538200

經理 會計 營業 覆核 製表

105
0120

江西裕民銀行吉安行處~~財產目錄~~

總字 號
第1頁

科目　戰時損失日报　　中華民國34年9月14日　~~期決算~~

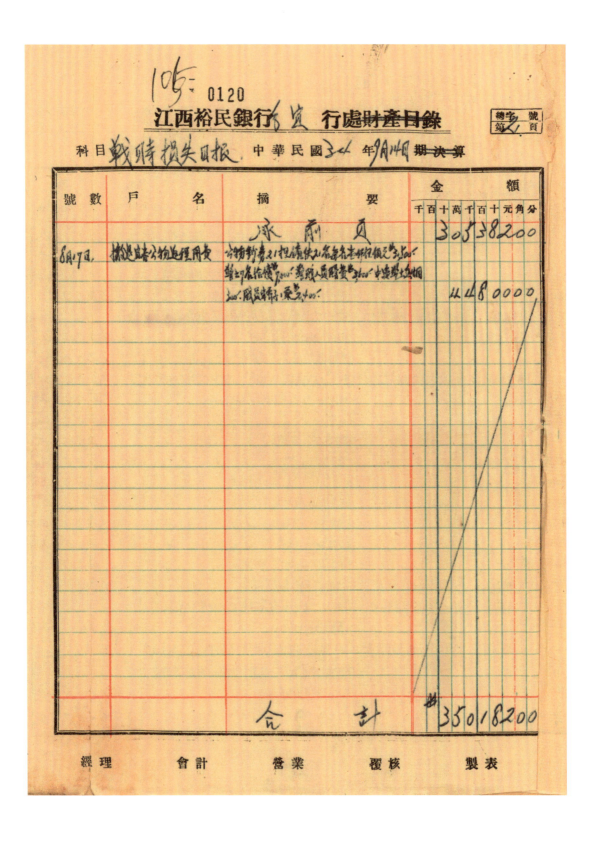

號數	戶名	摘要	金額（千百十萬千百十元角分）
		承前頁	30538200
8月17日	撤退宜春公物运程用费	公物运輸費之1担，請伕21名每名去程法價洋3,500元，鏢上7名伙食費洋7,000元，警戒人員膳費洋3,600元，中途兵士烟酒3,000元，職員出發子食費洋4,400元	4480000
		合計	35018200

經理　　會計　　營業　　覆核　　製表

江西裕民银行浒湾办事处关于报送战时损失表致江西裕民银行总管理处的函（一九四五年九月三十日）

158

江西裕民銀行 0185

滸灣辦事處

函為陳送戰時損失表仰祈鑒核彙報由

敬啟者接奉會字第59號代電及第60號

鈞處通函略開為奉飭將抗戰以來所受損失列表呈核及

損失數字指示兩點仰遵辦具報等因奉此自應遵照查處處

戰時損失曾於三十一年十二月十九日編製表冊及單據由總

字第25號公函呈送迄三十二年十二月廿六日奉總會字第6026號

及三十三年九月廿八日奉總會字第295號

通函核轉戰時損失科目在案除遵製表二份附送外

中華民國　年　月　日

159

0186

江西裕民银行

浒湾办事处

総會字第 号

號第 六 頁

理合函陈

鉴核汇转为祷谨呈

總管理處

计送表二份

谨启

中華民國 三十四年 九 月 三十 日

160

0187

撤退行處雜項財產及抵押品保管品損失報告表

浙灣辦事處

撤退日期　31年6月14日

損失項目	撤退前存件	撤退後存件	損失數量	單價	損失價值	備註
房屋			前進破壞中進被焚		估約值$38,000-	租賃
器具	1117件	266件	851件		估約值$76,000-	31年估价
文具帳表						
其他						

項別		戶名	押品金額	起日訖期	抵押品保管品名稱	储藏地点	撤退前存件	撤退後存件	損失數量	单位	損失價值	備註
抵押品	農產品	湯八中芳 同昌莊	$7,770- $11,610-		豆	雜棧	4305担	仝右	無			計款估价
	紗布	同昌莊	$10,920-		青洋布	仝上	104捆	仝右	無			仝上
	紙張	炳豐	$3,640-		紙	仝上	40担	無	全損失			仝上
	油鹽											
	其他	啟源泰 邱裕發 易金順	$800- $7,240- $1,680-		鐵	仝上	8000斤	仝上	無			仝上
保管品	房屋											
	証券											
	其他											

主任［印］　34年9月30日抄呈

附（一）撤退行处杂项财产及抵押品、保管品损失报告表（一九四五年九月三十日）

附（二）江西裕民银行浒湾办事处一九四二年因战事撤退费用表及撤退员工衣物损失概计表

（一九四五年九月三十日）

0188

江西裕民銀行滸灣辦事處民國31年因戰事撤退費用表

撤退原因	撤退時間	撤至地方	返行時間	撤退用費	總處核銷公文字號	備註
贛浙戰事發生敵侵擾	31年6月	一部至寧都 一部至贊賢	31年10月	總計20,425.97		30年12月31日付帳核銷

江西裕民銀行滸灣辦事處民國31年因戰事撤退員工衣物損失概計表

職別	姓名	損失件數	估值總價	申請損失補助	核准損失補助	備註
會計	章景祥	16件	1,274.00	600.00	550.00	31年物價
出納	徐敬傳	14件	1,336.00	600.00	600.00	〃
助理	李慶生	19件	1,091.00	560.00	550.00	〃
	徐楨龍	7件	2,050.00	600.00	600.00	〃
練習生	蕭志遠	13件	4,150.00	560.00	550.00	〃
額警	胡棣茂	11件	707.00	280.00	280.00	〃
倉丁	邱水生	15件	714.00	280.00 ~~714.00~~	280.00	〃
〃	吴文正	13件	748.00	280.00	280.00	〃

主任（印）　34年9月30日抄呈

江西裕民银行峡江办事处关于报送战时损失调查表致江西裕民银行总管理处的函（一九四五年十月十日）

為呈送戰時損失調查表由

敬啓者奉

鈞處卅四年會字第六號代電開「案奉財政部錢丁五一午魚電開查各銀行自抗戰以來所受戰事損失本部亟待明瞭特電仰將該行上項損失詳細查明列表呈核為要等因奉此自應遵辦除分電外合行電仰遵照剋日查明列表送處以憑彙辦」等因奉此自應遵辦茲編就屬處戰時損失調查表一份理合備文呈送

鑒核為禱

謹呈

總管理處

附戰時損失調查表一份

江西裕民銀行峽江辦事處啓

發出日期 中華民國卅四年拾月十日

卅四峽字第叁捌號

附：战时损失调查表（一九四五年九月十日）

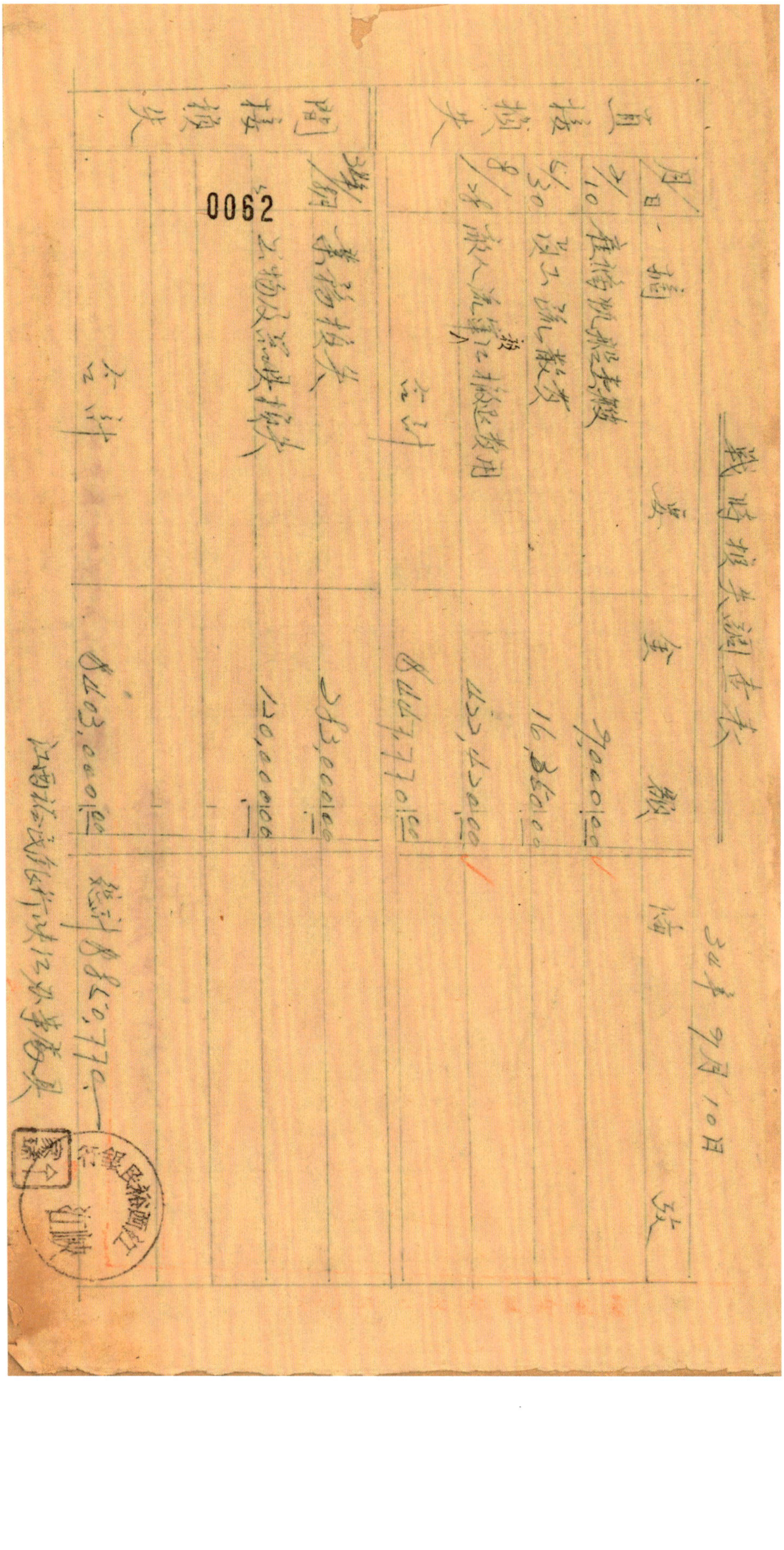

战时损失调查表

34年9月10日

	月日	摘要	金额	备考
直接损失	7/10	雇请帆船来赣	9,000.00	
	6/30	员工疏散费	16,350.00	
	8/18	敌人流窜入赣江抢救费用	422,420.00	
		合计	$447,770.00	
间接损失	34年8月	业务损失	283,000.00	
		公物及器具损失	120,000.00	
		合计	$403,000.00	总计$850,770.

江西裕民银行峡江办事处具

0062

江西省政府关于催报抗战损失致裕民银行的训令（一九四五年十二月十八日）

142

0155

事由：為令催迅速辦理抗戰損失追查暨具報由

江西省政府訓令

統字第　　號

中華民國三十四年十二月　　日

00571

令裕民銀行

查省級機關學校公營事業及其員工之抗戰損失，經於本年十月三日以統字四三零號令發抗戰損失追查辦法、追查須知及應用表格，限文到一月內遵照，並轉飭所屬遵照查填彙報在案。迄今兩月，尚未據報。現全省抗戰損失調查工作即將完成，限本月底報院，各機關損失數字應於本月廿五日前報府。合行令催，仰依限查填報府，逾期不予彙報，毋再遲誤為要！

此令。

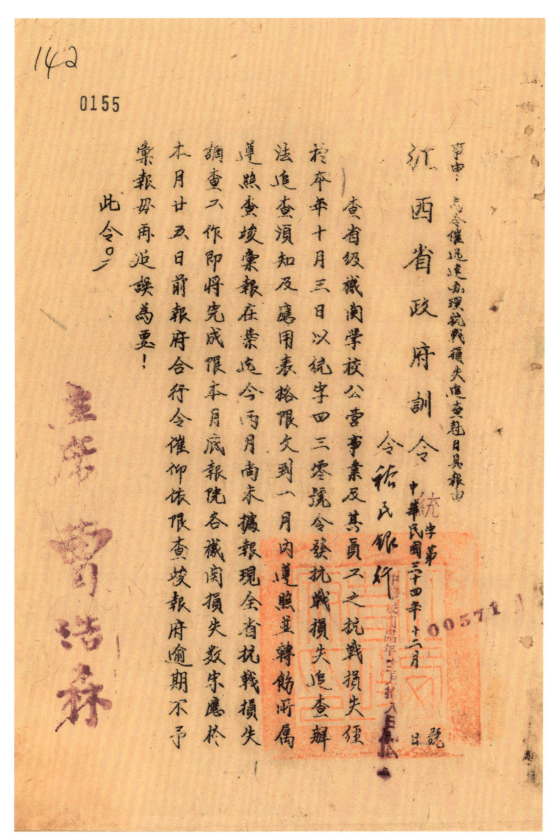

主席　曹浩森

江西省省营事业财产直接损失汇报表（一九四五年十二月二十四日）

143

0156

江西省省(1)营事業财產直接損失彙報表（式12）

（银行部份2）

事件(3)
日期(4)
地點(5)

填送日期三十四年十二月廿四日

分類	查報時之價值
共計	723,477,606.57
房屋	320,972,200.00
器具	183,740,992.37
現款	37,693,000.94
生金銀	4,804,800.00
保管品	11,761,000.00
抵押品	128,232,360.00
有價証券	2,838,000.00
運輸工具	10,043,955.12
其他	23,291,298.14

附財產損失報告單 3 張

調查專員（簽蓋） 財政廳長或縣長（簽蓋） 報告者事業主持人

說明：1.如為省營應于營字前填一「省」字，市營則填「市」字，縣營填「縣」字，民營填「民」字，並於其前填明該省市縣名稱

2.可以證明損失者不能列作損失

3.即發生損失之事件，如日機轟炸、日軍進攻等

4.即事件發生日期，如某年某月某日或某年某月某日至某年某月某日

5.即事件發生地點，如某市某縣某鄉鎮某村等

6.如為省營者，調查專員簽蓋從缺

稿

江西省裕民银行员工财产直接损失汇报表（一九四五年十二月二十四日）

144

0157

江西省裕民銀行員工財產直接損失彙報表（表式16）

（機關學校或公營事業名稱）

填送日期三十四年十二月二十四日

分類	查報時之價值（國幣元）
共計	20,134,017,000
房屋	
器具	
衣物	19,158,651,000
現款	
圖書	975,366,000
其他	

附財產損失報告單　　張

主管長官（簽蓋）　　　填表人（簽蓋）

說明：1.本表根據本機關各個員工財產損失報告單編製。

2.主管長官及製表人應將報告單嚴加審核，如填報不實，應連帶負責。縣級機關學校或公營事業並加由調查專員簽蓋。

江西省省营事业财产间接损失报告表（一九四五年十二月二十四日）

145

0158

江西省(1)營事業財產間接損失報告表（表式18）

……………部份(2)

損失發生之年份：民國　　年

填送日期三十四年十二月廿四日

分類		數額 （單位國幣元）
可能生產額減少(3)		
可獲純利額減少(3)		525,990,279.16
費用之增加	拆遷費	148,239,956.75
	防空費	28,839,456.49
	救濟費(4)	1,764,480.49
	撫卹費(4)	1,042,800.00

報告者(5)

說明：1.各省市縣營事業機關報告該機關財產間接損失民營事業之農工商業各業團體報告各該部份財產間接損失均用此表並於營字前分別填明『省』『市』『縣』『民』等字。

2.省市縣營及民營事業財產直接損失彙報表共分爲農業、礦業、工業、公用、事業、商業、銀行業、金融事業（不包括銀行）公路、航業、電訊等十部份，財產間接損失報告表亦依此分類填寫。

3.可能生產額減少應依市價估計所值國幣數填入數額欄內如某種營業生產額及純利額均減少者則兩項並填否則填一項。

4.係指營業主對僱用之工人或店員支給之救濟費撫卹費。

5.省市縣營者填明本機關名稱由主管人員簽名並加蓋機關印信、民營者填明、市、鄉、農會漁會商會或工會並加蓋各該會圖記，縣營民營者並加由調查專員簽蓋。

稿

208 ~~0221~~ 0223.

江西省行(1)營事業財產間接損失報告表（表式18）

________部份(2)

損失發生之年份：民國　年

填送日期三十四年十二月廿四日

分類		數額（單位國幣元）
可能生產額減少(3)		
可獲純利額減少(3)		523,990,219.16
費用之增加	拆遷費	148,239,986.25
	防空費	28,839,456.45
	救濟費(4)	1,764,480.48
	撫邺費(4)	1,062,800.00

報告者(5)

江西省銀行總管理處

江西省银行财产直接损失汇报表（一九四五年十二月二十四日）

0224

江西省省（1）營事業財產直接損失彙報表（表式12）
（銀行部份2）

事件（3）
日期（4）
地點（5）

填送日期三十四年十二月廿四日

分類	查報時之價值
共計	723,477,606.57
房屋	320,972,200.00
器具	183,760,992.37
現款	37,653,000.84
生金銀	4,804,800.00
保管品	11,761,000.00
抵押品	128,532,360.00
有價證券	2,938,000.00
運輸工具	10,045,955.12
其他	23,291,298.14

附財產損失報告單　　張

調查專員（簽蓋）　財政廳長或縣長（簽蓋）　報告者事業主持人

江西省银行员工财产直接损失汇报表（一九四五年十二月二十四日）

29275

江西省省银行员工财產直接損失彙報表（表式16）
（機關學校或公營事業名稱）

填送日期三十四年十二月二十四日

分類	查報時之價值（國幣元）
共計	201,340,170.00
房屋	
器具	
衣物	191,586,510.00
現款	
圖書	9,753,660.00
其他	

附財產損失報告單　　張

主管長官（簽蓋）［印：王禮錫］　　填表人（簽蓋）［印：李長發印］

［印：江西省銀行總管理處］

财政部关于限期上报抗战期间各项损失总表致江西裕民银行的代电（一九四七年七月三日）

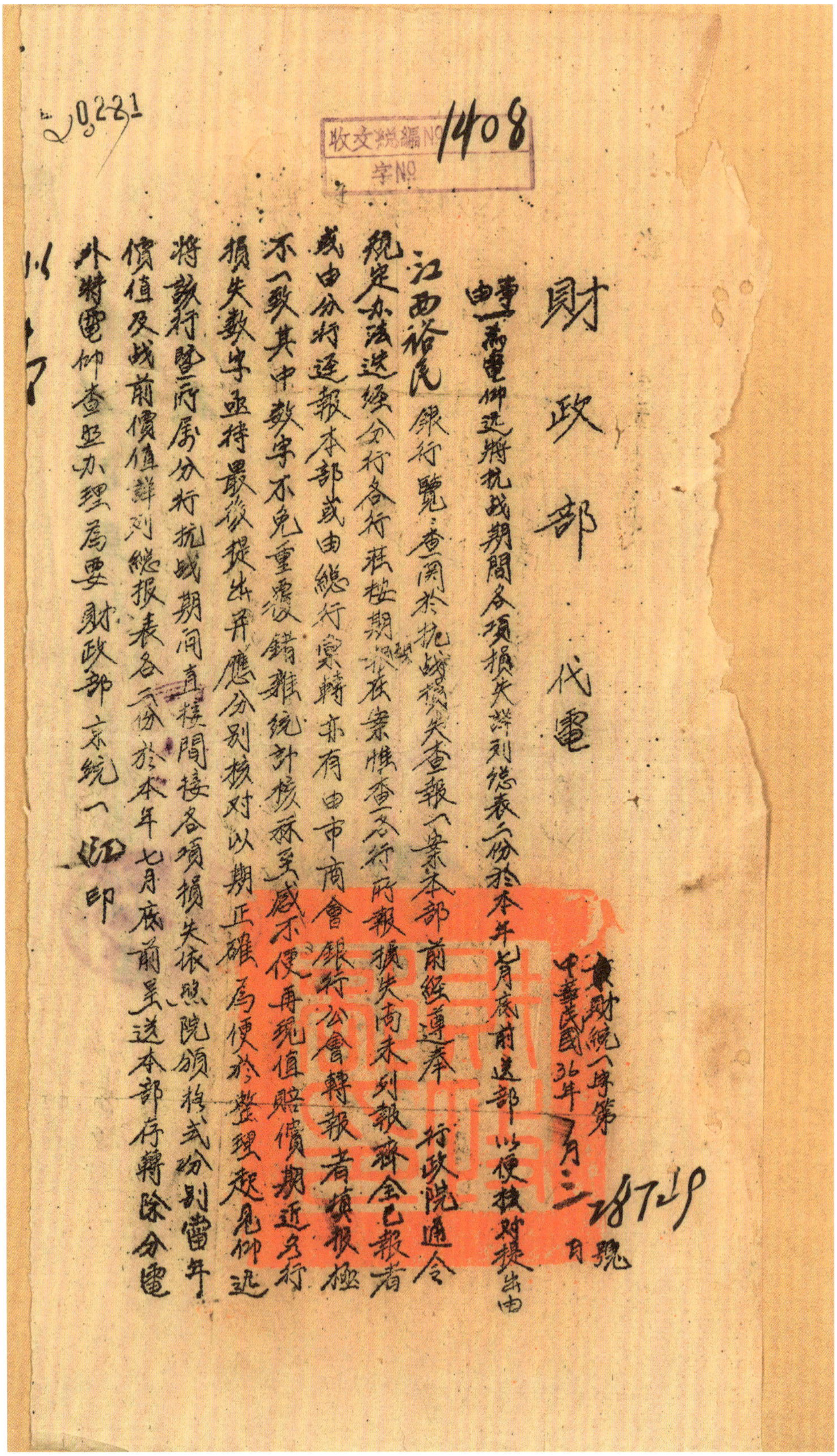

（九）其他

江西省瑞昌县抗战损失调查表（一九四一年二月）

401

瑞昌縣抗戰損失調查表

區別	年月日	地點	死亡口數	焚燬房屋數	搶劫財產數目	備攷
一區	民國廿七年	湓城鄉	一五〇	一〇六四	一八九、五〇〇元	
		洪山鄉	一三七	一二五六	二九四、〇〇〇元	
		北涉鄉	一〇三	七三四	七〇、一〇〇元	
		泥灣鎮	一七九	八五六	一〇三、二〇〇元	
		南陽鄉	一六四	一五七二	五二五、四〇〇元	
		橫立鄉	六一	二四八	一三八、九九元	
		雙橋鄉	二六六	六九六	六六、一二〇元	
二區	七七起	上南鄉	一二六九	八四九五	九四八七五九元	

中華民國三十年二月　日

瑞昌縣縣長喻聯才

		中南鄉	一一〇八	五九七九	七八六七二元
		下南鄉	一三一六	六七九五	八一七九〇元
		瀼南鄉	九〇六	四八〇九	五〇八一〇元
三區	民國廿九年四月廿八日	徐源鄉	七	四一一	二一二〇、二〇〇元
	民國廿七年九月二日	洪一鄉	四〇五	一二〇五	三二四、六四〇元
	民國廿七年一月廿五日至廿九年	橫路鄉	五一	四四二	四七〇、〇〇〇元
	民國廿七年十一月廿五日至廿九年五月廿日	樂源鄉	一〇	七二八	一五、五〇〇元
	民國廿七年八月十四日至廿九年九月廿日	洪下鄉	五八	七六	三八、七六三元
	民國廿七年七月至廿九年四月卅日	烏石鄉	一一九	七四九	五〇、五〇〇元
合		計	六三〇九	三六一一五	五〇六一八五九元

江西全省情报总站关于报送敌犯彭泽黄土港战地工作队第七队损失公物情形致江西省保安处的呈（一九四一年八月五日）

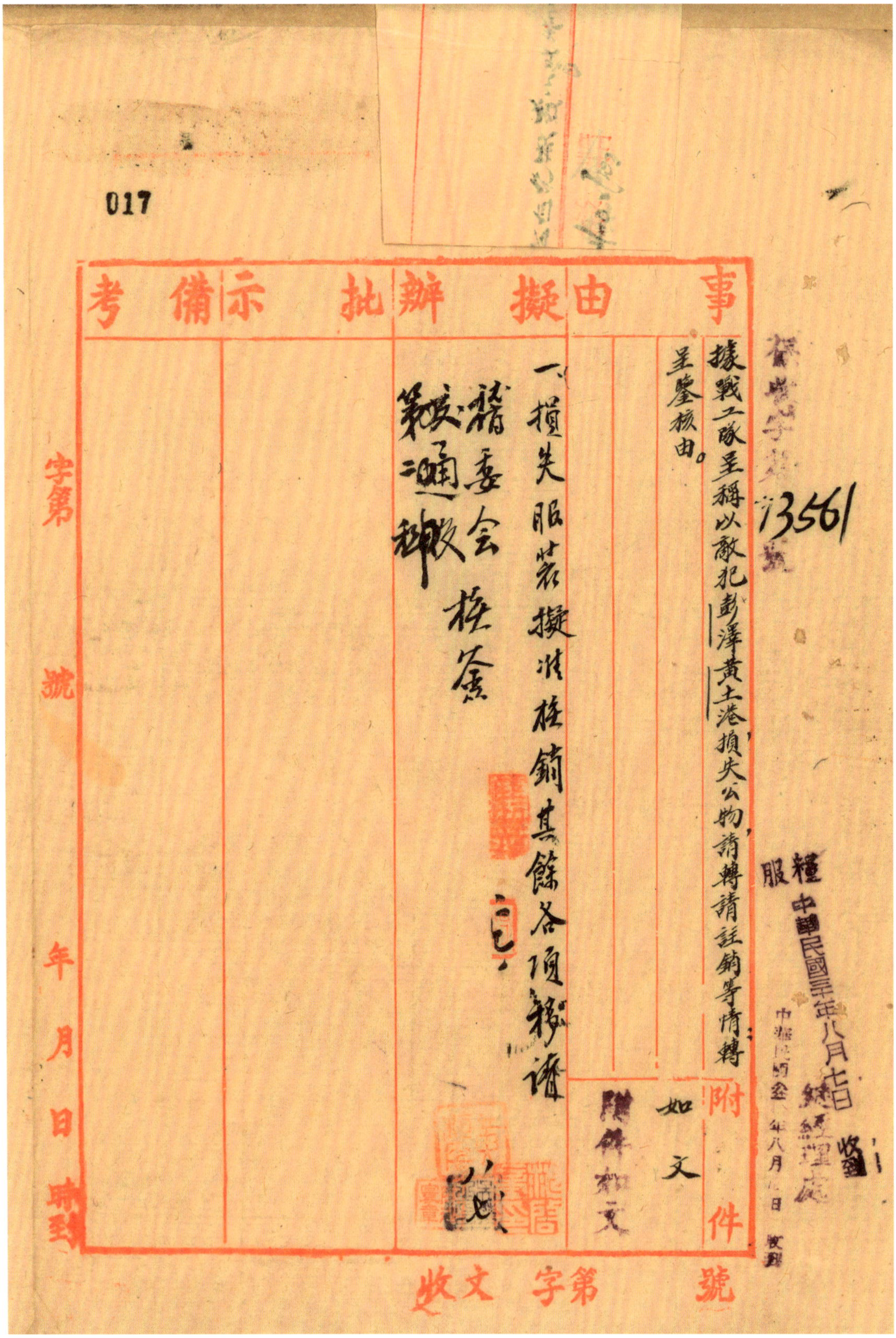
017

13561

事由：據戰工隊呈稱以敵犯彭澤黄土港損失公物，請轉請註銷等情，轉呈鑒核由。

附件：如文

擬辦：附件如文

批示：一、損失服装擬准核銷，其餘各項移請稽委会核簽

中華民國三十年八月七日

收文　字第　號

018

案據戰地工作隊高戰字三八〇七號呈稱：

「案據本隊駐黃土港第七隊報稱『五月十三日敵陷彭澤黃土港時，職隊人員當以緊急處置將舊衣及破舊服裝焚燬，並將槍技及重要公文搶出，擬再搶救其他物件，奈敵艦駛抵頭上，敵先頭部隊亦抵黃土港，在急迫紊亂之際，本隊人員已失聯絡，未及搶出之公私各物損失頗鉅，理合將經過情形連同公物損失焚燬表呈請轉請註銷』。等情；據此所報尚屬實情，理合檢同原表備文呈請轉請註銷」。

等情；據此，理合檢同原表備文呈請

鈞長鑒核註銷。

謹呈

處長 廖

副處長熊

附表一份

江西全省情報總站兼主任熊濱
副主任雷鳴春

熊濱之印　雷鳴春印

020

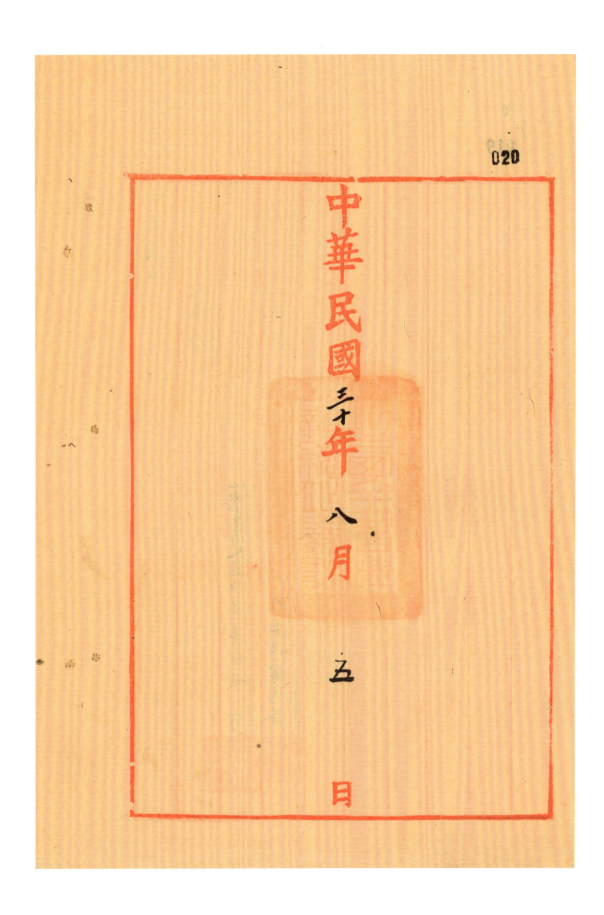

中華民國三十年八月五日

附：江西省保安处战地工作队第七队公物损失焚毁表（一九四一年六月）

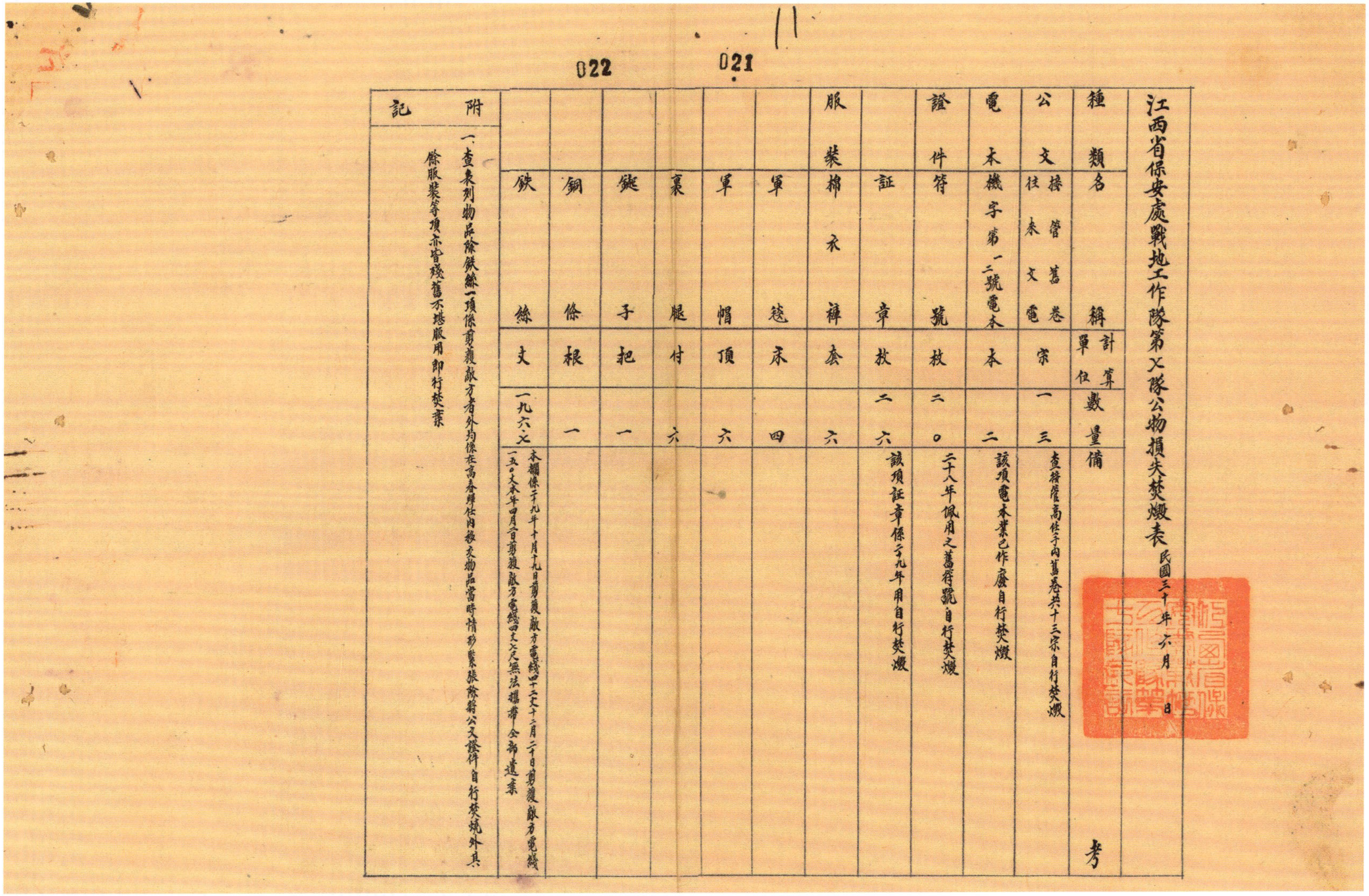
022　021

江西省保安處戰地工作隊第七隊公物損失焚燬表　民國三十年六月　日

種類	名稱	計算單位	數量	備考
公文	接管舊卷 往來文電	宗	一三	查接管高佳子內舊卷共十三宗自行焚燬
電本	機字第一二號電本	本	二	該項電本業已作廢自行焚燬
證件	符號	枚	二〇	二十八年佩用之舊符號自行焚燬
	証章	枚	二六	該項証章係二十九年用自行焚燬
服裝	棉衣褲	套	六	
	單毯	床	四	
	單帽	頂	六	
	裹腿	付	六	
	鏟子	把	一	
	銅條	根	一	
	鐵絲	丈	一九六.七	本欄係二十九年十月十九日剪獲敵方電線四十二丈十二月二十日剪獲敵方電線一五〇丈本年四月二十日剪獲敵方電線四丈七尺無法攜帶全部遺棄

附記：一、查表列物品除鐵絲一項係剪獲敵方者外均係在高春驛住內移交物品當時情形緊張除將公文證件自行焚燒外其餘服裝等項亦皆殘舊不堪服用即行焚棄

江西省地质调查所关于查报七七事变后公私财产所受损失总额等致省建设厅的呈（一九四三年五月二十五日）

0058
041

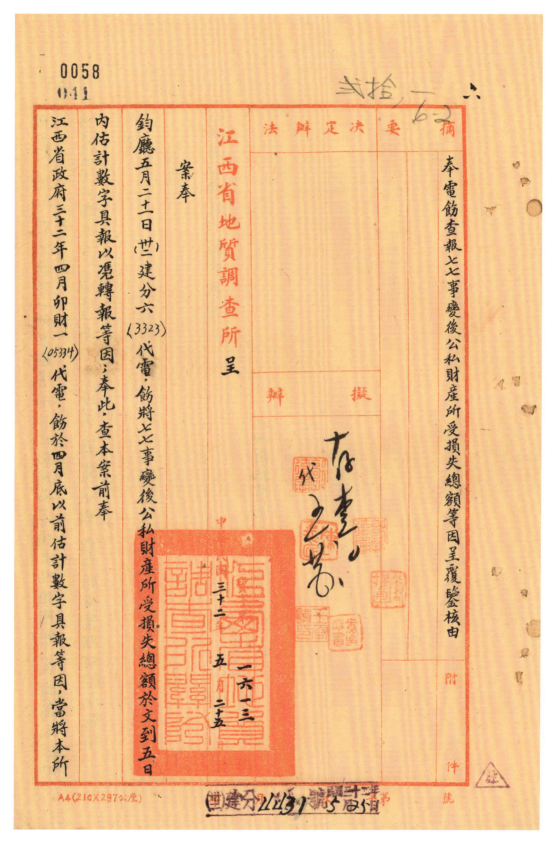

摘要	決定辦法
奉電飭查報七七事變後公私財產所受損失總額等因呈覆鑒核由	
附件	擬辦

號

江西省地質調查所呈

中華民國三十二年五月二十五日 一六一三

案奉

鈞廳五月二十一日（卅二）建分六（3323）代電，飭將七七事變後公私財產所受損失總額於文到五日內估計數字具報以憑轉報等因；奉此，查本案前奉

江西省政府三十二年四月卯財一（05334）代電，飭於四月底以前估計數字具報等因，當將本所

A4（210X297公厘）

（卅）建分4431號 5月25日

0059

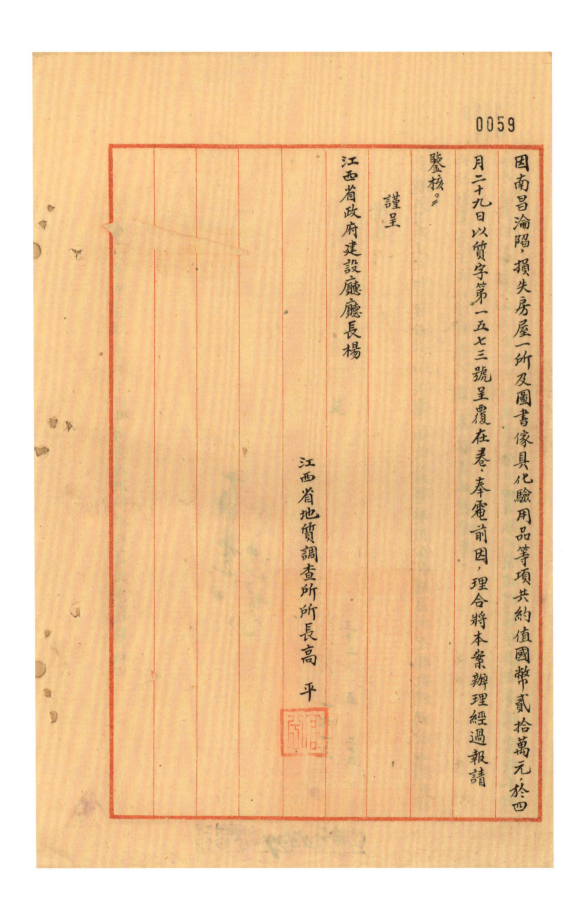

因南昌淪陷，損失房屋一所及圖書傢具化驗用品等項共約值國幣貳拾萬元，於四月二十九日以質字第一五七三號呈覆在卷，奉電前因，理合將本案辦理經過報請

鑒核。

謹呈

江西省政府建設廳廳長楊

江西省地質調查所所長高　平

江西省度量衡检定所关于报送该所抗战以来公私财产损失报告表致省建设厅的呈
（一九四三年十二月二十三日）

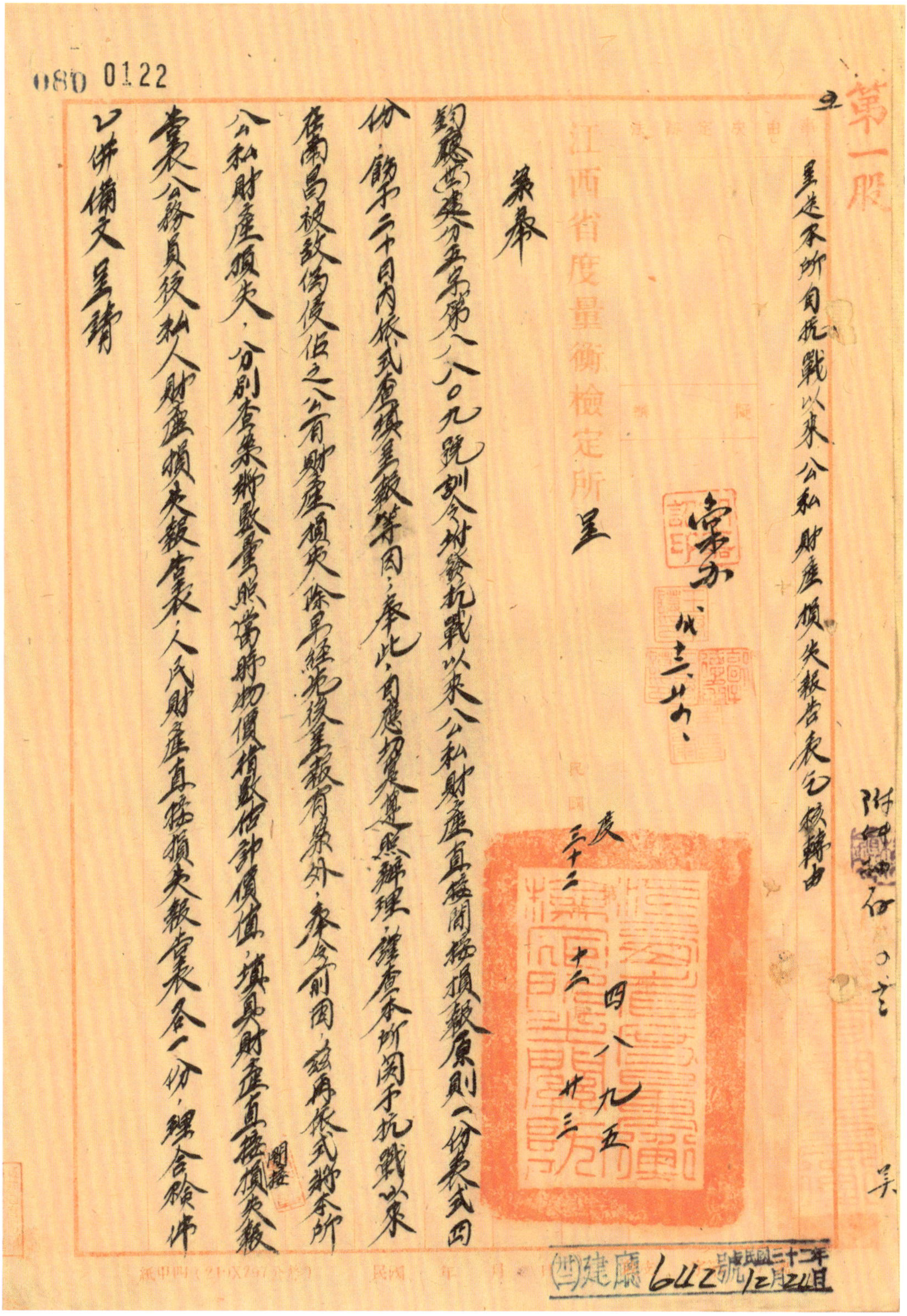

第一股

呈送本所自抗戰以來公私財產損失報告表乞核轉由

江西省度量衡檢定所 呈

案奉

鈞廳（卅二）建乃五字第八八〇九號訓令，附發抗戰以來公私財產直接間接損失原則一份，表式四份，飭于二十日內依式查填呈報等因，奉此，自應切實遵照辦理。謹查本所關于抗戰以來被敵偽侵佔之公有財產損失，除早經先後呈報有案外，奉令前因，茲再依式將本所公私財產損失，分別查案按照當時物價指數估計價值，填具財產直接損失報告表、公務員役私人財產損失報告表、人民財產直接損失報告表各一份，理合檢同以併備文呈請

民國三十二年十二月二十三日

建廳 6442號 12月24日

鑒核彙轉

謹呈

江西省政府建設廳廳長胡

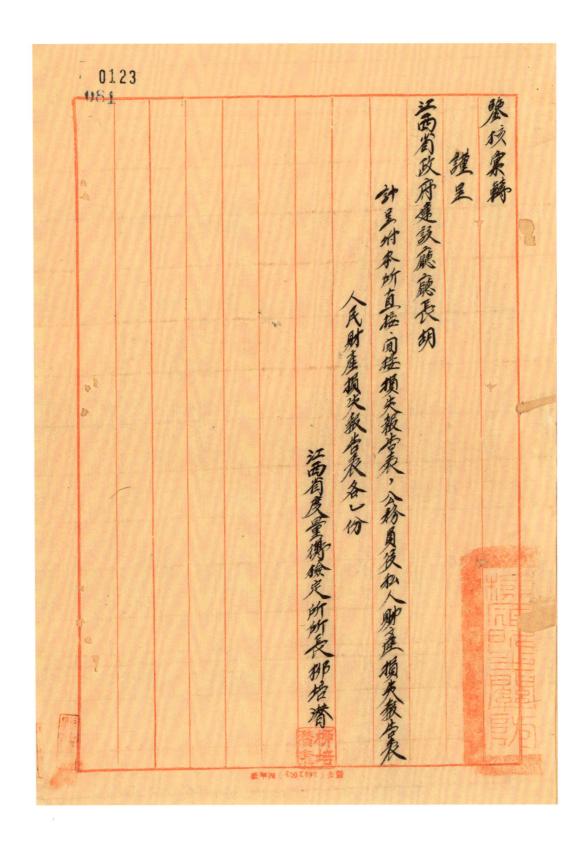

計呈附本所直接、間接損失報告表，公務員役私人財產損失報告表

人民財產損失報告表各乙份

江西省度量衡檢定所所長柳培潛

柳培潛

附（一）江西省度量衡检定所财产直接损失报告表（一九四三年十二月十六日）

082

0124

江西省度量衡檢定所財產直接損失報告表

資料時期：26年7月7日至32年12月31日

填表日期：32年12月16日

（附表1）

損失分類	價值（單位：國幣元）
共計	18,350
建築物	12,500
器具	4,800
現款	
圖書	50
儀器	400
文卷	100元
醫藥用品	
其他	500

附（二）江西省度量衡检定所财产间接损失报告表（一九四三年十二月十六日）

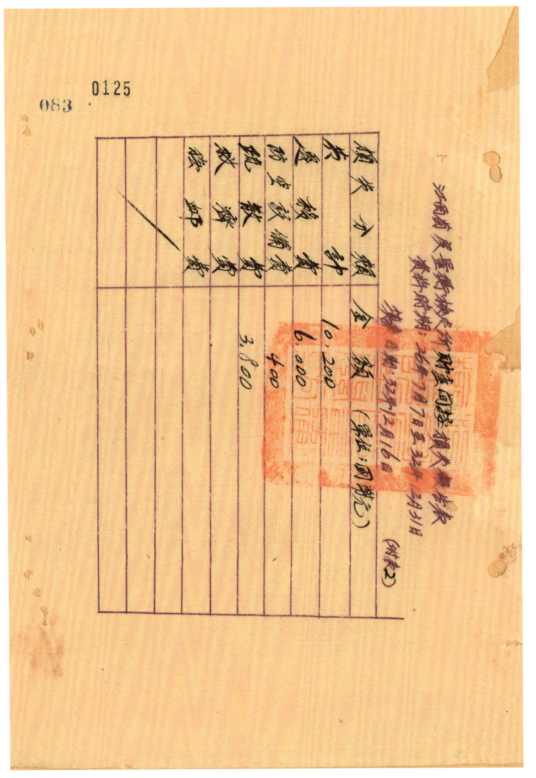

江西省度量衡檢定所財產間接損失報告表

資料時期：26年7月7日至32年12月31日

填表日期：32年12月16日

（附表2）

損失分類	金額（單位：國幣元）
共計	10,200
遷移費	6,000
防空設備費	400
疏散費	3,800
救濟費	
撫卹費	

附（三）江西省度量衡检定所公务员役私人财产损失报告表（一九四三年十二月十六日）

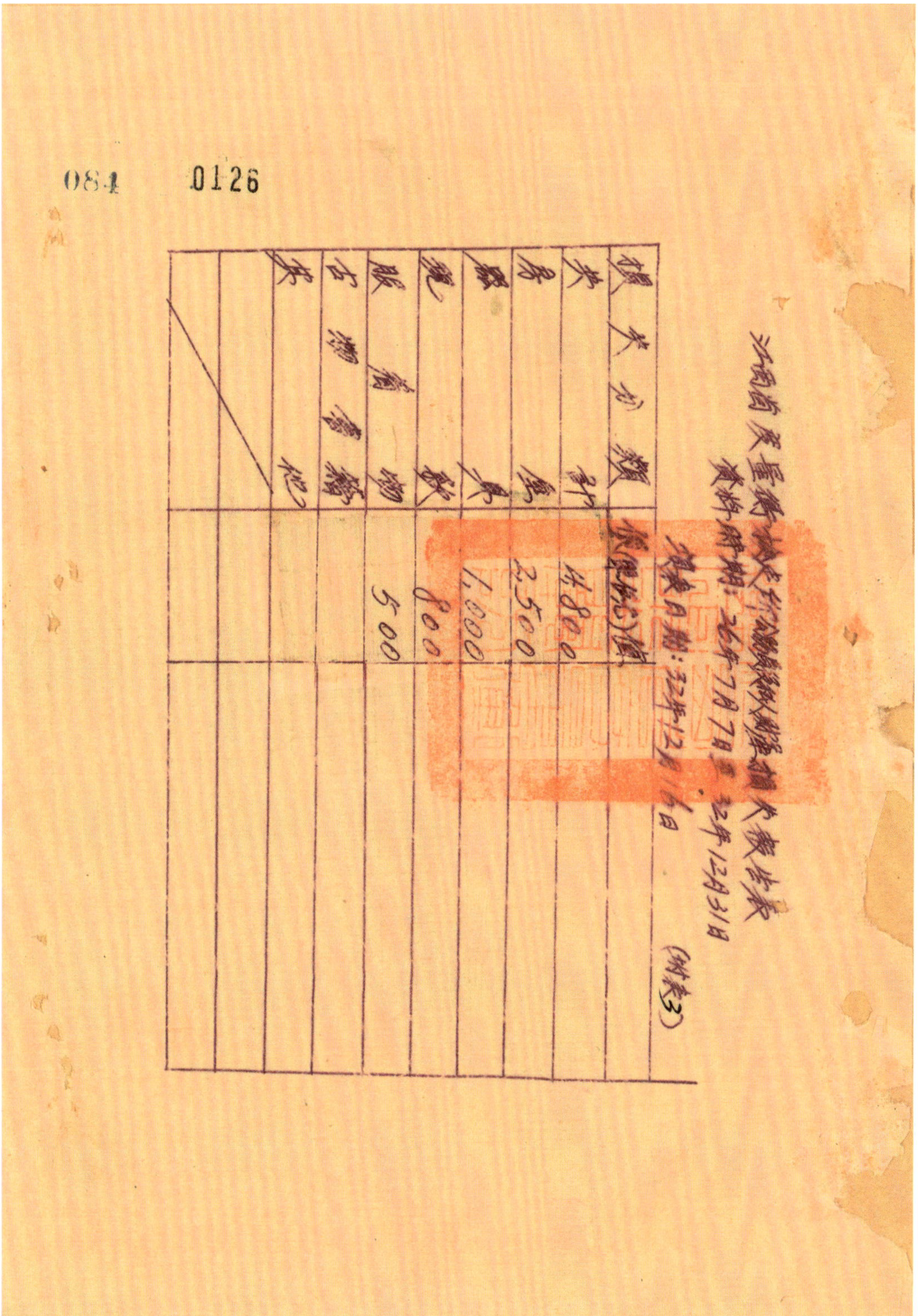

084 0126

江西省度量衡檢定所公務員役私人財產損失報告表

資料時期：26年7月7日至32年12月31日

填表日期：32年12月16日

（附表3）

損失分類	價值（國幣元）	
共計	4,800	
房屋	2,500	
器具	1,000	
現款	800	
服着物	500	
古物書籍		
其他		

附（四）江西省度量衡检定所人民财产直接损失报告表（一九四三年十二月十六日）

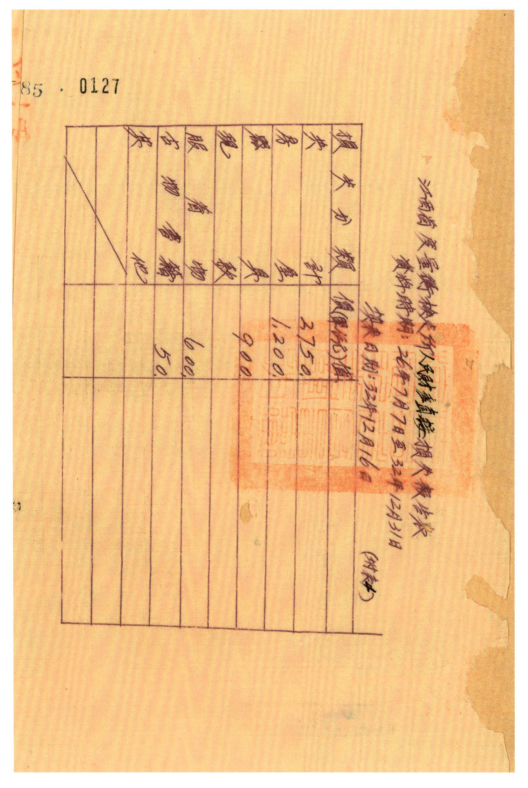

85 · 0127

江西省度量衡检定所人民财产直接损失报告表

资料时期：26年7月7日至32年12月31日

填表日期：32年12月16日

（附表4）

損失分類	價值（國幣元）	
共計	2,750.	
房屋	1,200.	
器具	900.	
現款		
服着物	600.	
古物書籍	50.	
其他		

江西省地质调查所关于报送抗战以来该所公私财产损失报告表致省建设厅的呈（一九四四年四月二十四日）

统计室

第五科

0198 129

摘要	決定辦法
呈送本所及本所職員抗戰以來財產損失報告表請彙轉由	擬辦：彙辦 四、廿七

江西省地質調查所　呈

案奉

鈞廳三十二年十一月三十日(卅二)建分五字第八八〇九號訓令，飭查報抗戰以來公私損失等因，附抄發查報原則一份，表式四份，奉此，自應遵辦，茲將本所公私財產損失報告表分別查填完竣，理合檢同本所財產直接損失報告表間接損失報告表各一份，本所職

中華民國三十三年四月二十四日

0274

A4(210×297公厘)　年　月　日　3844號 4.26

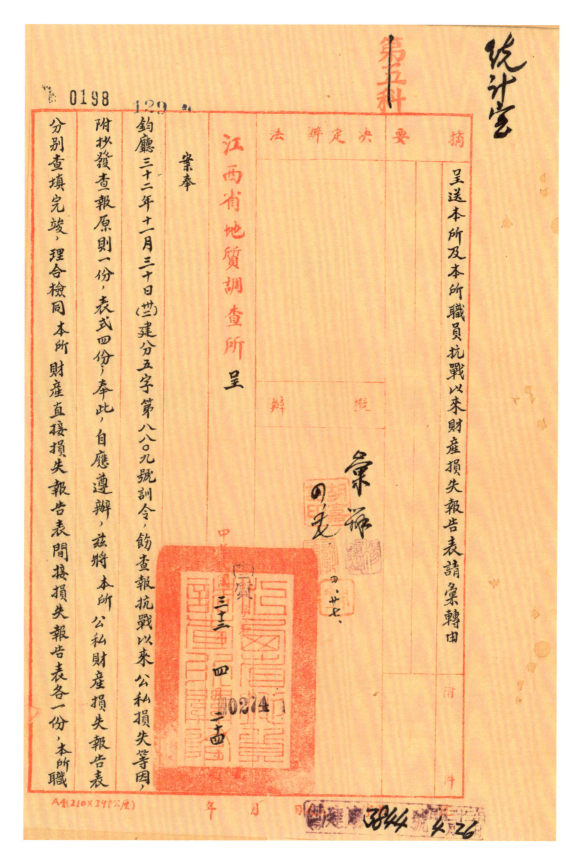

0199

員私人財産損失報告表十三份，具文呈請

鑒核彙轉。

謹呈

江西省政府建設廳廳長胡

附呈本所財産直接損失報告表及間接損失報告表各一份，本所職員私人財産

損失報告表十三份

江西省地質調查所所長高平　公出

技正熊功鄉代行

附（一）江西省地质调查所财产直接损失报告表（一九四四年四月二十四日）

江西省地質調查所財產直接損失報告表　（表式1）

資料時期：26年7月7日至31年12月31日

填送日期：33年4月24日

損失分類	金額　（單位：國幣元）
共計	100,000元
建築物	40,000元
器具	20,000元
現款	
圖書	5,000元
儀器	10,000元
文卷	
醫藥用品	5,000元
其他	20,000元

報告機關：江西省地質調查所

附（二）江西省地质调查所财产间接损失报告表（一九四四年四月二十四日）

（表式2）

江西省地質調查所財產間接損失報告表

填報時期 26年7月7日至31年12月31日

填送日期 33年4月24日

損失分類	金額（單位國幣元）
共計	50,000元
遷移費	30,000元
防空設備費	10,000元
疏散費	10,000元
救濟費	
撫卹費	

報告機關：江西省地質調查所

附（三）江西省地质调查所公务员役私人财产损失报告表（一九四四年）

0202

132

（表式3）

江西省地質調查所公務員役私人財產損失報告表

資料時期：26年7月7日至31年12月31日

33年4月24日

損失分類	價值
共計	9,600元
房屋	無
器具	1,000元
現款	無
服著物	5,000元
古物書籍	3,000元
其他	600元

報告者 陸繼賢

江西省地質調查所公務員役私人財產損失報告表　（表式3）

資料時期：29年2月1日至31年12月31日

填送日期：33年4月24日

損失分類	
共計	370,000元
房屋	無
器具	20,000元
現款	無
服着物	50,000元
古物書籍	100,000元
其他	200,000元

報告者　黄書簡（印）

江西省地質調查所公務員役私人財產損失報告表　（表式3）

資料時期：31年5月1日至31年12月31日

填送日期：33年4月24日

損失分類	
共計	233,000元
房屋	無
器具	10,000元
現款	218,000元
服着物	2,000元
古物書籍	2,000元
其他	1,000元

報告者 蔣耀華 （印：蔣耀華印）

0204

134

江西省地質調查所公務員役私人財產損失報告表　（表式3）

資料時期：28年3月29日至31年12月31日

填送日期：33年4月24日

損失分類	
共計	1,500,000元
房屋	1,200,000元
器具	20,000元
現款	無
服着物	80,000元
古物書籍	50,000元
其他	

報告者　夏湘蓁（夏湘蓁印）

0205

135

0206

136

江西省地質調查所公務員役私人財產損失報告表　（表式3）

資料時期：28年3月29日至31年12月31日

填送日期：33年4月24日

損失分類	
共計	325,0000元
房屋	200,0000元
器具	100,0000元
現款	無
服著物	24,0000元
古物書籍	1,0000元
其他	

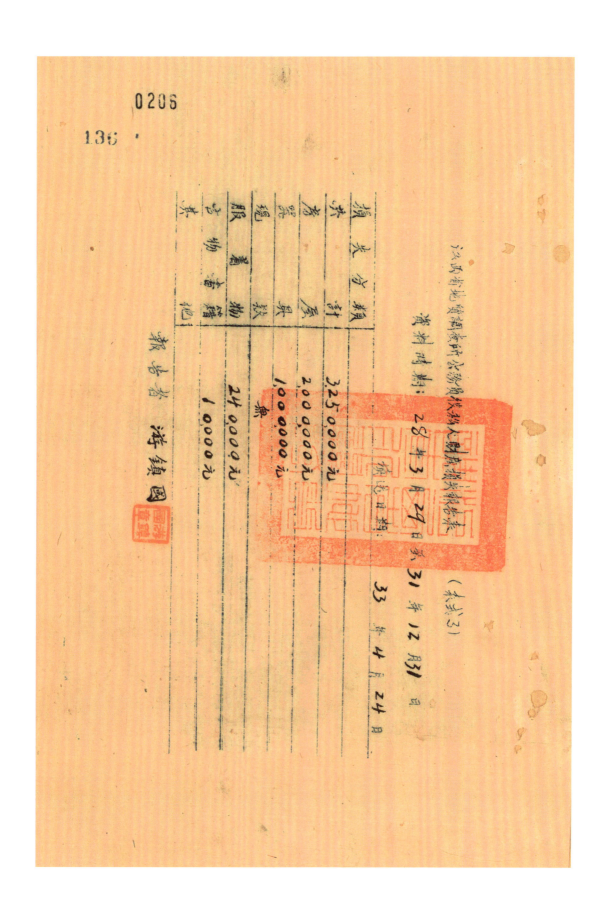

報告者　游鎮國（印）

江西省地质调查所公务员役私人财产损失报告表　（表式3）

资料时期：26年7月7日至31年12月31日

填送日期：33年4月24日

损失分类	
共计	67,500元
房屋	无
器具	3,500元
现款	56,000元
服着物	5,000元
古物书籍	3,000元
其他	

报告者　詹岩（印）

0207

137

0208

138

江西省地質調查所公務員役私人財產損失報告表　（表式3）

資料時期：26年7月7日至31年12月31日

填送日期：33年4月24日

損失分類	
共計	19,000元
房屋	5,000元
器具	2,500元
現款	無
服着物	10,000元
古物書籍	1,000元
其他	500元

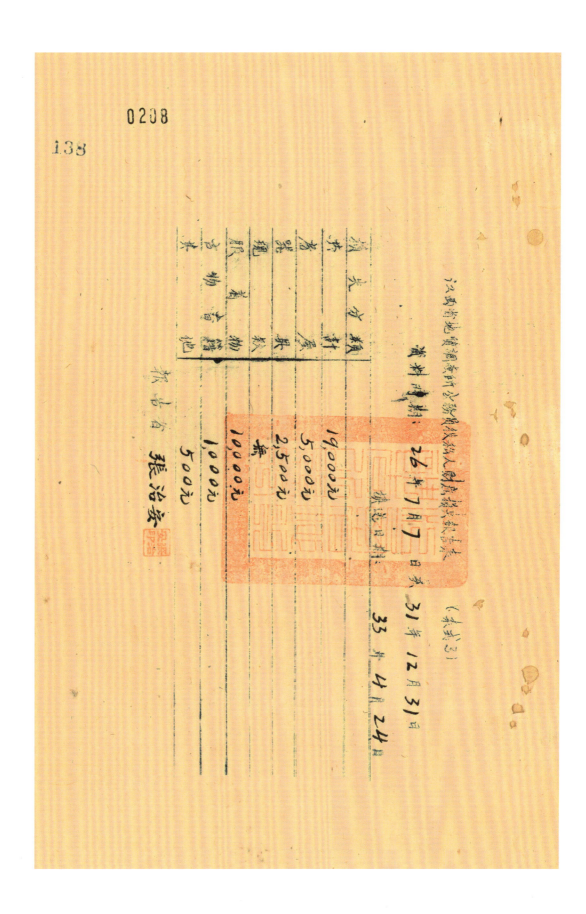

報告者　張治安（張治安印）

0209

139

江西省地質調查所公務員役私人財産損失報告表　（表式3）

資料時期：26年7月7日至31年12月31日

填送日期：33年4月24日

損失分類	
共計	50,000元
房屋	20,000元
器具	2,000元
現款	無
服着物	5,000元
古物書籍	10,000元
其他	13,000元

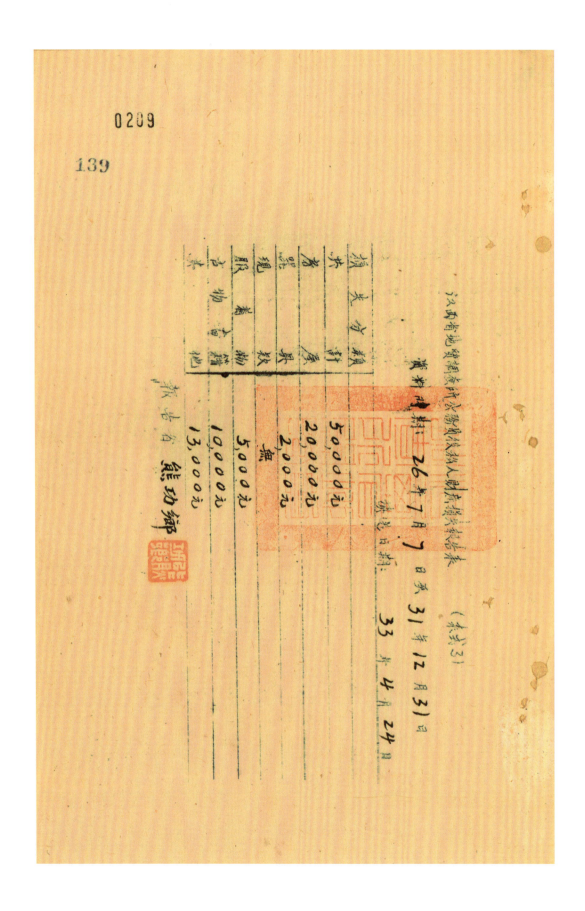

報告者　熊功鄉（印）

0210

110

江西省地質調查所公務員役私人財產損失報告表　（表式3）

資料時期：26年7月7日至31年12月31日

填送日期：33年4月24日

損失分類	
共計	1,500,000元
房屋	200,000元
器具	200,000元
現款	白銀百斤餘
服着物	500,000元
古物書籍	200,000元
其他	400,000元

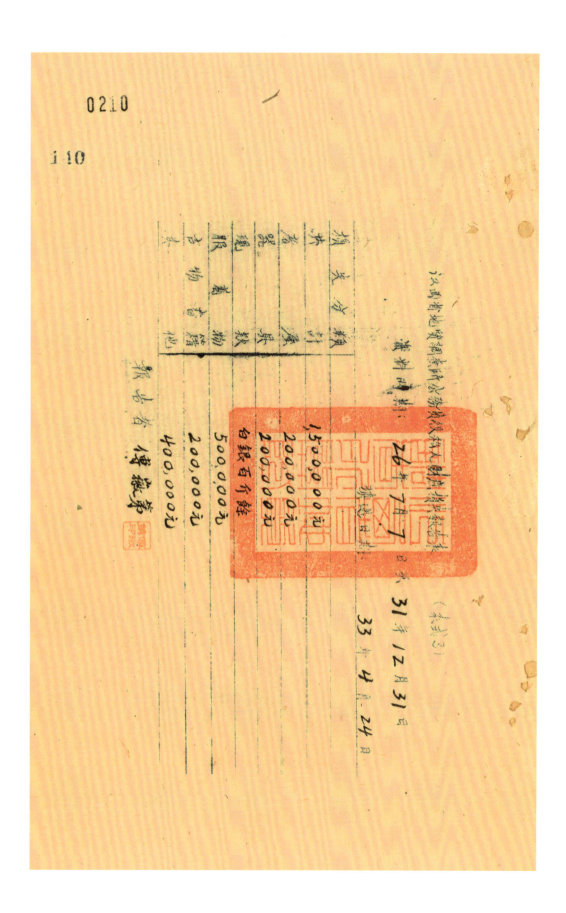

報告者　傅徽第（印：傅徽第印）

（表式3）

江西省地質調查所公務員役私人財產損失報告表

資料時期：26年7月7日至31年12月31日

填送日期：33年12月31日

損失分類	
共計	20,000元
房屋	無
器具	3000元
現款	無
服著物	4,000元
古物書籍	3,000元
其他	10,000元

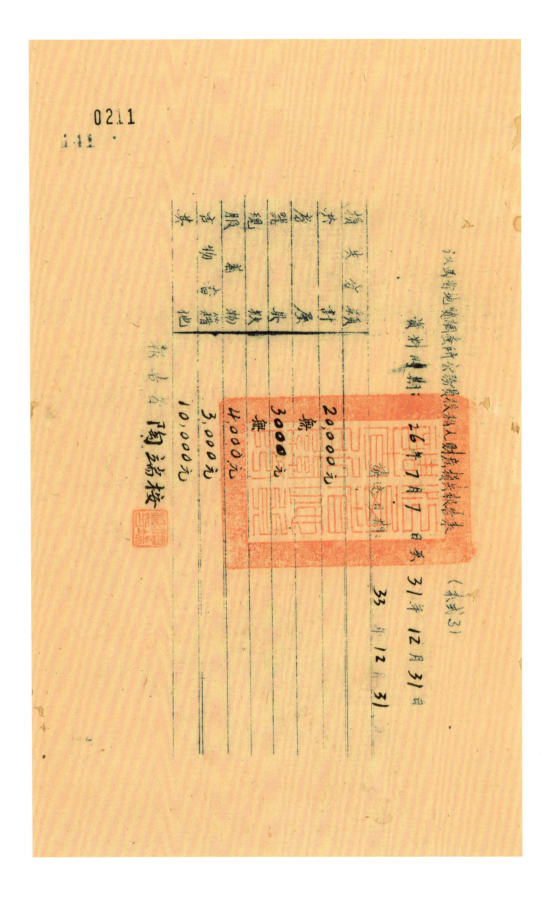

報告者 陶端桉

江西省地質調查所公務員役私人財產損失報告表　（表式3）

資料時期　26年7月7日至31年12月31日

填送日期　33年4月20日

損失分類	
共計	約十八萬五千元
房屋	
器具	約十萬元
現款	約二萬元
服着物	約四萬五千元
古物書籍	
其他	約弍萬元

報告者　潘文坤

0212

142

0213

143

江西省地质调查所公务员役私人财产损失报告表　（表式3）

资料时期　27年8月10日至28年3月1日

填送日期　33年4月22日

损失分类	
共计	七千元
房屋	
器具	壹千元
现款	贰百元
服着物	五千元
古物书籍	五百元
其他	三百元

报告者　张修暄

江西省地質調查所公務員役私人財產損失報告表　（表式3）

資料时期　28年2月4日至32年9月21日

填送日期　33年4月21日

損失分類	南昌淪陷及32年9月日寇侵渡撫河时二次之損失
共計	約計式拾萬元
房屋	
器具	約計拾萬元
現款	銀元百餘斤
服着物	約計八萬元
古物書籍	約計七千元
其他	

報告者　萬如屏

0214

1.1.1

江西省政府建设厅关于填报所属机关抗战以来公私财产损失致省政府的签呈（一九四四年九月二日）

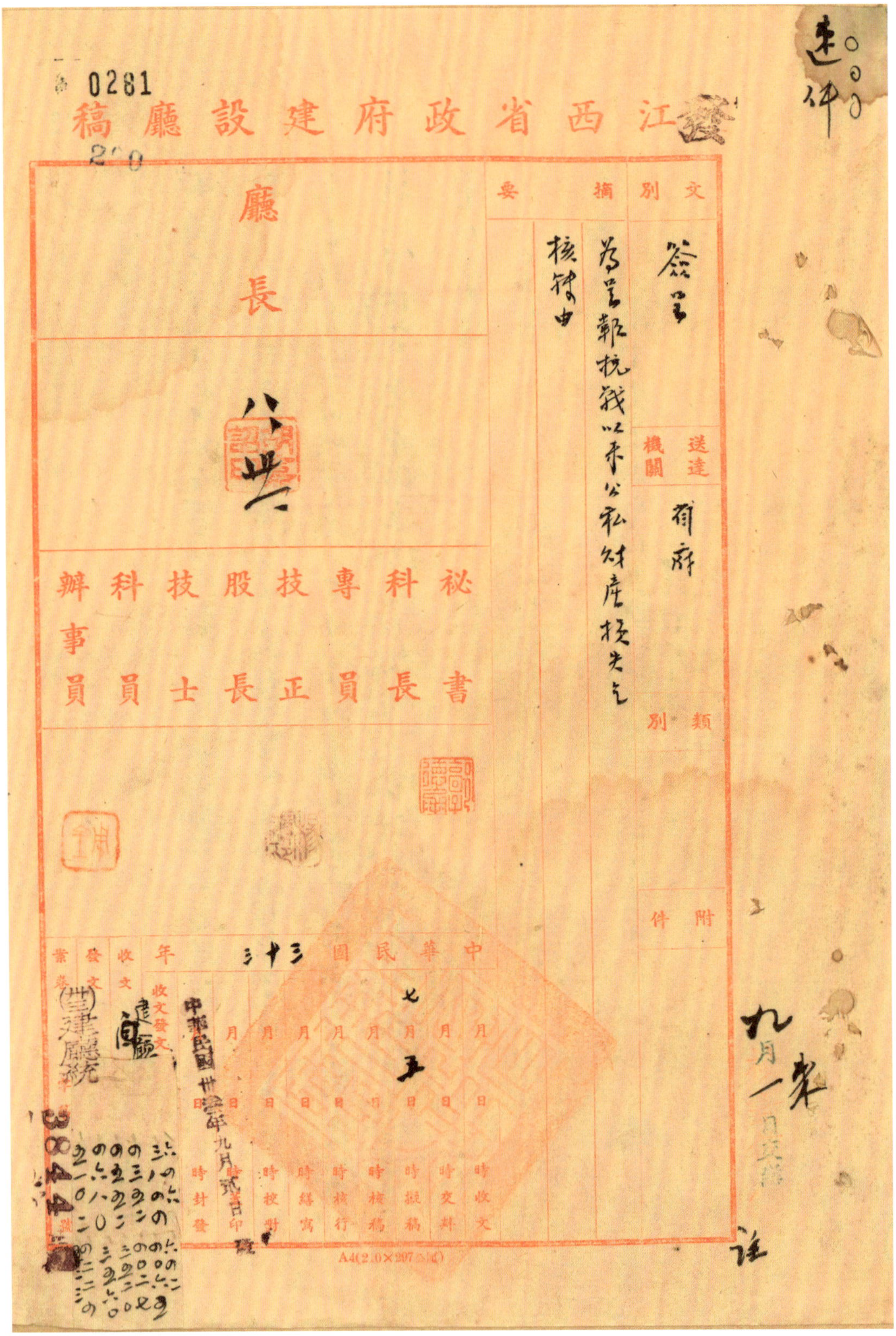
0281

江西省政府建設廳稿

文別	簽呈
摘要	為呈報抗戰以來公私財產損失乞核轉由
送達機關	省府
類別	
附件	

廳長

秘書 科長 專員 技正 股長 技士 科員 辦事員

中華民國三十三年 七月 五日

收文 發文 年 月 日 時收文 時交辦 時擬稿 時核稿 時核行 時繕寫 時校對 時蓋印 時封發

九月一日

0282

簽呈 建分統字第　號

案奉

鈞府本年三月　日統字第〇一一一號訓令以准內政部代電抄送抗戰以來公私人民財產損失查報原則及表式，請迅速填報，飭即遵照，並轉飭所屬查報齊全，以便彙轉，等因；奉此，當即遵飭所屬查報，茲據祇有本府各該機關填報到統計表三份，理合檢同該表呈請

鑒核彙轉

謹呈

主席曹

附呈建設廳所屬機關財產直接損失、財產間接損失、公務員役私人財產損失報告表各一份

建設廳廳長胡〇

附（一）江西省政府建设厅所属机关财产直接损失报告表（一九四四年六月）

0283 江西省政府建設廳所屬機關財產直接損失報告表

701

二十六年七月七日至三十一年十二月三十一日　填報時期三十三年六月

損失分類	價值（元）
共計	29,562,046
建築物	22,945,784
器具	1,325,926
現款	235,889
圖書	8,550
儀器	65,697
文卷	381卷
醫藥用品	12,000
其他	4,968,200

報告者（蓋本廳印）

附（二）江西省政府建设厅所属机关财产间接损失报告表（一九四四年六月）

0284 202

江西省政府建设厅所属机关财产间接损失报告表

二十六年七月七日至三十一年十二月三十一日

填报日期：三十三年六月

损失分类	金额（元）
共计	1,530,561
迁移费	799,765
防空设备费	194,047
疏散费	406,778
救济费	70,466
抚恤费	59,505

報告者（蓋章下印）

附（三）江西省政府建设厅所属机关公务员役私人财产损失报告表（一九四四年六月）

江西省政府建设厅所属机关公务员役私人财产损失报告表

0285 203

二十六年七月起至三十一年十二月三十一日

填报日期：三十三年六月

损失分类	金额（元）
共计	91,338,690
房屋	30,364,300
器具	15,657,827
现款	1,661,184
服着物	24,523,469
古物书籍	9,344,750
其他	9,767,160

报告者（并本厅印）

0437

江西省興國縣抗戰損失總表

民國三十四年十月　日

類別	金（三十四年國幣元）額
總計	1,967,610,301
日寇竄擾本縣三鄉傷亡人口損失	1,388,000（重傷149人，輕傷64人，死亡57人，不明145人）
日寇竄擾本縣三鄉財產直接損失	345,972,015
公私營事業財產間接損失	1,606,285,544
縣級各機關學校間接損失	13,608,142
縣屬各機關學校團体員工財產損失	356,600
其他	

調查專員　　縣長　　填表者

[illegible]

0438

兴国县縣人口傷亡彙报表（表式2）

事　件：(1) 敌寇窜扰

日　期：(2) 34年七月

地　點：(3) 樟城、龙坪、江背三乡

1,385,000

填送日期三十四年 10 月 17 日

性別＼傷亡人數	重傷	輕傷	死亡	費用（國幣元）醫藥	費用（國幣元）埋葬
男	70人	38人	46人	426,000	400,000
女	79人	26人	11人	447,000	115,000
童(4)					
不明	123人	22人			

附人口傷亡調查表　　張

調查專員（簽蓋）　　縣長（簽蓋）　　鄉鎮長（簽蓋）

說　明：1.即發生損失之事件，如日機轟炸日軍進攻等。

2.即事件發生之日期，如某年某月某日，或某年某月某日至某年某月某日。

3.即事件發生之地點，如某市某縣某鄉某鎮某村等。

4.「童」指十六歲以下者。

0439

鄂城 284,248,675元

都坪 55,916,040元

江陵 5,795,300元

345,960,015元

12,000

345,972,015元

0440

興國縣民營事業財產間接損失報告表（表式18）

農工商金融航業部份（2）

損失發生之年份：民國抗戰全程

填送日期三十四年10月17日

1,606,285,544

分類		數額（單位國幣元）
可能生產額減少（3）		532,628,144
可獲純利額減少（3）		1,069,099,400
費用之增加	拆遷費	4,525,000
	防空費	-
	救濟費（4）	23,000
	撫卹費（4）	10,000

報告者（5）

說明：1.各省市縣營事業機關報告該機關財產間接損失民營事業之農工商業各業團體報告各該部份財產間接損失均用此表並於營字前分別填明『省』『市』『縣』『民』等字。

2.省市縣營及民營事業財產直接損失彙報表共分爲農業、礦業、工業、公用、事業、商業、銀行業、金融事業（不包括銀行）公路、航業、電訊等十部份，財產間接損失報告表亦依此分類填寫。

3.可能生產額減少應依市價估計所值國幣數填入數額欄內如某種營業生產額及純利額均減少者則兩項並填否則填一項。

4.係指營業主對雇用之工人或店員支給之救濟費撫卹費。

5.省市縣營者填明本機關名稱由主管人員簽名並加蓋機關印信、民營者填明、市、鄉、農會漁會商會或工會並加蓋各該會圖記，縣營民營者並加由調查專員簽蓋。

0441

兴国縣財產間接損失報告表（表式17）

（機關學校名稱）

損失發生之年份：民國抗戰全期

填送日期三十四年10月17日

分類	數額（單位：國幣元）
共計	13,608,142
遷移費	132,720
防空設備費	5,400
疏散費	93,900
救濟費1)	13,248,702
撫卹費1)	

127,800

報告者2)

說明：1.爲本機關支出者。

2.應由報告機關長官署名並加蓋機關印信縣級機關學校並加由調查專員簽證。

0442　兴國縣級各机関学校員工財產直接損失彙報表（表式15）

（機關學校或公營事業名稱）

填送日期三十四年　　月　　日

分類	查報時之價值（國幣元）
共計	356,600
房屋	/
器具	/
衣物	356,600
現款	/
圖書	/
其他	/

附財產損失報告單 4 張

主管長官 校長王恩荣　　　　填表人（簽蓋）

說明：1.本表根據本機關各個員工財產損失報告單編製。

2.主管長官及製表人應將報告單嚴加審核，如填報不實，應連帶負責。縣政機關學校或公營事業並加由調查專員簽蓋。

江西省武宁县箬溪乡乡民代表关于造具七年来倭寇蹂躏损失表等致省临时参议会的呈（一九四五年十月）

L00025　23—49

0049

卅年十月廿日收到收文1874號

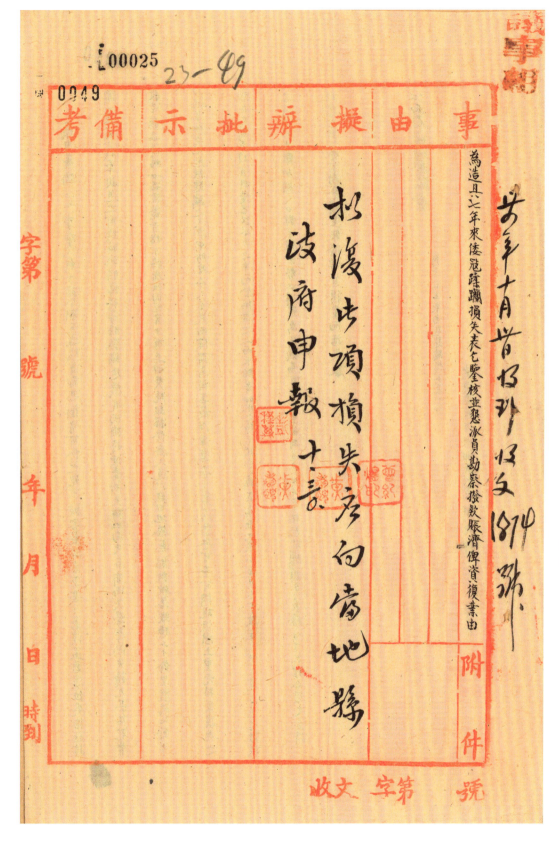

事由	擬辦	批示	備考
為造具七年來倭寇蹂躪損失表乞鑒核並懇派員勘察撥款賑濟俾資復業由	抄復此項損失應向當地縣政府申報　十三		

附件

字第　號　收文

年　月　日　時到

竊自盧橋（七七）事變八載于茲全國交通綫首當其衝者可怜之宛平被害最深者莫甚于若溪蓋若溪位處倭寇蹂躪之終點我軍挺進之前綫時戰時停時停時戰綿延歲月兩相持使農而失耕工而失雇商而失營學而失讀尤其倭寇屠殺老弱姦淫婦女姦後斃者指不勝屈彼而死者十有其四焚燒劫掠慘無人道以致田地榛蕪鄉村破落縱橫二十餘里盤踞七餘年以此窄狹之地經彼蹂躪之久其中所受令人不寒而慄謂為被害最深者莫甚于若溪歷歷可查可問現值國土重光邦家復興之際在已歸者額首相慶已出水火之中而登衽席之上而未歸者如水之趨下獸之走曠若溪彈丸較小每日不下數百人然久荒不毛之若溪忽爾增加逃難初歸人口對于復業勢必困難萬狀誠為可慮之至茲將造具七年來倭寇蹂躪損失表除分呈外理合備文呈請

鈞鑒並懇派員勘察轉呈賑濟俾資復業而活災黎

謹呈

江西省臨時參議會

附呈七年來倭寇蹂躪損失表一份

武寧縣若溪鄉鄉民代表 周兆祥

葉經文 葉經文章

51

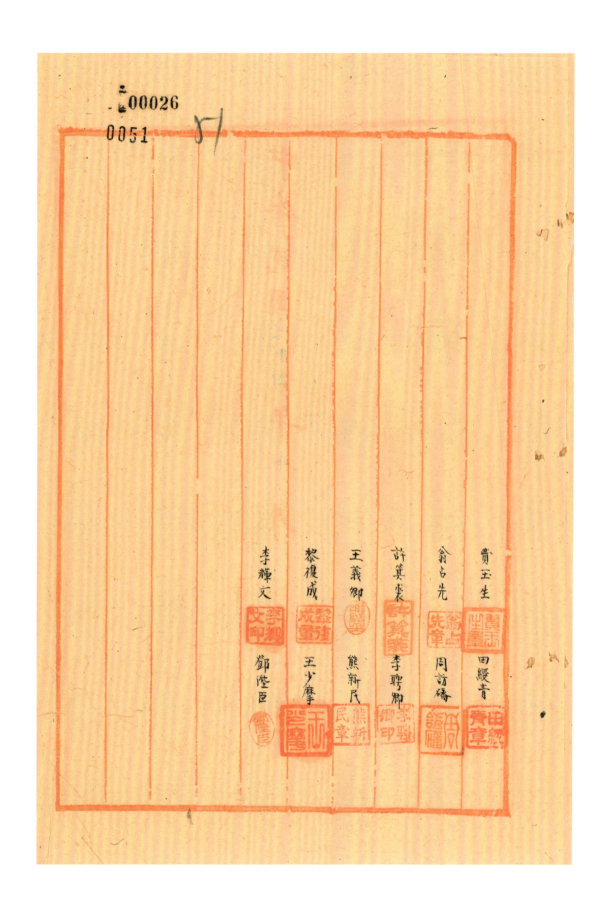

費玉生　田綬青
翁占先　周訪僑
許箕裳　李聘卿
王義卿　熊新民
黎復成　王少摩
李輝文　鄧陛臣

52

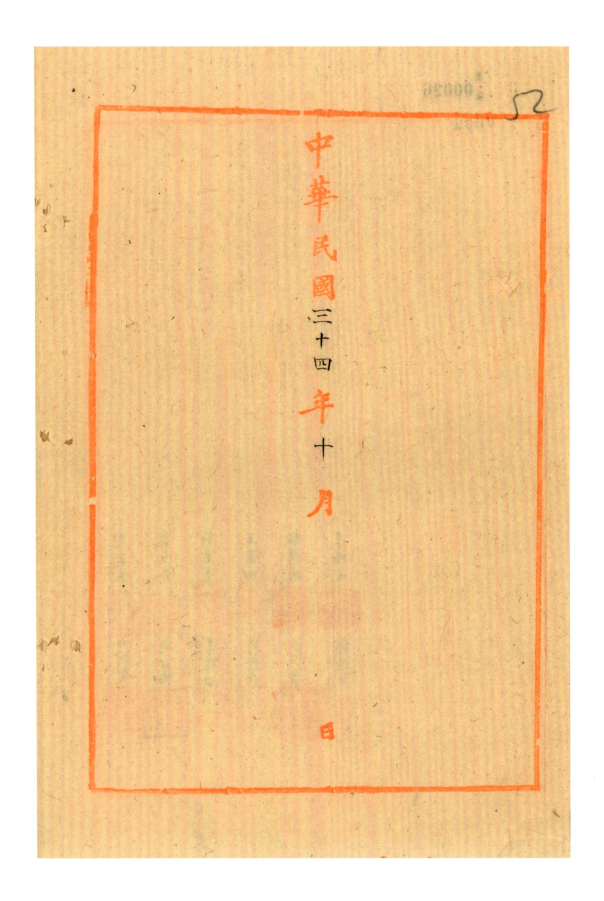

中華民國三十四年十月　　日

武寧縣箬溪鄉七年來倭寇蹂躪損失表

市村別	被殺人數 男數	被殺人數 女數	被姦數	姦後死數	被燒房屋 泥舍數	被燒房屋 磚瓦數	被荒田地 田畝數	被荒田地 地畝數	被掠耕牛 黃牛數	被掠耕牛 水牛數	備註
箬溪市	二四	二八	一一	四		一二五	四六	五二	三	五	
曲池	三一	二六	一四	二	三	二一	二〇八	五九	一五	二八	
山塢裡	三	一	二			二	一〇五	二一	一	八	
金山下	六	二	一		一	五	五七	一九	三	四	
毛家嶺	二	一	一	一	二	三	四一	二三	一	五	
西山坡	五	二	二	一	一	六	三四	一六	二	三	
石橋邊	一				二	五	九三	一二	三	一	
上官頭	二	一	一		三	四	六一	二一	二	五	
楓林樹	三	四			一	三	二一	一〇	一	三	
茶園嶺	五	三	二	一		四	一七	一〇	一	二	
[illegible]灘	三	一	一		二		三〇	一五	二	二	
下茶鋪	一五	五	二			三	五〇	一〇		三	
南山	七	三	二	一	一	二	五三	一五		二	
松樹下	八	五	一			四	二〇	九		一	
上屋裏	一〇	八	二	一		六	一七	八		二	
楊公塘	一二	七			三	二	一九	六	一	四	
大坪潭	一〇	六	三	一	二	一	二八	七	三	三	
館李頭	三〇	一五	四	二	一	三	一〇	四		二	
黃溪塘	七	四			一	二	九	七		一	
破石	二六	一四			九	一〇	八〇	三〇	四	一〇	
四鋪里	五	二	三			三	一四	六		二	
裏塘尾	六	一	二			八	三七	八	二	六	
西谷坪	一五	九	七	三		五	二八	二〇		三	
港汊	七	二	二			二	一六	一三		二	
柳井	四	一	三			二	二〇	一〇	二	一	
熊村	三	四				五	二五	九		一	
塘邊	五	七	四	二		二	一三	八		二	
橋頭	五	三	八	二		一八	三〇	五〇		一一	
廖家	二	一	五	一		四	一〇	二〇		二	
吳家	一		四			四	一〇	一五			
樟源	四	二	八	二		九	三〇	四五		二	
曾公祠	三	一	七			三	二二	二五		二	
下湖	二	三	四	一		七	三四	二二			
良溪橋	五	二	一〇			八	二五	二〇		四	
李橋坡	二	一	三			五	六四	三二	一	三	
一都	三	二	八			九	九〇	二〇		五	
源尾	二		四			六	六〇	三〇		四	
戴坪	三	二	六			八	五二	四三		八	
南源	二		三			七	二〇	一〇		三	
毛墩	二	一			一	一	三〇	二〇		五	
横墩	五	二	三		一	五	二〇	一五	一	三	
合計	二九六	一八二	一四三	二五	三六	三三二	一六四九	七九五	四八	一六三	

江西省政府建设厅关于遵令报送抗战期间财产损失表致省政府的签呈（一九四六年一月四日）

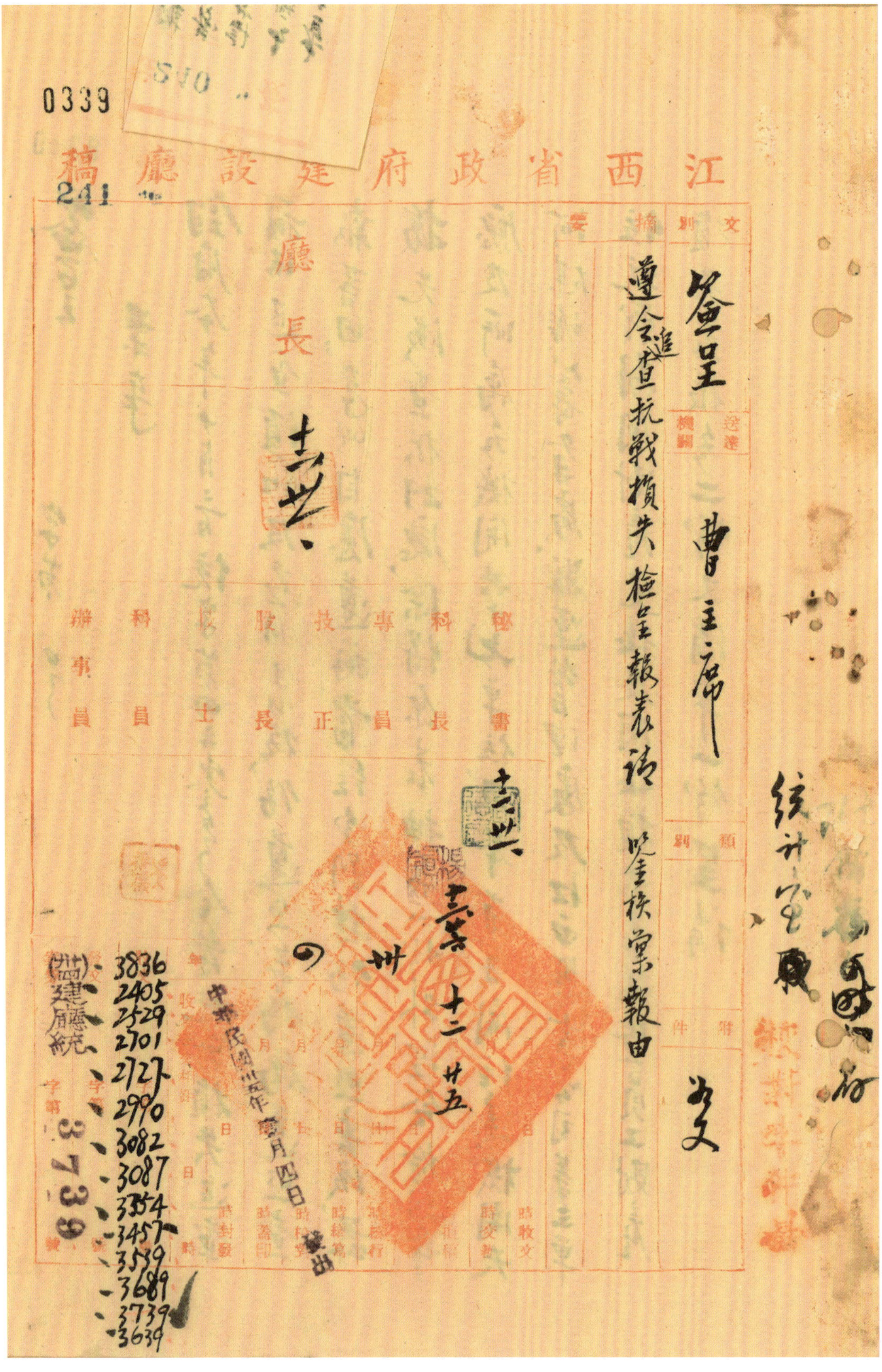
0339
江西省政府建設廳稿
241
文別：簽呈
送達機關：曹主席
摘要：遵令追查抗戰損失檢呈報表請鑒核彙報由
附件：表
廳長
秘書 科長 專員 技正 股長 技士 科員 辦事員
統計室
中華民國卅五年壹月四日
（卅五）建廳統字第3739號
3836、2405、2529、2701、2727、2990、3082、3087、3354、3457、3539、3689、3739、3639

0340

簽呈

案奉　　　字第　　　號

鈞府今年十月三日統字第四三零六號令發抗戰損失追查辦法、追查須知及應用表格，飭遵照，並飭屬遵照查報等因；奉此，自應遵辦，當經分别轉飭遵照去後，茲據先後查報到廳，除將原表抽存一份外，理合檢同本廳及所屬各機關共十七單位及本省有關經建機關天河煤礦籌备處、驛運管理處及江西興業公司等三單位抗戰期間財產直接及間接損失表報暨員工財產損失表報各二份，又清單一份，呈請

0341
242

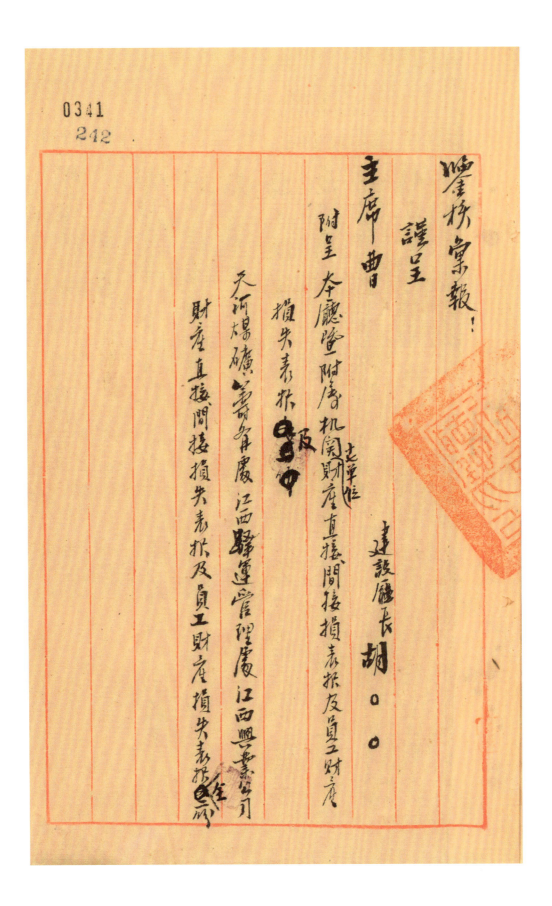

鉴核汇报！
谨呈
主席曹
附呈本厅暨附属机关财产直接、间接损失表报及员工财产损失表报各（单位）一份
天河煤矿筹备处、江西驿运管理处、江西兴业公司财产直接、间接损失表报及员工财产损失表报（各）全份

建设厅厅长 胡○○

0342

江西省政府建設廳暨所屬各機關抗戰損失清單

243

附本省有關經建機關抗戰損失

機關名稱	財產直接損失	財產間接損失	員工財產損失	損失總值
江西公路處	5,726,586,41628	670,272,24804		6,396,858,66432
江西水利局	211,31837	1,648,67497	1,001,45000	2,861,43334
江西省電話局	42,164,18000	1,975,80438		44,139,98438
江西省墾務處	28,709,41355	25,640,56853	80,027,869 17	234,379,85125
江西省地質調查所	2,555,00000	410,00000		2,965,00000
江西省度量衡檢定所	19,140,00000	35,470,00000	4,758,75500	59,368,75500
江西省國貨陳列館	6,140,00000	1,428,00000	30,800,00000	93,628,00000
江西省無線電訊總隊	23,933,75000	799,65000	21,997,80000	[illegible]
江西省養蠶實驗場	3,106,08000	40,40000	666,00000	3,812,48000
江西沙村示範墾殖場		1,050,00000		1,050,00000
江西省陶瓷販運社	26,000,00000	6,400,00000		32,400,00000
捷通信鴿場	1,062,50000	60,00000	8,280,00000	9,402,50000
大眾服務社	600,00000			600,00000
豫社	500,00000			500,00000
江西省政府建設廳	173,696,39235	11,350,00000	7,014,369,99000	7,199,416,38235
江西興業公司	609,471,76585	277,634,14593	78,400,00000	965,505,91178
天河煤礦籌備處	60,330,00000	172,58434	172,00000	84,835,78434
江西省驛運管理處	632,34152	1,111,42100	43,029,00000	44,772,76252
行餘學社	400,00000			400,00000
江西民生建築公司籌備處	24,813,25500	6,673,34100		31,486,59600

江西省地质调查所关于报送农检所仪器损失情形等致省建设厅的呈（一九四六年九月十日）

第一科

查，三

3.2

0018

000011

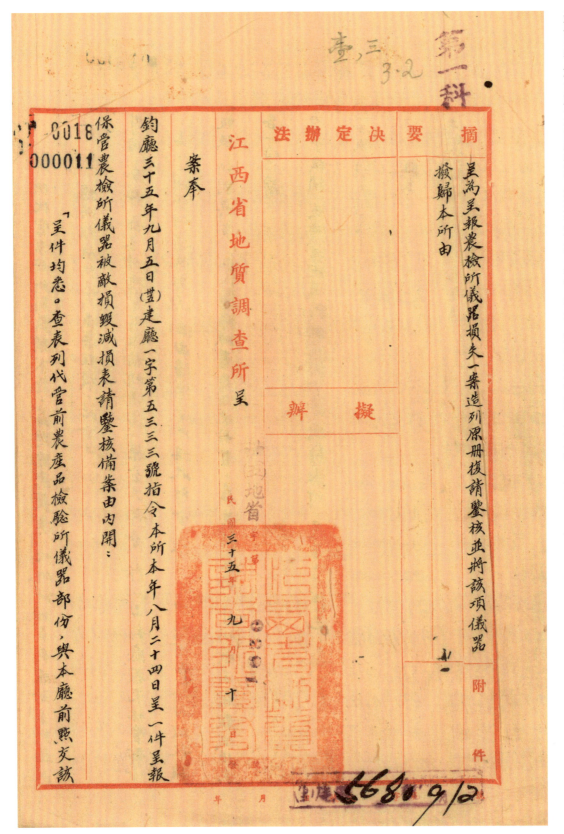

摘要：呈為呈報農檢所儀器損失一案造列原冊復請鑒核並將該項儀器撥歸本所由

附件

決定辦法

擬辦

江西省地質調查所呈

民國三十五年九月十日

案奉

鈞廳三十五年九月五日（亖）建廳一字第五三三三號指令本所本年八月二十四日呈一件呈報保管農檢所儀器被敵損毀減損表請鑒核備案由內開：

「呈件均悉。查表列代管前農產品檢驗所儀器部份，與本廳前點交該

5680.9/12

0019

所代管原册所列數額不符，兹將原表發還，仍仰詳細查對原册另列接收

總册報核後，再另案報損，此令。」

等因，奉此，查本所保管之農檢所儀器，原分三部分，即(一)由鈞廳撥交保管部份

(二)由婺源分所接收部份，(三)由浮梁分所接收部分，惟(一)(二)兩部份在泰和被敵損

毁後，所剩無多，且大都殘破有不堪使用者，兹造具原册，并仍檢同原報減損表

各一份，請

准予核銷，並請將該項剩餘儀器全部撥歸本所，是否有當，乞

鑒核指令祇遵。

謹呈

江西省政府建設廳廳長胡

附呈：本所接管農檢所儀器原册一份及減損表一份

江西省地質調查所所長夏湘蓉

0021
000013

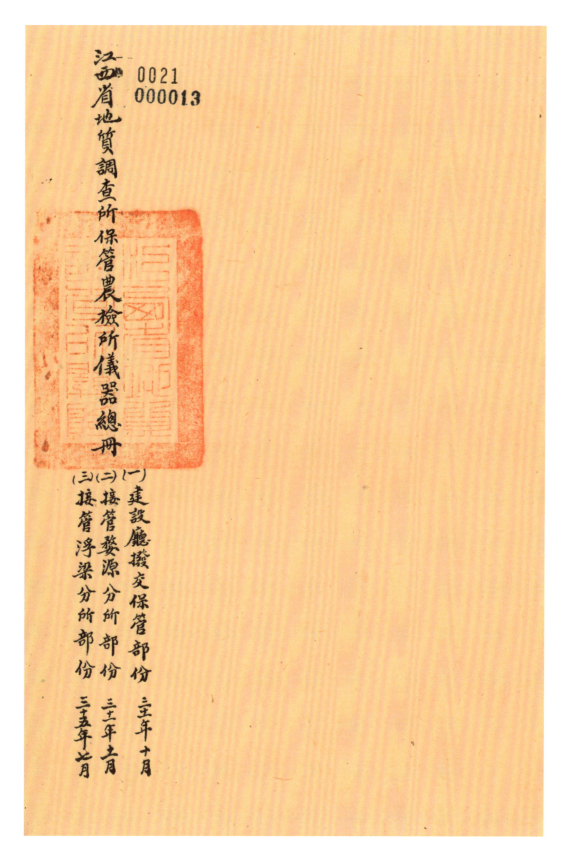

江西省地質調查所保管農檢所儀器總冊

(一)建設廳撥交保管部份　三十一年十月

(二)接管婺源分所部份　三十一年十二月

(三)接管浮梁分所部份　三十五年七月

0022

000014

(一)建設廳撥交本所保管前農檢所儀器清冊

說明：被敵損毀者除另案報損外並在備註欄註明

名稱	數量	備註	名稱	數量	備註
電馬達	一具		蒸溜水分測令器	一具	下座 被敵損毀
手搖馬達	九具	外附螺絲匙二个	磅秤	二具	仝
水分測定器	九具		溫度計	三支	仝
篩米機	四具		汽油炉	二個	仝
容重器	四具		酒精灯	一隻	仝
分樣器	一具	損5只	三脚鉄架	一六個	被敵損毀五個
扦樣器	一四具		方鉛盤	一三個	被敵損毀
砝天秤	二具	損1把	角匙	三把	內一把損壞 仝

石棉板	一三塊	被敵損毀九塊
烘箱	七具	被敵損毀四具
玻璃管	十八支	
量筒	六個	被敵損毀二個
蒸溜瓶	一九個	
坩鍋夾	二把	被敵損毀
玻璃漏斗	一個	
平底燒瓶	五個	被敵損毀四個
三角燒瓶	五個	
角鉄漏斗	二個	
玻璃乾燥器	一個	被敵損毀
木方盤	三六個	仝
燒瓶鉄架	一〇個	仝
粉米篩	一個	仝
接受器	九支	内一支已破
錶面皿	一個	
米溫筒	一個	
鉛鍋	六五個	被敵損毀六一個
棉花雜枝揉盤	三個	被敵損毀
瓶刷	六個	仝

元角鉄盤	一九個	被敵損毀
比重瓶	一個	
錐形瓶	二〇七個	被敵損毀九二個
標本盒	三九個	被敵損毀九個
小標本瓶	二四〇個	被敵損毀九九個
樣筒	三〇個	被敵損毀
大標本瓶	四個	
蒸溜器木架	一隻	
大小米篩	七個	被敵損毀
秤量瓶	三個	仝
橡皮夾	一隻	
電炉	一隻	
大茶盤	三個	被敵損毀
玻璃試管	三個	仝
錐	一把	仝
烘米碟	一七個	仝
方鉄絲籠	一個	仝
木籠	一只	
捺鉢	二個	
木碓	一具	

點交人黃瑞清
接收人熊功鄉

(二)接管婺源分所儀器清冊

說明一 被敵損毀者除另冊報損失外並於備註欄註明

名稱	數量	備註
容重器	一具	後脚已折水準器已失
分樣器	一具	缺一螺旋
碎米分析機	一具	被敵損毀
電阻轉輪機	一具	仝
洋鉄容接器	一具	
洋鉄盛米器	一個	

名稱	數量	備註
石棉絲板	七块	被敵損毀
酒精灯	一盞	仝
平底燒瓶	三個	仝
松節油瓶	一個	仝
磺質乾燥器	三個	
酒精噴灯	一盞	

0026

000016

折損二只

品名	數量	備考
燒杯	一個	
60號米粉篩	一個	
圓形蒸餾瓶	九個	被敵損毀
玻璃接收管	一支	仝
玻璃漏斗	一支	仝
500cc.量筒	一個	仝
三角燒瓶	六個	被敵損毀二個
玻璃管	六根	被敵損毀
冷凝管	一根	仝
鉄燒瓶架	一只	仝
打氣炉	三只	二只缺架
木炭烘箱	三個	
1/10台平	二架	被敵損毀一架
1/100天平	一架	被敵損毀
F0.溫度計	一支	仝
C0.溫度計	一支	
鉄压塞器	一只	
正方形洋鉄盤	四三只	被敵損毀
粉末碟	二六只	仝
坩鍋	五只	仝

鉄三角	一塊	
三脚架	二只	被敵損毀
坩鍋鉗	一把	仝
審茶盤	五個	仝
葉底盤	五個	仝
木燒盤架	一副	仝
磨碎機	一具	
磨碎機凳	一面	
方鉄炉	二個	被敵損毀
瓶刷	四個	仝
鍋	二四只	被敵損毀
長方形洋鉄盤	九只	仝
樣茶標本盒	一三個	仝
玻璃塞	三個	仝
白鉄扦樣器	三支	仝
洋鉄烘箱	一只	仝
大小鍍鉄樣釵	二七〇個	仝
小白鉄樣釵	九九個	仝
着色黄粉	二磅	
松節油	一瓶	被敵損毀

名稱	數量	備註
三角標本瓶	四七只	被敌損毀
三角樣茶標本瓶	八個	仝
圓形標本瓶	六個	仝
圓形鉄炉	一只	仝

名稱	數量	備註
電汽烘箱	三只	
小樣筒	三三五個	原係茶叶管理處之物 被敌損毀六二三个
火鉗	一把	

点交人 程昌國
接收人 盛華夫

(三)接管浮梁分所儀器清冊

名稱	數量	備註
$\frac{1}{5000}$精细天平	一架	
酒精噴灯	一盞	

名稱	數量	備註
燒杯	一個	
坩鍋鉗	一把	

0029

稱器盃	一只	
氯化鈣	一瓶	存五分之三
橡皮管	二支	
曲玻璃管	一支	
天平	一架	
接受器	二支	
彈簧夾	二個	
鉄鑷	一把	
試管	二支	破一支
樟木箱	一只	

小玻璃管	二只
橡皮塞	二个
手提天秤	一具
三角燒瓶	二個
量筒	一個
坩鍋	二個
平底燒瓶	二個
攝氏溫度計	二個
骨瓢	三個

點交人 屠孝鴻
接收人 吴本忠

附（二）江西省地质调查所保管农产品检验所财产减损表

江西省地質調查所

保管農產物檢驗所
財產增減損表

第 1 頁

中華民國　年　月　日起至 35 年 8 月 22 日止（　年度第　號）

類別	名稱	數量	摘要	編號 字	編號 號	單位	單位價格	金額
	研末分析机	1	留存泰和被敵損毁原			架		
	電阻轉輪机	1	移交册不列价目			具		
	石棉絲板	7				塊		
	酒精灯	1				盏		
	平底烧瓶	3				個		
	松節油	1				瓶		
	圓形蒸溜瓶	9				個		
	玻璃接收管	11				支		
	玻璃漏斗	1				個		
	500CC量筒	1				隻		
	三角燒瓶	2				個		
	玻璃管	6				支		
	冷凝管	1				支		
	鉄燒瓶架	1				隻		
	三脚架	2				々		
	台天秤	1				架		
	砝天秤	1				々		
	FO温度計	1				隻		
	正方形洋鉄盤	43				個		
	粉米碟	26				々		
	坩堝	5				々		
	鋁鍋	24				々		
	長方形洋鉄盤	9				々		
	坩堝鉗	1				把		
	篩禾盤	1				個		
	葉底盤	5				々		
	木燒盤架	1				隻		
	方鉄炉	2				個		
	瓶刷	4				把		

機關長官　代　　主辦會計人員　　主辦經理事務人員

江西省地質調查所

財產增減表　　第 2 頁

中華民國　年　月　日起至 35 年 8 月 22 日止（　年度第　號）

類別	名稱	數量	摘要	編號 字	編號 號	單位	單位價格	金額
	三角標本瓶	47				個		
	三角標柔標本瓶	8				々		
	標本標本盒	12				々		
	玻璃塞	3				々		
	白鉄打樣器	3				々		
	洋鉄烘箱	1				隻		
	大小鎳鉄樣鑽	270				個		
	小白鉄樣鑽	990				々		
	松節油	1				瓶		
	圓形標柔標本瓶	6				個		
	圓鉄炉	1				々		
	蒸酒精防風燈器	1				個		
	磅秤	2				具		
	溫度計	3				隻		
	汽油炉	2				個		
	酒精灯	1				盞		
	鋁方盤	13				個		
	石棉板	9				块		
	坩鍋夾	2				個		
	玻璃乾燥器	1				隻		
	木方盤	36				個		
	燒瓶鉄架	10				隻		
	粉末篩	1				個		
	棉花竹枝樣盤	3				々		
	瓶刷	6				把		
	元角鉄盤	19				個		
	樣筒	310				個		
	大小末篩	7				個		
	秤量瓶	3				個		

機關長官（印）代　　主辦會計人員（印）　　主辦經理事務人員（印）

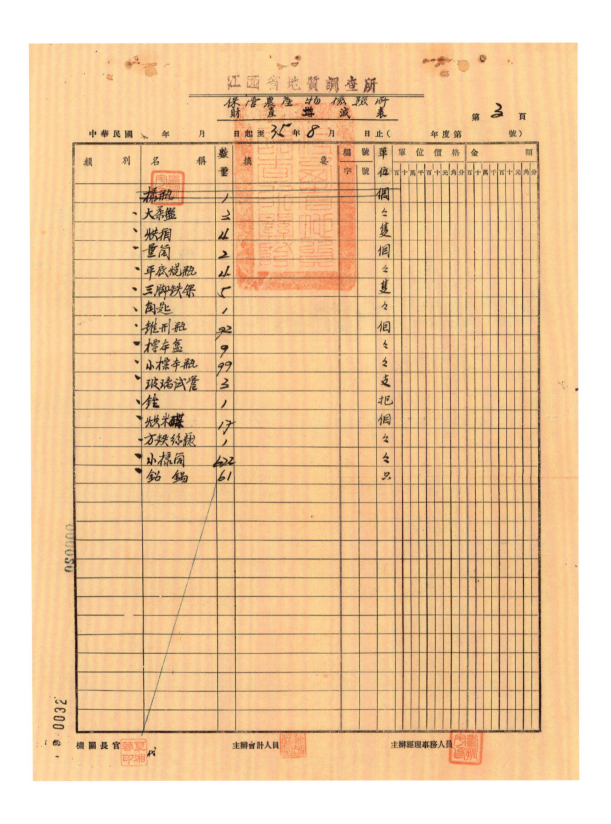

江西省地質調查所
保管農產物檢驗所
財產損減表

第 3 頁

中華民國　年　月　日起至35年8月　日止（　年度第　號）

類別	名稱	數量	摘要	編號 字	編號 號	單位	單位價格	金額
	~~標瓶~~	~~1~~				~~個~~		
	大蒸盤	3				々		
	烘箱	4				隻		
	量筒	2				個		
	平底燒瓶	4				々		
	三脚鉄架	5				隻		
	角匙	1				々		
	錐形瓶	92				個		
	標本盒	9				々		
	小標本瓶	99				々		
	玻璃試管	3				支		
	銼	1				把		
	烘米碟	17				個		
	方鉄絲籠	1				々		
	小標筒	622				々		
	鉛鍋	61				只		

機關長官　　主辦會計人員　　主辦經理事務人員

江西省政府民政厅关于遵令报送该厅公务员役私人财产损失报告表致省政府的签呈（一九四七年十二月三十日）

12-31

特急

16 0031

江西省政府民政廳稿

文別	簽呈
送達機關	省政府
類別	
附件	本廳公務員役私[人財產損失報告表]
事由	為遵令呈報本廳公務員役私人財產損失報告表由

廳長

十二 卅

秘書主任　秘書　科長　主任　股長　科員　辦事員

十二 卅

中華民國三十六年十二月卅日十時擬稿

收文　民發字第七四三九號

發文　民德字第七四三九號

檔案　字第　號

3542　800

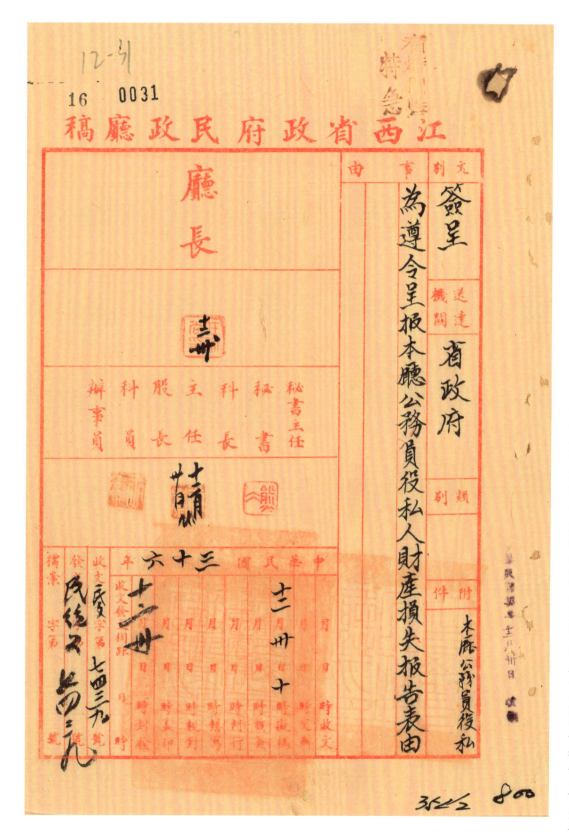

簽呈

案奉

鈞府統字第一七一六號訓令，以奉行政院令查報抗戰損失限至本年十二月三十一日截止等因，轉令飭屬具有未能依期查報者，應即補報等因。奉此，自應遵辦。茲根據本廳員役所填報之財產損失報告單彙編公務員役私人財產損失報告表一份，理合賫請

鈞長准予核轉。謹呈

主席王

附呈本廳公務員役私人財產損失報告表一份

民政廳廳長任（簽名）

附：江西省政府民政厅公务员役私人财产损失报告表（一九四七年十二月三十日）

17

0033

江西省政府民政廳公務員役私人財產損失報告表

資料時期：民國廿七年七月至卅四年八月　　填送時期：民國卅六年十二月卅日

損失分類	價值（元）
總計	24,977,630,000
房屋	9,991,052,000
器具	3,497,763,000
現款	748,799,000
服、着物	2,497,763,000
古物書籍	7,493,289,000
其他	748,964,000

報告者　江西省政府民政廳長

江西省会警察局关于九月二十日敌机空袭南昌造成人员伤亡及财产损失情形致省政府警务处的报告（时间不详）

109

64

報告　九月二十日

空襲日期及時間：九月二十日下午二時許

空襲次數及地點：一次在環城路及江邊一帶

敵機來去方向：由西北方侵入投彈後向東南方逸去

損害情形：投下炸彈高度約〤〇粁以上最後一枚約五百磅大小共投下約二十枚傷害情形詳附表

以上各節係二十日敵機空襲本市情形理合檢同損害統計表三份備文報請

鑒核

謹呈

江西省政府警務處處長陸

附損害統計表三份

江西省會警察局局長袁賢

擬即特赦 肴府

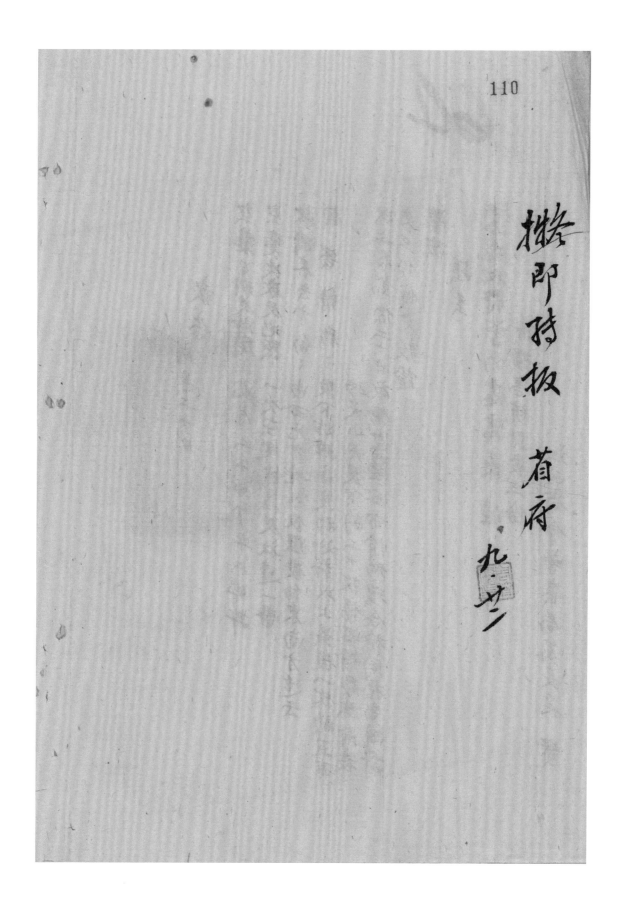

九·廿一

附（一）九月二十日空袭死亡人口统计表

111 65

九月二十日空襲死亡人口統計表

時間	被炸地點	死亡者姓名	年齡	籍貫	住址	備考
九月二十日下午二時零五分	環城路	宋昌炎	68	九江	西園路二〇四號	
〃	〃	丁氏				
〃	〃	吳臣川	60	九江	延支山四六號之三	
〃	〃	彭在和	49	〃	十里鋪六保五甲	
〃	〃	無名男一名				身無証明文件故姓名不詳
〃	〃	張文彬	57	廣濟		
〃	〃	余吳氏	42	〃		

江西省會警察局

112

九月二十日敵機空襲被炸房屋統計表

江西省會警察局

店户名稱	地址	損害情形
長發客棧	環城路	全部燬壞
天餘浴室	〃	〃
公義興商店	〃	〃
揚子飯店	大中路	〃
東六亭食堂	〃	〃
水上檢查所	濱江路	〃
國際通運公司	大中路	一部損壞
伊藤洋行	〃	〃
榮田葯房	〃	〃
永華公司	〃	〃
大新雜貨店	〃	〃
新古書店	〃	〃

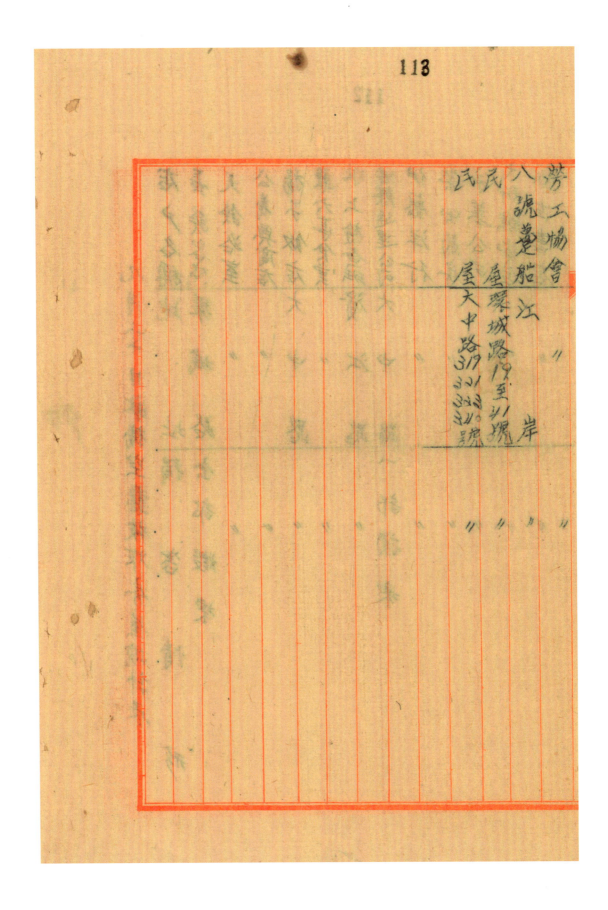

勞工協會	〃	〃
八號躉船	江岸	〃
民屋	環城路19至31號	〃
民屋	大中路317、321、323、327號	〃

114

九月二十日空襲傷害人口統計表

時間	被炸地點	炸傷者姓名	年齡	性別	籍貫	住址	備考
九月二十日下午二時零五分	環城路	黃友春	四二	男	新淦	衣粮廠	
〃	〃	吳小牛	三三	〃	九江	西園路四九號之一	抬醫院後即斃命
〃	〃	郭阿高	四十	〃	寧波	龍山九船上	
〃	〃	蘇金生	二一	〃	鎮江	聖廟巷二十五號	
〃	〃	陳洪燕	二六	〃	揚州	環城路天發池浴堂	
〃	〃	張曉哉	六一	〃	九江	環城路公義興祥衣店內	
〃	〃	黃達生	四一	〃	寧波	省政府職員	以上六名住在城外同仁會（因其中一人斃[illegible]
〃	〃	施天寶					
〃	〃	鍾景雲					
〃	〃	萬金山					
〃	〃	蔣忠平					
〃	〃	楊長江					

江西省會警察局

〃	〃	楊德元	
〃	〃	路志慶	
〃	〃	胡鶴清	
〃	〃	張小在	
〃	〃	黄立伸	
〃	〃	鄒國文	
〃	〃	曹智仁	
〃	〃	張友根	
〃	〃	鍾厚裕	
〃	〃	崔德義	三四
〃	〃	楊春龍	四十
〃	〃	徐少卿	四八
〃	〃	薛興真	一七
〃	〃	徐業海	三十

116

時間	被炸地點	炸傷者姓名	年齡	性別	籍貫	住址	備考
九月二十日下午二時零五分	環城路	呂家勛		男		大中路七二三號	
〃	〃	顧月道	一五	〃		大中路	
〃	〃	蔡錦棠	一八	〃		市府南路四號	
〃	〃	徐楊氏	二五	女		慶餘里六號	
〃	〃	汪李娥	四	〃		新安里四號	
〃	〃	張冬梅	十九	〃		環城路	
〃	〃	楊長福	十五	男		〃	

江西省會警察局

后记

本书编纂工作在《抗日战争档案汇编》编纂出版工作领导小组和编纂委员会的具体领导下进行。编者主要来自江西省档案馆，江西省社联副主席汤水清、江西省委党史研究室处长万强、南昌大学人文学院教授张芳霖对书稿进行了初审，提出重要修改意见。中华书局对本书的编纂出版工作给予了鼎力支持，谨向上述同志和单位致以诚挚的感谢！

编　者

二〇二一年五月